WYBÓR ŻYDÓW: JEDNOŚĆ ALBO ANTYSEMITYZM

Historyczne fakty
dotyczące antysemityzmu
jako odzwierciedlenia
niezgody w społeczności
żydowskiej

Dr MICHAEL LAITMAN

LAITMAN
KABBALAH
PUBLISHERS

Michael Laitman © 2024

Laitman Kabbalah Publishers

Akademia Kabały Bnei Baruch
polska@kabbalah.academy
www.kabbalah.info/pl

Przekład: Daniel Kiewro

ISBN: 9798873176236

SPIS TREŚCI

Nota redakcyjna - Podziękowania 9

Przedmowa: Dlaczego napisałem tę książkę? 13

Wstęp: Lekcje z naszej przeszłości 18

Rozdział 1 Kim są Żydzi i dlaczego istnieje nienawiść do Żydów 23

Rozdział 2 Nienawiść do samych siebie w starożytności 44

Rozdział 3 Od zenitu do nadiru 63

Rozdział 4 Hiszpania – Żydzi dawni oraz ich następcy 105

Rozdział 5 Burze na południu i geneza syjonizmu 130

Rozdział 6 Zjednoczenie Niemiec i rozpad niemieckiego żydostwa 159

Rozdział 7 Nazizm, Holokaust i bardzo trudne pytania 180

Rozdział 8 Osobliwy przypadek Włoch 255

Rozdział 9 W kierunku świadomego narodu żydowskiego(?) 264

Załączniki 285

Kim jesteś, narodzie Izraela? 285

Co my, Żydzi, jesteśmy winni światu 292

Bibliografia 297

Księgi 297

Oficjalne dokumenty, zasoby internetowe, gazety i dokumenty naukowe 303

Notatnik 313

Nota redakcyjna - Podziękowania

Praca nad książką „Wybór Żydów: jedność albo antysemityzm" była tak ogromnym przedsięwzięciem, iż jego realizacja nie byłaby możliwa w ciągu zaledwie sześciu miesięcy, gdyby nie ogrom wysiłku włożonego przez tak wielu ludzi. W tym czasie nasi badacze analizujący teksty źródłowe w językach angielskim, hiszpańskim, włoskim, rosyjskim, francuskim i hebrajskim pracowali niestrudzenie, przeszukując informacje z ponad stu książek, dziesiątek artykułów naukowych, setek listów w różnych językach, zarchiwizowanych mikrofilmów, internetowych archiwów agencji prasowych oraz innych stron internetowych dokumentujących jakże fascynującą, ale także tragiczną historię narodu żydowskiego. Niestrudzenie - ci niezwykli ludzie zagłębiali się w swoim zadaniu, a gdy tylko je wykonywali, natychmiast prosili o kolejne. Jednakże najbardziej zaskoczyło mnie to, że nie musiałem osobiście zwracać się z prośbą do żadnego z nich, gdyż to raczej oni kontaktowali się ze mną i zgłaszali swoją gotowość do podjęcia badań, edycji czy też pomocy w jakikolwiek inny sposób, w zależności czego w danym momencie potrzebowałem. Bez tych ludzi nie byłoby niniejszej książki. Poniżej wymieniłem kluczowych badaczy, jednakże za niektórymi z nich stoją zespoły anonimowych, równie oddanych co oni „szeregowych żołnierzy".

Joe Donnelly, oprócz bycia jednym z redaktorów, przekopał niewiarygodne stosy materiałów pochodzących z archiwów rządowych USA. Kris Dawson spędził wiele dni w brytyjskim archiwum narodowym, przeglądając listy z lat trzydziestych XX wieku. Niewiarygodnie sumienna Mary Pennock przeczesywała dostępne książki, eseje, archiwa akademickie, a wszystko to podczas edytowania tekstu, będąc głównym redaktorem tej książki. Norma Livne, oprócz zadania redakcji treści, przeszukiwała książki, eseje naukowe i strony internetowe w swoim „wolnym czasie", kiedy to większość z nas głęboko śpi. Innymi pomocnymi osobami były Noga Bar Noye (angielski i francuski), Kathy Pirello i Masha Shayovich.

Niemiecki był podstawowym językiem badań w tej książce, jednak dzięki ciężkiej pracy oddanych przyjaciół udało nam się zebrać potrzebne dokumenty. Alex Stetter zagłębiał się w wydawnictwa oraz przeszukiwał mikrofilmy w niemieckim Bundesarchive (Niemieckie Archiwum Narodowe). Miriam Priven przejrzała setki listów, które członkowie partii nazistowskiej wysłali z Palestyny do kwatery głównej SS w Berlinie, jednocześnie służąc także swoją znajomością angielskiego. Elisabeth Prelog-Igler była zawsze do dyspozycji, kiedy potrzebowałem natychmiastowego tłumaczenia tekstów niemieckich. Rebekka

Admoni przyjęła na siebie zadanie analizy najmniej przyjemnych tekstów do czytania zarówno w języku angielskim, jak i niemieckim, a także była niezwykle pomocna podczas analizy protokołu z Wannsee opisującego ostateczne rozwiązanie kwestii żydowskiej.

Rosyjski wątek badań był dla nas nie lada wyzwaniem, jednakże Shelly Gaver i Misha Brushtein okazali się być niezwykle pomocni zarówno w odnalezieniu potrzebnych książek, jak i w odszukaniu odpowiednich fragmentów.

Ariana Stridi wpatrywała się dzień i noc w swój maleńki ekran telefonu w poszukiwaniu materiałów w języku angielskim i włoskim, które dostarczyły nam cennych informacji na temat antysemityzmu i chrześcijaństwa we Włoszech.

Wiele osób zaoferowało swoją pomoc w obszarze języka hebrajskiego. Joel Meidan i Juri Hechter pomagali zarówno w języku angielskim, jak i hebrajskim, a wielu innych dostarczyło materiały tekstowe oraz wideo w języku hebrajskim i angielskim. Nesi Hassid, David Malnichuck, Yaniv Si, Oren Levi, Dudi Aharoni, Leah Mendler, Ofer Nakash, Yaakov Priel i Yoav Bernstein to ludzie, którzy przesyłali mi pomocne materiały czy też po prostu byli bardzo pomocni, kiedy ich potrzebowałem.

Słowo na temat zgodności

W całej książce kluczowymi kryteriami przytaczania cytatów były dokładność oraz autentyczność. Dla autora niezwykle ważnym było, aby fragmenty cytowane w tej książce były własnymi słowami piszących bez dokonywania jakichkolwiek zmian. Dlatego też, aby zachować autentyczność, staraliśmy się przytaczać cytaty bez zmian, a w miejscach, gdzie musieliśmy je „edytować", wskazywaliśmy na to wprost w celu uniknięcia nieporozumień.

Ponieważ teksty zawarte w tej książce zostały zaczerpnięte z wielu źródeł i od wielu autorów, a także z bardzo różnych okresów historii, należy spodziewać się pewnej niespójności w pisowni i gramatyce. Niemniej jednak nie ingerowaliśmy w tego typu niespójności, aby nie ucierpiała na tym dokładność cytatów lub też autentyczność źródła.

Z poważaniem
Redaktor

Przedmowa: Dlaczego napisałem tę książkę?

Jestem badaczem, naukowcem i kabalistą. Jednak przede wszystkim jestem Żydem. Dorastałem w byłym Związku Radzieckim, a ogromna większość mojej rodziny zginęła w Holokauście. Byłem świadkiem i sam bezpośrednio doświadczałem niezliczonych aspektów antysemityzmu, tych ukrytych i jawnych. Mam rodzinę, przyjaciół oraz tysiące uczniów w Ameryce Północnej, Izraelu i na całym świecie, a obecnie dostrzegam czające się zagrożenie kolejnej wojny światowej i następnego kataklizmu dla Żydów.

Szczególnie martwię się teraz o przyszłość Żydów w Ameryce oraz Izraelu. Z troską myślę o moich uczniach, przyjaciołach i martwię się o swoją rodzinę. To jest właśnie ta głęboka obawa, która skłoniła mnie do napisania niniejszej książki, a jednocześnie prośba do wszystkich ludzi z mojej społeczności, aby się obudzili, póki wciąż jeszcze można zejść ze złowrogiej trajektorii, ponieważ upadek ten już ma miejsce. My, Żydzi, musimy działać teraz, ponieważ obecnie sprawy będą już tylko ulegać pogorszeniu.

„Syndrom herolda"

W starożytnych Atenach heroldów przynoszących złe wieści wrzucano do dołu, gdzie umieszczano skazanych na śmierć przestępców. W Sparcie wrzucali ich do studni i pozostawiali na pewną śmierć [1]. Na szczęście dzisiaj zabijanie doręczycieli nieprzyjemnych wiadomości jest już bezprawne. Jednakże „syndrom herolda" polegający na odrzuceniu głosicieli niepożądanych wiadomości nadal dominuje nad większością z nas. Miniony wiek pokazał, iż w przypadku Żydów wypieranie takich wiadomości może mieć śmiertelny skutek. Jeśli chcemy żyć zgodnie z mottem „Nigdy więcej!", zespół herolda nie jest opcją, którą powinniśmy rozważać.

Dnia 30 października 2014 r. wylądowałem w Los Angeles. Był to początek dwutygodniowego cyklu wykładów w USA, podczas którego dyskutowaliśmy o antysemityzmie i potrzebie jedności Żydów, aby temu zaradzić. Nie był to ani pierwszy, ani też drugi raz, kiedy mówiłem o antysemityzmie w Stanach. Rozmawiałem o tym już wiele razy wcześniej, przynajmniej od momentu mojej pierwszej trasy wykładowej w 2002 roku, i zawsze spotykałem się z tym samym niedowierzaniem, samozadowoleniem, a często też z pogardą.

Co więcej, w roku 2014 nie musiałem ostrzegać przed przyszłym niebezpieczeństwem wzrostu antysemityzmu. Szerzył się on wszędzie w Europie i przenikał uniwersytety oraz kampusy w całych Stanach Zjednoczonych. Tego dnia, 30 października - pierwszego dnia mojej trasy - odbyłem rozmowę online z panią Tammi Rossman-Benjamin, szefową inicjatywy AMCHA na rzecz zwalczania antysemityzmu w amerykańskich szkołach wyższych i uniwersytetach. Był to przejmujący, szczery dialog. Tammi doskonale zdawała sobie sprawę z pogarszającej się sytuacji żydowskich studentów tylko dlatego, iż byli Żydami. Była zdecydowana, aby odwrócić ten trend, zwiększając świadomość urzędników uniwersyteckich zaangażowanych w tę kwestię oraz „współpracując z administratorami uniwersytetów, z ustawodawcami czy też z wybranymi urzędnikami" [2]. Tammi wierzyła, że „Kluczem do rozwiązania problemu jest nakłonienie administratorów uniwersytetów do rozwiązania problemu, ponieważ ten klucz znajduje się właśnie w ich rękach". Jak to ujęła: „Staramy się tylko, aby skłonić ich do dołożenia należytej staranności i do wzięcia odpowiedzialności".

Ze swojej strony odpowiedziałem jej, iż wszelkie zasady i przepisy nic nie pomogą, chyba że będą traktowane doraźnie jako coś w rodzaju pierwszej pomocy. Ostrzegłem Tammi, że uniwersytecki antysemityzm jest tylko początkiem, wierzchołkiem gigantycznej góry lodowej. Było dla mnie oczywiste, że antysemityzm rozprzestrzeni się po całym kraju, ogarnie całe Stany Zjednoczone i że jedynym lekarstwem będzie zjednoczenie się całej społeczności żydowskiej w USA. Powiedziałem jej, że warunki w dzisiejszych Stanach Zjednoczonych są uderzająco podobne do tych, które panowały w Niemczech przed dojściem Hitlera do władzy (o czym będę szczegółowo mówić w dalszej części tej książki), i dlatego też pewna wersja tego, co tam się wtedy wydarzyło, z pewnością będzie miała miejsce tutaj.

Nie żyjemy w starożytnych Atenach, więc Tammi była bardzo uprzejma, kiedy odrzuciła moje stwierdzenie. Zgodziła się jednak, że z pewnością możemy zaobserwować wzrost antysemityzmu. Nie widzieliśmy natomiast wspólnego rozwiązania problemu. Przynajmniej pomyślałem, jest to jakieś pocieszenie, że uznała istnienie problemu, i w tym upatrywałem pewien postęp.

Kilka dni później, 3 listopada, wygłosiłem publiczne przemówienie w Skirball Cultural Center Ahmanson Hall w Los Angeles, zatytułowane „Kto posiada klucz do lepszego jutra?" Ku mojej radości pojawiły się na nim setki ludzi. Jednak ku mojemu przerażeniu, tak jak miało to miejsce w przeszłości, kiedy zacząłem mówić o wzroście antysemityzmu w USA, wielu z ludzi na widowni zaczęło zmierzać w kierunku drzwi. Wciąż nie chcieli o tym słyszeć.

Z Los Angeles poleciałem do Waszyngtonu, gdzie zostałem zaproszony na wspólny wykład w ramach konferencji zorganizowanej przez Radę Izraelsko-Amerykańską (IAC) na temat, który brzmiał: „Antysemityzm - źródło, przyczyna i rozwiązanie". Wraz ze mną wykład prowadził słynny dziennikarz z Izraela, który był uważany za eksperta w dziedzinie antysemityzmu. Do tego roku, 2014, ruch BDS (Bojkot, Wycofanie Inwestycji oraz Sankcji) mocno zakorzenił się w kampusach uniwersyteckich na obszarze całych Stanów Zjednoczonych, organizując antyizraelskie Dni Apartheidu, w których studenci symulują bycie zastrzelonym przez wojsko izraelskie oraz wyrażają swoją nienawiść do państwa żydowskiego – a także do Żydów – w sposób agresywny i częsty. Wraz z takimi organizacjami, jak JVP (Jewish Voice for Peace - Żydowski Głos dla Pokoju), działacze

BDS byli aktywnymi sprawcami incydentów, które skłoniły panią Rossman-Benjamin do stworzenia AMCHA (Inicjatywa ochrony studentów żydowskiego pochodzenia).

Publiczność na konferencji IAC składała się z Izraelczyków mieszkających w Ameryce i żydowskich Amerykanów wspierających Izrael. Tutaj także starałem się wyjaśnić, że istnieje wiele podobieństw pomiędzy czynnikami, które doprowadziły Niemcy do popełnienia Holokaustu, a obecną sytuacją w Ameryce i że wydarzenia w kampusach były dopiero początkiem. Podkreśliłem ponownie, że jeśli amerykańscy Żydzi nie przebudzą się w obecnej rzeczywistości, znajdą się w wielkim niebezpieczeństwie, jako że na razie widzą jedynie początek fali antysemityzmu, gdyż ten na pewno znacznie się pogorszy, i to znacznie szybciej, niż większość ludzi myśli.

Niestety, pewien znany dziennikarz prowadzący ze mną wykłady z przekonaniem stwierdził, iż antysemityzm jest w odwrocie na całym świecie i że dla Amerykanów nieżydowskiego pochodzenia „jest pewnym zaszczytem poślubić Żyda" we „wszystkich kręgach amerykańskiego społeczeństwa", po czym na koniec dodał, iż „Nasza sytuacja jest najlepsza w historii, szczególnie w Ameryce". Oczywistym jest, że wielu słuchaczy opowiedziało się po jego stronie. „Zespół herolda" zadziałał tutaj z całą swoją mocą. Naprawdę rozumiem, dlaczego nikt nie chce słyszeć o problemach, szczególnie tych zagrażających życiu, zanim nie uderzą cię prosto w twarz. Niemniej w przypadku antysemityzmu, gdy uderzy cię w twarz, wtedy może być już za późno, aby naprawić sytuację.

Wstęp: Lekcje z naszej przeszłości

Kiedy myślimy o antysemityzmie, pierwsze słowa, które często przychodzą nam wtedy na myśl, to nazizm i Holokaust. Ale skąd się właściwie wziął nazizm? Dlaczego wydarzyło się to właśnie w Niemczech, miejscu narodzin tylu skarbów kultury zachodniej, a także w miejscu powstania tak wielu szlachetnych idei oraz dzieł sztuki i nauki? Czy żydowskie ludobójstwo mogło mieć miejsce gdzie indziej? Czy mogło i czy może to się zdarzyć w Ameryce?

Na pierwszy rzut oka wydaje się to tak mało prawdopodobne, iż należy to odrzucić i zignorować jako chwilową słabość zdrowego rozsądku. Jednakże historia mówi nam, że nie możemy być aż tak zarozumiali. Na przestrzeni całej swojej historii Żydzi byli w jakiś sposób wyróżniani. Byli prześladowani, wydalani i eksterminowani wszędzie, gdziekolwiek się nie udali. Nie bez powodu antysemityzm nazywany jest „najstarszą odmianą nienawiści”.

Co więcej, Żydzi nie tylko byli zawsze wyróżniani i lżeni, ale najbardziej niszczycielskiego traktowania doświadczali z rąk najbardziej rozwiniętych, „cywilizowanych" narodów. Egipt, Babilon, Rzym, Hiszpania i Niemcy były najbardziej naukowo, kulturowo i, w przeważającej części, gospodarczo zaawansowanymi narodami swoich czasów. A jednak najbardziej bolesne przeciwności losu spotkały Żydów właśnie z ich rąk. Fakt, iż dzisiejsza Ameryka jest liderem rozwiniętego świata w prawie każdym aspekcie życia, z pewnością powinien uczynić nas przynajmniej ostrożnymi w kwestii Żydów na tle wszystkich procesów społeczno-politycznych, które aktualnie zachodzą w „krainie wolnych ludzi".

A jest jeszcze więcej powodów do niepokoju. Dwudziesty wiek nie narzekał na brak ludobójczych despotów. Niektórzy z nich unicestwili wielu własnych ludzi, natomiast inni wymierzyli swoje mordercze zamiary w Żydów. Adolf Hitler, Benito Mussolini, Józef Stalin, Mao Zedong, a także dręczyciele „mniejszego kalibru", tacy jak Pol Pot w Kambodży i Kim Il-sung w Korei Północnej, byli autokratami, którzy mordowali i dręczyli miliony ludzi. Wszyscy oni - faszyści, naziści i komuniści - wyłonili się z lewicy. We wszystkich tych przypadkach to, co zaczęło się jako postępowy socjalizm, zakończyło się traumatyczną tyranią. Dlatego podczas gdy amerykańskie żydostwo koncentruje swoją uwagę na skrajnej prawicy i wyłaniających się z niej antysemitach, o wiele bardziej złowrogie niebezpieczeństwo czai się „blisko domu", na niegdyś przyjaznym łonie Partii Demokratycznej. Antysemityzm lewicy powinien wieszczyć problemy każdemu, kto chce właściwie odczytać tekst zapowiedzi katastrofy.

Nawet najbardziej satanistyczny, ludobójczy morderca wszechczasów Adolf Hitler nie uważał się za przywódcę prawicy, a już na pewno nie za kapitalistę. Wyłonił się z socjalizmu i starał się uczynić go bardziej „skutecznym", nadając mu niejako narodowy charakter, aby zadziałał tak, jak powinien. Profesor Robert S. Wistrich, prawdopodobnie najbardziej uznany ekspert ds. Holokaustu, napisał, iż Hitler „był ultra-nacjonalistycznym socjalistą", którego „utopijna wizja Volksgemeinschaft (społeczności ludowej) łączyła ze sobą marksistowski kolektywizm z przedkapitalistycznymi mitami ludowymi w to, co on uważał za prawdziwy niemiecki socjalizm" [3].

Nawet zanim Partia Demokratyczna stała się znana wśród jawnych lewicowych socjalistów i islamskich antysemitów, wyraźnie zmierzała w kierunku antyżydowskim. Prof. Charles Asher Small, dyrektor Instytutu Badań nad Globalnym Antysemityzmem, twierdził, że administracja Obamy jest skażona „instytucjonalnym antysemityzmem" [4]. Obecna niezdolność Partii Demokratycznej do potępienia rażąco antysemickich wypowiedzi i postów w mediach społecznościowych autorstwa muzułmańskich członków Kongresu dowodzi, że od 2016 r. nastroje antyżydowskie w Partii Demokratycznej tylko coraz głębiej rozprzestrzeniają się.

Jeszcze przed przełomem wieków emerytowany profesor prawa Harvardu Alan Dershowitz, wieloletni członek Partii Demokratycznej, uważał, iż rzeczywistość jest dokładnym przeciwieństwem tego, co wyraził prof. Small. Dershowitz był pewien, że osiągnęliśmy „koniec instytucjonalnego antysemityzmu, koniec żydowskich prześladowań i koniec żydowskiej wiktymizacji" [5]. Stwierdził on, iż ci, którzy nie widzą „rzeczywistości upadającego antysemityzmu", cierpią z powodu „luki percepcji" [6]. Obecnie wydaje się, że pan Dershowitz widzi już zupełnie inny obraz. W marcu 2019 r. powiedział o antysemickich tweetach muzułmańskiej kongresmenki Ilhan Omar: „Myślę, że demokraci popełnili straszny, ale to *straszny* błąd, odmawiając potępienia antysemityzmu i przytoczenia *nazwiska* kongresmenki Omar" [7] [podkreślenie w źródle], natomiast 24 kwietnia 2019 r. Dershowitz opublikował artykuł w *The Hill*, w którym potępił „rosnącą tolerancję, zwłaszcza po lewej stronie, względem antysemickich tropów, obrazów i stereotypów" [8]. Najważniejsze jest to, że dzisiaj amerykańscy Żydzi muszą w końcu otworzyć oczy na rosnący antysemityzm w *całym* kraju, a nie tylko po jednej stronie mapy politycznej.

Zwycięstwo Donalda Trumpa w wyborach prezydenckich w 2016 r. dało amerykańskiemu żydostwu pewne wytchnienie od procesu szybkiego pogorszenia się sytuacji, a także odsłoniło niebezpiecznie lekceważącą, protekcjonalną postawę wyborców demokratów wobec innych poglądów politycznych. Jeśli demokraci wygrają wybory w 2020 roku, Żydzi zostaną całkowicie wyrugowani ze społeczeństwa, wywołując efekt kuli śnieżnej, który z łatwością może stać się kolejną stroną w krwawej historii naszego plemienia.

Nawet jeśli Partia Demokratyczna nie wygra, do stycznia 2025 r. Donald John Trump nie będzie już prezydentem Stanów Zjednoczonych i czas wytchnienia zakończy się. Co więcej, nie ma gwarancji, że obecny ciepły stosunek Trumpa wobec narodu żydowskiego i państwa żydowskiego utrzyma się. Jeśli na przykład stan gospodarki gwałtownie się pogorszy, kto wie, jaką zmianę może to spowodować w polityce amerykańskiego rządu. Widzieliśmy już, jak przywódcy chętnie czynią z Żydów kozły ofiarne, kiedy sprawy idą w złym kierunku. Jaką mamy gwarancję, że amerykański prezydent – demokrata czy też republikanin – nie zrobi tego samego?

Czy mamy do czynienia z ultraprawicowymi antysemitami po prawej stronie areny politycznej, czy też postępową lewicą po lewej, Żydzi są na celowniku obu stron. Moim zdaniem ruch reakcyjny już się rozpoczął, ale jeszcze się nie rozpowszechnił. Żydzi mają coraz mniejsze możliwości odwrócenia tego trendu, a czas na działanie się kończy.

Wiem, że moje ostrzeżenia brzmią nieprzyjemnie, i oczekuję, iż wzbudzą gniew i wymówki. Wiem, że ludzie będą szydzić, poniżać i pogardzać mną i moimi przewidywaniami. Przyznaję jednak, iż zbyt bardzo mnie to dotyka i martwi, aby liczyć się z każdym słowem. Mam nadzieję, że po przeczytaniu tej książki wy również przekonacie się, iż moja troska jest uzasadniona i że nadszedł czas, aby działać w zgodzie ponad naszymi wszystkimi (wieloma) różnicami.

Rozdział 1
Kim są Żydzi i dlaczego istnieje nienawiść do Żydów

„…Jeśli statystyki odzwierciedlają stan faktyczny, Żydzi stanowią zaledwie jeden procent ludzkości. Można to przyrównać do mglistej, wątłej bryłki gwiezdnego pyłu zagubionej w blasku Drogi Mlecznej. Właściwie o Żydach nie powinno się słyszeć, niemniej o nich się słyszy dość często, zawsze o nich słyszano […]. Egipcjanie, Babilończycy i Persowie osiągnęli swój szczyt, wypełnili planetę dźwiękiem i blaskiem, a potem zblakli i odeszli w niepamięć. Po nich przyszli Grecy i Rzymianie, narobili ogromnego hałasu i także odeszli. Pojawiły się także inne narody, dzierżąc wysoko swoją pochodnię przez jakiś czas, ale i ona się wypaliła, teraz tkwią oni w półmroku lub całkowicie zniknęli. Żyd widział ich wszystkich, pokonał ich wszystkich i jest teraz tym, czym zawsze był [...]. Wszystkie rzeczy są śmiertelne, ale nie Żyd; wszystkie inne siły przemijają, ale on pozostaje. Jakiż jest sekret jego nieśmiertelności?"

Mark Twain, „Co się tyczy Żydów" [9]

Nie ma dymu bez ognia

Od momentu pojawienia się Hebrajczycy, których później określano mianem Izraelitów, a wreszcie Żydów, byli wyróżniani, głównie w celu potępienia. Po masakrze w synagodze *Tree of Life* (Drzewo Życia) w Pittsburghu 27 października 2018 r. redakcja *The Wall Street Journal* poświęciła artykuł „najstarszej nienawiści", a mianowicie antysemityzmowi. W artykule tym stwierdzono, że morderstwa były „okropnym przypomnieniem, iż istnieją ludzkie nienawiści, które są o wiele bardziej zjadliwe i pradawne niż te, które pobudzają nasze obecne podziały polityczne [...]. Ta irracjonalna nienawiść - stwierdził dziennikarz - jest jedną z najstarszych cech ludzkości i na Bliskim Wschodzie objawia się niemal codziennie w akcie morderstwa. Żydzi zabijani są po prostu dlatego, że są Żydami, tak jak miało to miejsce w całej ich historii. Właśnie dlatego miliony z nich szukają schronienia w państwie żydowskim - Izraelu, a także pod skrzydłami ochrony religijnej zawartej w Konstytucji Stanów Zjednoczonych" [10].

Nienawiść do Żydów jest irracjonalna. Powodów nienawiści do Żydów jest tyle, ile jest ludzi, którzy ich nienawidzą. Wszystko, co denerwuje, obraża, rani lub w inny sposób nie podoba się ludziom, często przypisuje się Żydom. Żydzi cierpieli z powodu 'krwawych" zniesławień, takich jak pieczenie macy, chleba paschalnego, z krwią chrześcijańskich dzieci. Oskarżono ich o zatruwanie studni, dominację handlu niewolnikami z Afryki do Ameryki oraz nielojalność wobec krajów, w których żyją.

Niedawno oskarżono ich o manipulowanie mediami w celu realizacji własnych potrzeb. Współczesność stworzyła również nowy rodzaj zniesławienia krwi, oskarżając Żydów o handel organami [11] oraz szerzenie AIDS [12].

Co więcej, Żydów często oskarża się o sprzeczne ze sobą „zbrodnie". Komuniści oskarżali ich o tworzenie kapitalizmu; kapitaliści zaś oskarżali ich o wymyślenie komunizmu. Chrześcijanie oskarżali Żydów o zabicie Jezusa, natomiast francuski historyk i filozof François Voltaire oskarżył ich o wymyślenie chrześcijaństwa. Krótko mówiąc, wszelkie poglądy, z którymi ludzie się nie zgadzają, przypisywane są Żydom. I jakby to wszystko nie wystarczyło, Żydów nazwano także podżegaczami wojennymi, tchórzami, rasistami i kosmopolitami, pozbawionymi kręgosłupa i nieugiętymi... i tak dalej, i tak dalej.

Jednak fakt, że antysemityzm jest irracjonalny, nie oznacza, iż jest on bez przyczyny, źródła, które daje mu początek. W rzeczywistości myślenie, iż nie ma powodu do antysemityzmu, jest równie irracjonalne, jak sam antysemityzm. Tak jak nie ma dymu bez ognia, nic nie może się wydarzyć bez czegoś, co to powoduje, a w przypadku nienawiści do Żydów ogień nienawiści podsycany jest od tysiącleci. Dlatego też, ponieważ istnieje wyraźna przyczyna antysemityzmu, powinniśmy ją odnaleźć, poddać analizie, jeśli jest to możliwe, a następnie wyleczyć, zanim ponownie pojawią się płomienie, zadając kolejny cios naszemu narodowi.

Aby znaleźć przyczynę antysemityzmu i lekarstwa na niego, powinniśmy spojrzeć w przeszłość, do czasów początku naszego narodu i nienawiści do niego. Kiedy zrozumiemy, w jaki sposób i przede wszystkim dlaczego naród żydowski został założony i stał się prawdziwym narodem, zobaczymy również, dlaczego istnieje nienawiść do Żydów oraz w jaki sposób możemy jej zaradzić.

Prekursor z Babilonu

Naród żydowski nie powstał na terytorium Izraela, lecz miał swój początek w kolebce współczesnej cywilizacji, Mezopotamii, zwanej inaczej „ziemią pomiędzy dwiema rzekami". Mezopotamia była rozległą i żyzną krainą między rzekami Tygrys i Eufrat, na obszarze dzisiejszego Iraku. Było to miejsce narodzin licznych wynalazków, które to umożliwiły rozwój ludzkiej cywilizacji. To tam wynaleziono koło, tam właśnie miała miejsce pierwsza uprawa zbóż, które wciąż stanowią podstawową dietę świata, oraz było to miejsce dynamicznego rozwoju matematyki i astronomii. Było też miejsce narodzin człowieka o imieniu Abraham, który stał się ojcem trzech wyznań: judaizmu, chrześcijaństwa oraz islamu.

Babilon, królestwo w sercu dynamicznej cywilizacji mezopotamskiej, był tyglem, idealnym podłożem, na którym wzrastały i kwitły niezliczone systemy wierzeń i nauki. Babilończycy nie mieli jednolitego systemu wierzeń; w tym sensie byli niezwykle pluralistyczni. Abraham, syn duchowego przywódcy, twórcy posągów, który oddawał cześć bożkom, urodził się w Harran, jednym z głównych miast imperium babilońskiego. *Sefer HaJaszar* (Księga Prawych) opisuje życie Babilończyków w tamtym czasie, ich wielbienie oraz wysoką pozycję rodziny Abrahama w tym duchowym krajobrazie: „Cały lud ziemi czynił sobie swojego własnego boga - boga z drewna i kamienia. Czcili ich, a oni stawali się dla nich bogami. W tamtych czasach król i wszyscy jego poddani oraz Terach (ojciec Abrahama) i cała jego rodzina byli pierwszymi spośród czcicieli drewna i kamienia, [Terach] wielbił i kłaniał się im, podobnie jak całe jego pokolenie" [13].

Jednakże syn Teracha, Abraham, który wtedy to jeszcze nosił imię Abram, posiadał wyjątkową cechę, która odróżniała go od reszty grupy. Był on niezwykle spostrzegawczy i z zapałem poszukiwał prawdy. Abraham był także człowiekiem troskliwym, który zauważył, iż ludzie wokół niego stają się coraz bardziej nieszczęśliwi. Kiedy zastanowił się nad swoimi spostrzeżeniami, stwierdził, że przyczyną ich nieszczęścia był rosnący egoizm. Stawali się oni coraz bardziej wyobcowani. W stosunkowo krótkim czasie Babilończycy przeszli od stanu dominującego poczucia pokrewieństwa, które Księga Rodzaju (11:1) opisuje jako „jednego języka i jednej mowy", do próżności i wyobcowania. Będąc kiedyś prostolinijnymi, zadowolonymi ze swego losu ludźmi, Babilończycy stali się chciwi i skupieni na sobie, mówiąc: „Chodźmy, zbudujmy miasto i wieżę ze szczytem sięgającym nieba i tak zdobędziemy sławę". (Rdz 11:4)

Oprócz uznania egoizmu swego ludu, Abraham zdał sobie sprawę, że życiem rządzi nie egoizm, lecz jedność i harmonia. Odkrył, iż istnieje jedna siła, która przejawia się na dwa przeciwne sposoby: egoizm i altruizm, dawanie i otrzymywanie. Interakcja między tymi dwiema siłami tworzy całą naszą rzeczywistość.

Chińczycy nazywają te dwie siły „yin i yang" i podobnie nauka uczy nas, że atomy są niestabilne przy braku równowagi pomiędzy ujemnie naładowanymi cząsteczkami (elektronami) a dodatnio naładowanymi cząsteczkami (protonami). Abraham również odkrył te dwie siły, ale jak wspomniano powyżej, zauważył jednocześnie, że obie pochodzą z jednej, jednolitej siły źródłowej, która następnie rozdzieliła się na dwie - siłę dawania (dodatnią) i siłę otrzymywania (ujemną).

Ludzki egocentryzm jest przejawem negatywnej siły, siły otrzymywania, egoizmu. W czasach Abrahama siła ta nasiliła się w Babilonie do tego stopnia, że zdominowała siłę pozytywną, siłę dawania - altruizm. W rezultacie tego społeczeństwo babilońskie zaczęło się rozpadać, a w miarę narastania wyobcowania ludzie coraz bardziej się od siebie oddalali. To z powodu swojej rosnącej próżności zdecydowali się na zbudowanie wspomnianej wieży. Ale co ważniejsze, był to przede wszystkim powód ich nieszczęścia: egocentryzm spowodował ich rozdzielenie [14].

W czasach Abrahama jego odkrycie, iż ego Babilończyków wzrosło ponad stan równowagi, było zbyt trudne do zaakceptowania, ponieważ oznaczało to, że musieli w jakiś sposób okiełznać swoje ego, aby nie dopuścić do upadku całego społeczeństwa.

Niestety Babilończycy okazali się zbyt zapatrzeni w siebie i nie mogli powstrzymać intensyfikacji własnego ego, co doprowadziło do upadku tej społeczności.

Abraham nazwał nowo odkrytą jednolitą siłę pierwotną natury imieniem „Bóg" lub Boreh (Stwórca) od słów Bo (przyjdź) i Re'eh (zobacz), ponieważ sami przychodzimy do tego i sami widzimy, jak ta siła działa [15]. W języku hebrajskim identyczność znaczenia znajduje odzwierciedlenie w tym, iż słowa „Bóg" oraz „natura" mają tę samą wartość liczbową (gematria). Innymi słowy, są one synonimami i mogą być stosowane zamiennie. Wielki kabalista i myśliciel XX wieku Raw Jehuda Leib HaLevi Aszlag, który przepowiedział zbliżające się nieszczęście Holokaustu, położył duży nacisk na tę kwestię w swoim eseju „Pokój". Według Aszlaga „Najlepiej jest zaakceptować [...], iż HaTeva (hebrajski: natura) ma taką samą wartość liczbową (w języku hebrajskim) jak Elo-him (Bóg) - osiemdziesiąt sześć. Wówczas będę mógł nazwać prawa Boże «przykazaniami Natury» lub odwrotnie [...], bowiem są one takie same" [16].

Znany dwunastowieczny uczony Majmonides opisuje w swoim doniosłym utworze Miszne Tora (Powtórzenie [lub nauka] Tory) rozpaczliwe poszukiwanie przez Abrahama właściwych odpowiedzi: „Odkąd ta niezłomna istota została odstawiona od piersi, zaczęła się zastanawiać i rozmyślać dzień i noc, jak to możliwe, że to koło wciąż obraca się bez prowadzącego? Któż nim kręci, jako że nie może się samo obracać? I nie miał on ani nauczyciela, ani też opiekuna. Wiódł swoje życie w Ur chaldejskim pośród niepiśmiennych czcicieli bożków ze swoją matką i ojcem oraz całym ludem czczącym gwiazdy, a on - wraz z nimi. [17].

Po wielu dniach poszukiwań misja Abrahama zakończyła się sukcesem i odkrył on Stwórcę, zjednoczone źródło zarówno dobra, jak i zła, dawania i otrzymywania, które stwarza, podtrzymuje i prowadzi całą rzeczywistość do celu poprzez homeostazę, czyli równowagę i harmonię. Według słów Majmonidesa „[Abraham] osiągnął drogę prawdy [...] dzięki swej właściwej mądrości i wiedział, iż istnieje jeden Bóg (czy też Natura), który prowadzi [...], i że stworzył On cały świat ze wszystkim, co istnieje, i że nie ma innego Boga prócz Niego" [18].

Kiedy tylko Abraham zorientował się, że problemem jego ludu jest brak równowagi między dawaniem a otrzymywaniem, zaczął im o tym mówić. Jednak jego wysiłki spotkały się jedynie z niedowierzaniem i ośmieszaniem. Księga *Pirke de Rabbi Eliezer* (Rozdziały rabbiego Eliezera), jeden z najwybitniejszych midraszów (komentarzy) na temat Tory (Pięcioksięgu), zawiera żywy opis próżności Babilończyków: „Nimrod [król Babilonu] powiedział do swego ludu: Zbudujmy wielkie miasto i zamieszkajmy w nim, abyśmy nie rozproszyli się po ziemi [...], i zbudujmy w nim wielką wieżę wznoszącą się ku niebu [...] i tak zdobędziemy dla siebie rozgłos".

Ich próżność nie jest tutaj najważniejsza, jako że komentarz daje nam wgląd we wzajemne wyobcowanie Babilończyków: „Zbudowali ją wysoko [...], [a] jeśli ktoś spadł i umarł, nie przejmowali się tym. Ale jeśli spadła cegła, zwykli siadać i płakać, mówiąc: 'Kiedy pojawi się kolejna w miejsce tamtej?'" [19].

Ponieważ Abraham był człowiekiem pełnym troski, niepokoiło go nastawienie współczesnych jemu Babilończyków i dlatego przychodził na plac budowy, aby obserwować zachowanie budowniczych. Księga *Pirke de Rabbi Eliezer* dalej opisuje obserwacje Abrahama dotyczące wrogości ludzi wobec siebie nawzajem: „Abraham, syn Teracha, przechodził i widział, jak budują miasto oraz wieżę". Próbował z nimi rozmawiać i powiedzieć im o potrzebie połączenia się w celu zrównoważenia egocentryzmu. „Jednak nienawistnymi dla nich były jego słowa", czytamy w księdze. Ale kiedy „chcieli mówić wspólnym językiem", tak jak poprzednio, gdy wciąż posługiwali się jedną mową, „nie byli w stanie zrozumieć się wzajemnie". „Cóż zatem uczynili?" – stawia pytanie księga. „Każdy wziął swój miecz i walczył z innymi na śmierć i życie. W podsumowaniu księga opisuje nieuchronnie krwawy skutek tego wszystkiego: „Połowa świata zginęła tam od miecza" [20].

Widząc to, Abraham nie mógł pozostawać bezczynny. Starał się, jak mógł, aby uświadomić Babilończykom, co nastawiło ich przeciwko sobie. Pochodząca z XVIII wieku księga zatytułowana „Kol Mevaser" opisuje wysiłki Abrahama i wrogość, jakiej w związku z tym doznawał: „Nie możemy myśleć, iż Abraham był niczym dzisiejsi [żydowscy ortodoksyjni] rabinowie, siedzący w domu z gronem wyznawców odwiedzających go w jego domu. Przeciwnie, wychodził on na zewnątrz i głośno wołał, iż na świecie istnieje tylko jeden Stwórca. [...] Ludziom wydawało się, że jest on szalony, a dzieci i dorośli rzucali w niego kamieniami. Jednakże Abraham nic sobie z tego nie robił i dalej głosił swoją prawdę" [21].

Znany pisarz Thomas Cahill elokwentnie opisał wytrwałość Abrahama w głoszeniu prawdy w obliczu oporu swojego ludu. W ramach swojej uznanej serii książek „Zawiasy historii" napisał „Dary Żydów", koncentrując się na wkładzie judaizmu i Żydów w rozwój ludzkości - według własnej oceny. Poniżej przedstawiona jest jego intrygująca perspektywa na wysiłki Abrahama: „Gdybyśmy żyli w drugim tysiącleciu p.n.e., w tysiącleciu Abrahama, i gdybyśmy mogli poznać opinie wszystkich narodów ziemi, to co by ci ludzie powiedzieli na temat podróży Abrahama? W większości krajów Afryki i Europy śmialiby się z szaleństwa Abrahama i wskazywali na niebiosa, gdzie życie na ziemi było planowane od wieków [...] człowiek nie może uciec od swojego losu. Egipcjanie potrząsaliby głowami z niedowierzaniem. Wcześni Grecy mogli opowiedzieć Abrahamowi historię Prometeusza [...]. 'Nie przesadzaj - doradzaliby - daj sobie spokój'. W Indiach powiedziano by mu, iż czas jest ponury, irracjonalny i bezlitosny. Nie stawiaj sobie zadania osiągnięcia czegoś w czasie, gdzie istnieje jedynie dominacja cierpienia. Na każdym kontynencie, w każdym społeczeństwie Abraham otrzymałby tę samą radę, jaką mędrcy, tak różnorodni jak Heraklit, Laotsu i Siddhartha, pewnego dnia udzieliliby swoim wyznawcom: 'Nie podróżujcie, lecz usiądźcie; wyciszcie się nad rzeką życia, rozmyślajcie o jej nieustannym i bezsensownym przepływie'" [22]. Oczywiście, gdyby Abraham posłuchał takich rad lub gdyby uciszyły go kamienie rzucane w niego, historia ludzkości byłaby zupełnie inna.

Rodzi się naród

„W wieku czterdziestu lat" - pisze Majmonides - Abraham „zaczął udzielać odpowiedzi mieszkańcom Ur chaldejskiego, rozmawiać z nimi i mówić im, iż droga, którą szli, nie była drogą prawdy" [23]. Być może w sposób nieumyślny wyjaśnienia Abrahama dały początek nowemu narodowi.

Jednak początek ten, jak większość początków, był bardzo trudny, ponieważ nawet jego własny ojciec, Terach, był jemu przeciwny. *Midrasz Rabba*, komentarz napisany w V wieku n.e., oferuje zabawne spojrzenie na trudy, jakich doznawał Abraham za odkrycie i poświęcenie się prawdzie, a także za swoją porywczą osobowość. „Terach [ojciec Abrahama] był czcicielem bożków [który zarabiał na życie, tworząc i sprzedając posągi w sklepie rodzinnym]. Jednego razu wychodził on w pewne miejsce i nakazał Abrahamowi, aby ten zastąpił go w sklepie. W pewnym momencie jakiś człowiek wszedł do sklepu i chciał kupić posąg. [Abraham] zapytał go: 'Ile ma pan lat?', na co mężczyzna odparł:

'Pięćdziesiąt lub też sześćdziesiąt'. Wtedy Abraham powiedział mu: 'Biada temu, który ma sześćdziesiąt lat, ale jest zmuszony czcić jednodniowy posąg'. Zawstydzony mężczyzna opuścił sklep. Innym razem weszła kobieta z misą pełną kaszy manny. Powiedziała mu: 'Proszę, ofiaruj to posążkom', na co Abraham wstał, wziął młot, rozbił wszystkie posągi, a następnie umieścił młot w rękach największego. Kiedy wrócił ojciec, zapytał go: 'Kto to zrobił?'. [Abraham] odrzekł ojcu: 'Weszła kobieta. Przyniosła im miskę kaszy i poprosiła, żebym im ją ofiarował. Tak też uczyniłem, a wtedy jeden z nich powiedział: 'Najpierw ja zjem', na co drugi odpowiedział: 'Nie, ja zjem pierwszy'. Po czym ten największy z nich wstał, wziął młotek i porozbijał je wszystkie'. Ojciec Abrahama odpowiedział: 'Żartujesz sobie ze mnie? Co one tam wiedzą?'. Na to wszystko Abraham odrzekł: 'Czy twoje uszy słyszą to, co mówią twoje usta?'" [24].

Abraham był nie do pokonania w doborze argumentów, ale nie mógł przeciwstawić się babilońskiemu władcy. Kiedy jego nauczanie stało się znane, został on wydalony z Babilonu i udał się do ziemi Kanaan. Jednakże wygnanie z Babilonu nie powstrzymało go przed rozpowszechnieniem swojego odkrycia. Szczegółowy opis Majmonidesa mówi nam: „Zaczął wołać na cały świat [...]. Wołał, wędrując od miasta do miasta i od królestwa do królestwa, aż przybył do ziemi Kanaan [...]. Kiedy oni [ludzie w miejscach, do których docierał] gromadzili się wokół niego i zadawali pytania dotyczące jego słów, nauczał wszystkich [...], dopóki nie doprowadził ich do ścieżki prawdy. W rezultacie tego tysiące i dziesiątki tysięcy zgromadziły się wokół niego i stali się oni ludem domu Abrahama. Zaszczepił im tę zasadę w sercach, tworzył o niej księgi i nauczał swego syna Izaaka. Izaak siadywał, nauczał i ostrzegał, a także pouczał Jakuba i wyznaczył dla niego nauczyciela, aby siadał i uczył [...]. A Jakub [...] nauczał wszystkich swoich synów. Oddzielił od reszty Lewiego i ustanowił go zwierzchnikiem" [25].

Aby zagwarantować, że te nauki będą trwały przez wieki, Jakub „nakazał swym synom, aby nie zaprzestali wyznaczania osoby mianowanej spośród synów Lewiego, tak aby wiedza nie została zapomniana. Ród trwał i rozszerzał się poprzez dzieci Jakuba wraz z towarzyszącymi im potomkami" [26].

Zdumiewającym efektem wysiłków Abrahama były narodziny narodu, który poznał najgłębsze prawa życia, czy też - według słów Majmonidesa: „Naród, który zna Pana, został stworzony na świecie" [27].

Rzeczywiście, Izrael nie jest tak naprawdę nazwą narodu. W języku hebrajskim słowo Izrael jest kombinacją dwóch słów: Jaszar (prosto) i El (Bóg). Innymi słowy, Izrael oznacza sposób myślenia charakteryzujący się pragnieniem odkrycia wspólnego korzenia, siły życia; jest pragnieniem osiągnięcia lub postrzegania Stwórcy. Rabin Meir Ben Gabai powiedział o tym: „W znaczeniu imienia «Izrael» zawiera się również Jaszar El" [28]. Podobnie, wielki Ramchal wyjaśnił w zwięzły sposób: „Izrael - Jaszar El". Mówiąc inaczej, to więcej niż imię: „Izrael" określa stan istnienia, kierunek pragnienia, które doprowadziło Abrahama do jego odkryć.

Genetycznie rzecz ujmując, pierwszymi Izraelitami byli Babilończycy lub członkowie innych narodów, którzy dołączyli do grupy Abrahama. Znaczenie ich nazwy było jasne dla starożytnych Izraelitów. Jak pisał Majmonides, mieli oni swoich nauczycieli, Lewitów, i nauczono ich, aby przestrzegali podstawowej zasady życia mówiącej o równowadze między dawaniem a otrzymywaniem, pomiędzy egoizmem a jednoczeniem się ponad nim. W ten właśnie sposób został ustanowiony naród izraelski.

Źródło antysemityzmu

Walka Abrahama o wprowadzenie zasady równowagi była czymś więcej niż tylko próbą uratowania społeczności w swoim rodzinnym mieście. Abraham odkrył, iż ludzki egoizm to nieustannie rosnąca bestia i że bez skutecznej metody jego powstrzymania jest on w stanie zniszczyć absolutnie wszystko. W cytacie umieszczonym na początku tego rozdziału Mark Twain wymienia niektóre z największych imperiów w historii i pyta, dlaczego wszystkie one upadły i pogrążyły się w „snach", podczas gdy Żydzi nie. Odpowiedź na jego pytanie jest prosta: inne narody uległy rosnącemu egoizmowi, który ostatecznie spowodował rozpad ich społeczeństwa i nieuchronny upadek.

Hebrajscy królowie z przeszłości oraz żydowscy mędrcy na przestrzeni wieków podkreślali zasadę wspierania jedności ponad rosnące ego. Wiedzieli, iż jest to cały proces, a nie jednorazowe rozwiązanie, które sprawi, że wszyscy będą żyli długo i szczęśliwie. Król Salomon napisał w Księdze Przysłów (10:12): „Nienawiść wywołuje konflikty, a miłość pokryje wszystkie przestępstwa". Midrasz napisany wiele wieków później podkreślał następującą prawdę: „Człowiek nie opuszcza świata nawet z połową swoich pragnień w ręku, jako że ten, kto posiada sto, chce dwieście; a ten, który ma dwieście, chce już czterysta" [29].

W XIX wieku Nathan Sternhartz, uczeń rabina Nachmana z Bracławia, opracował księgę *Likutej Halachot* (Przepisy prawa), których nauczał jego nauczyciel. Zgodnie z zasadą łączenia nienawiści z miłością do innych, aby zachować równowagę, Sternhartz pisał: „Witalność wynika głównie z jedności i osiąga się ją poprzez wszystkie zmiany zawarte w źródle jedności. Z tego powodu zasada „Kochaj bliźniego swego jak siebie samego" jest wielką regułą Tory, która ma być przestrzegana w jedności i pokoju. Witalność, podtrzymywanie i naprawa całego stworzenia polegają głównie na tym, że ludzie o różnych poglądach łączą się razem w miłości, jedności i pokoju" [30]. Innymi słowy, musimy nie tylko pokrywać naszą nienawiść miłością, ale też powinniśmy postępować tak nieustannie. Ponieważ nasz egoizm rośnie, wzrastać musi również nasza jedność. W przeciwnym razie rozproszymy się i ulegniemy upadkowi, tak jak każdy inny naród na przestrzeni dziejów.

Kiedy Abraham po raz pierwszy przedstawił swój paradygmat Babilończykom, większość z nich naturalnie go odrzuciła i znienawidziła go za sugerowanie, że muszą wznieść się ponad swoje ego. Słusznie uważali, iż nienaturalnym jest jednoczenie się ludzi ponad ich dążeniem do separacji. Niemniej jednak Abraham upierał się, że jeśli tego nie zrobią, ich społeczeństwo po prostu rozpadnie się.

Przepaść, która wówczas zaistniała pomiędzy Abrahamem wraz z jego uczniami a resztą Babilończyków, istnieje do dzisiaj; jest ona źródłem tej irracjonalnej nienawiści, którą nazywamy „antysemityzmem". Chociaż w większości przypadków ludzie nie wiedzą, dlaczego nienawidzą Żydów, jednak, świadomie czy nie, uważają, że Żydzi symbolizują coś, co powinni robić, a mianowicie jednoczyć się ponad własnym ego, i że Żydzi mają być wzorcowym narodem, który żyje tą jednością i tym samym ustanawia wzór do naśladowania.

U podnóża góry Synaj, kiedy Mojżesz zjednoczył uciekinierów z Egiptu, zaakceptowali oni prawo zwane „Torą" (co w języku hebrajskim oznacza „prawo" lub „instrukcja"), a zaakceptowali je tylko dlatego, iż spełnili warunek bycia „jako jeden człowiek z jednym sercem" [31]. Następnie ogłoszono ich narodem i powierzono im zadanie bycia „światłem dla narodów" [32]. „Światłem", które Żydzi mieli przynieść, nie była jakaś niebiańska aura, ale raczej prawo jedności, które odkrył Abraham i które oni u podnóża Góry Synaj zobowiązali się stosować w swoim społeczeństwie. Stanowiło to podejście do życia, które pozwala ludziom wznieść się ponad swoje ego i stworzyć zrównoważone, kwitnące społeczeństwo żyjące w stanie homeostazy.

Od czasu, kiedy Żydzi otrzymali to zadanie, nienawiść do nich narastała, gdy nie byli zjednoczeni, a zatem nie stanowili „światła dla narodów", natomiast owa nienawiść znacznie malała, a nawet zanikała, kiedy ich wzajemne relacje były pozytywne, dając tym samym przykład, który inne narody mogłyby naśladować.

Radykalna idea, która dla naszych przodków była oczywistością

Dzisiaj twierdzenie, iż nienawiść do Żydów zależy od poziomu jedności między nimi lub jej braku, czyli od stopnia spełnienia warunku bycia „jak jeden człowiek z jednym sercem", brzmi jak radykalna sugestia. Niemniej dla naszych mędrców przez całe wieki koncepcja ta była czymś oczywistym.

Midrash Tanah De Bei Eliyahu, starożytny komentarz do Tory, mówi: „Pan rzekł do nich, do Izraela: „Moi synowie, czy brakowało mi czegoś, o co powinienem was prosić? A o co was proszę?

Tylko abyście kochali się wzajemnie, szanowali się nawzajem i czuli przed sobą respekt, i aby nie było między wami wykroczeń, kradzieży i zła" [33].

Innym przełomowym komentarzem podkreślającym znaczenie jedności Żydów jako sposobu na uniknięcie przeciwności losu jest *Midrasz Tanhuma* napisany w IX wieku n.e. „Jeśli człowiek weźmie wiązkę trzciny", wyjaśnia komentarz, „nie może złamać jej razem. Ale jeśli weźmie pojedyncze źdźbło, to nawet dziecko je złamie. Podobnie Izrael nie zostanie zbawiony, dopóki nie będzie stanowić jednej wiązki" [34].

W XVIII wieku rabin Kalonymus Kalman Halevi Epstein napisał jedną z przełomowych ksiąg ruchu chasydzkiego, który rozprzestrzenił się w większości krajów Europy Wschodniej. Jego księga *Maor VaSzemesz* [Światło i słońce] podkreśla zasadniczą wagę jedności dla Żydów: „'Aby On mógł ustanowić was dzisiaj jako Swój lud' oznacza, że dzięki temu odrodzicie się, zostaniecie wybawieni od wszelkich nieszczęść" - zaczyna autor. „Następnie On [Stwórca] powiedział do nich [do Izraela]: 'Nie tylko z wami zawarłem to przymierze', co oznacza, że ocalenie od jakiejkolwiek krzywdy poprzez więź nie zostało obiecane jedynie pokoleniu Mojżesza. Raczej: 'Lecz z tymi, którzy stoją tu dzisiaj z nami […], i z tymi, którzy nie są tu dzisiaj z nami', czyli że obiecano je wszystkim przyszłym pokoleniom przejść przez wszystkie wyzwania przymierza, a poprzez jedność i więź między nimi nie doznają krzywdy" [35].

W kolejnym wieku Raw Izaak Eliyahu Landau wyraźnie podkreślił związek między żydowską jednością a tym, co ma miejsce, kiedy tej jedności nie ma. W swoim komentarzu do Talmudu napisał: „Tak powiedziałby rabin Eleazar ha-Kappar: 'Kochajcie pokój i nienawidźcie podziału. Pokój jest wielki, bo nawet gdy Izrael praktykuje kult bożków, a panuje wśród nich pokój, Stwórca mówi: 'Nie chcę ich dotykać [krzywdzić]', jak napisano (Ozeasza 4:17), 'Efraim dołączył do bożków; zostawcie go w spokoju'. Jeśli jest między nimi podział, to co się o nich mówi? (Ozeasza 10:2) 'Ich serce jest podzielone; teraz będą cierpieć za swoją winę'" [36].

A w wieku dwudziestym wspomniany już wcześniej Raw Jehuda Aszlag wielokrotnie podkreślał praktyczne korzyści wypływające z wprowadzenia jedności do naszego życia: „Sprawa jedności społecznej, która może być źródłem wszelkiej radości i sukcesu, dotyczy szczególnie spraw cielesnych u ludzi, natomiast rozdzielenie między nimi jest źródłem wszelkiego nieszczęścia i katastrof" [37].

Nie-Żydzi, którzy rozumieją znaczenie bycia Żydem

Jak pokazują przedstawione przykłady, przez kolejne pokolenia nasi mędrcy i przywódcy niestrudzenie pisali o potrzebie jedności jako środka zapewniającego nam bezpieczeństwo. Pisali także o tym, że tylko wtedy, gdy jesteśmy zjednoczeni, możemy być „światłem dla narodów". Jednakże nie tylko Żydzi wiedzieli i pisali o wyjątkowym charakterze naszego ludu i o naszym zadaniu bycia wzorem do naśladowania. W niektórych przypadkach potwierdzenie tego faktu przychodziło od naszych najbardziej żarliwych przeciwników, a w innych przypadkach od „zwykłych gojów". Mówi się, że my, Żydzi, jesteśmy upartym narodem. Mówiąc prawdę, tacy właśnie jesteśmy. Mamy też tendencję do tego, aby nie słuchać, gdy współwyznawcy mówią nam o potrzebie jedności. Ale być może jeśli usłyszymy o tym od tych, którzy są naszymi wrogami, wtedy nasze uszy i serca otworzą się na to wołanie o naszą jedność.

Prawdopodobnie najbardziej niesławnym antysemitą w historii Ameryki był przemysłowiec i producent samochodów Henry Ford. W swoim niecnym dziele zatytułowanym „Międzynarodowy Żyd - najważniejszy problem świata" Ford zawarł szereg bardzo ciekawych wypowiedzi, które nie brzmią tak, jakby wzięły się z umysłu człowieka nienawidzącego Żydów. „Wydaje się, że całym proroczym celem w odniesieniu do [ludu] Izraela było moralne oświecenie świata za jego pośrednictwem", napisał w jednym miejscu [38].

Ford pisze w podobnym duchu kilka innych wypowiedzi na temat oczekiwań świata od Żydów jako czynników pozytywnej zmiany, jednak odpowiedź na to, jaką pozytywną zmianę ma na myśli, znajduje się już prawie na samym początku jego książki: „Współcześni reformatorzy, którzy konstruują modelowe systemy społeczne na papierze, powinni przyjrzeć się systemowi społecznemu, według którego zorganizowani byli pierwsi Żydzi", twierdzi Ford [39], co z pewnością nie wygląda na oświadczenie, którego można by oczekiwać od antysemity.

Nie tylko Ford formułował świadome żądanie wobec Żydów. Inni antysemici byli również świadomi tego, co chcieliby zobaczyć ze strony Żydów. Urodzony na Ukrainie Vasily Shulgin był starszym członkiem Dumy, parlamentu rosyjskiego, przed rewolucją bolszewicką w 1917 r. Otwarcie i z dumą ogłosił się antysemitą i często powtarzał to oświadczenie. W swojej książce „Czego w nich nie lubimy..." analizuje postrzeganie Żydów w oparciu o wiele opracowań i wskazuje, co jego zdaniem robią oni źle. Shulgin skarży się, że „Żydzi w XX wieku stali się bardzo sprytni, skuteczni i energiczni w wykorzystywaniu pomysłów innych ludzi. Jednak" – protestuje – „nie jest to zajęcie dla 'nauczycieli i proroków', to nie rola 'przewodników niewidomych' i wreszcie nie rola 'nosicieli kulawych'" [40]. Jest to oczywisty kontrast między nienawidzeniem Żydów a postrzeganiem ich jako ludzi zobowiązanych do prowadzenia niewidomych, czyli reszty ludzkości, natomiast częste powtarzanie tego żądania przez Shulgina dowodzi, iż nie było to zwykłe przejęzyczenie czy też błąd zapisu, ale jego prawdziwy pogląd. W innym eseju Shulgin staje się niemal poetycki, kiedy opisuje, dokąd Żydzi mogą poprowadzić ludzkość, jeśli tylko podejmą to wyzwanie: „Niech oni [...] wzniosą się do poziomu, do którego najwyraźniej wspięli się [w starożytności] [...], a natychmiast wszystkie narody pospieszą ku nim. Pospieszą nie pod przymusem [...], ale z wolnej woli, radośni w duchu, wdzięczni i kochający, a będą wśród nich i Rosjanie! Sami będziemy prosić: 'Daj nam żydowskie rządy, mądre, życzliwe, prowadzące nas do dobrego'. I każdego dnia będziemy modlić się za nich, za Żydów: 'Pobłogosław naszych przewodników i naszych nauczycieli, którzy prowadzą nas do uznania Twojej dobroci'" [41].

W XVI wieku Martin Luter, założyciel i przywódca reformacji protestanckiej, był zaciekłym antysemitą. Jednak nawet on przyznał, iż w starożytności Żydzi byli szczerzy i godni, natomiast obwiniał współczesnych sobie Żydów o porzucenie prawdziwych wartości judaizmu. W swojej pracy „Żydzi i ich kłamstwa" pisze: „[...] Oni nie mogą być ludem Bożym. Gdyby tak było, naśladowaliby Żydów w babilońskiej niewoli. Jeremiasz napisał do nich: «Starajcie się o pomyślność miasta, do którego zesłałem was na wygnanie, i módlcie się za nie do Pana, bo od jego pomyślności zależy wasza pomyślność» [Jeremiasza 29:7]" [42].

Intrygująca perspektywa na tę samą kwestię pochodzi od bardziej współczesnego antysemity, neonazisty George'a Lincolna Rockwella. W swojej książce „White Power" (Biała moc) będącej szokującym dziełem Rockwell niemniej przedstawia kilka bardzo interesujących spostrzeżeń dotyczących Żydów, i to niekoniecznie negatywnych. Kiedy pisze o jedności wśród Żydów, stwierdza: „W rzeczywistości lojalność grupowa tych Żydów jest chyba czymś najbardziej fantastycznym w całej historii świata. Doprowadziła ona ich do niemal całkowitego opanowania świata - nie dlatego, iż są odważniejsi, pracują ciężej, są bardziej inteligentni lub bardziej godni niż my wszyscy, ale dlatego, że przestrzegają podstawowych praw Natury i zachowują lojalność grupową. Podczas gdy reszta z nas zakochała się w swoich zgniłych śmieciach pod nazwą 'jeden świat', 'wszyscy jesteśmy braćmi', które to dezintegrują nasze społeczeństwo, Żydzi podtrzymują swoje społeczeństwo z taką lojalnością, jakiej nigdy wcześniej nie widziała historia, i w ten sposób przechodzą od jednego triumfu do drugiego" [43]. Gdybyśmy mogli wykorzystać tę godną pozazdroszczenia cechę z korzyścią dla całej ludzkości, gdybyśmy mogli ją pokazać w sposób, w jaki każdy mógłby ją naśladować, zamiast lubować się w „śmieciach ", o których pisze Rockwell, wtedy nie byłoby mowy o antysemityzmie; po prostu nie byłoby powodu, aby ktokolwiek nienawidził Żydów, ponieważ ludzie wiedzieliby, jak się jednoczyć, a zjednoczeni ludzie nie nienawidzą siebie nawzajem, ani swoich nauczycieli, jak pisze Shulgin.

Inni nie-Żydzi, którzy niekoniecznie byli antysemitami, także byli świadomi roli, którą - jak wierzyli - mieli odegrać Żydzi wobec ludzkości. Jednym z takich przykładów jest uznany historyk Paul Johnson, który w swojej obszernej pracy „Historia Żydów" napisał: „Na bardzo wczesnym etapie swojej wspólnej egzystencji [Żydzi] wierzyli, że odkryli boski plan dla rasy ludzkiej, który właśnie to społeczeństwo miało realizować dla innych" [44].

Kolejne rozdziały szczegółowo opisują walkę Żydów o utrzymanie jedności i związek, który zwykle przeoczamy pomiędzy naszą jednością a naszym bezpieczeństwem i szczęściem.

Rozdział 2
Nienawiść do samych siebie w starożytności

Jeśli przyjrzymy się najbardziej traumatycznym wydarzeniom w historii naszego narodu, z całej tej udręki wyłania się niepokojący, powracający schemat: kiedy nienawidzimy się nawzajem, inni nienawidzą nas jeszcze bardziej i ostatecznie karzą nas za to. W kolejnych rozdziałach przyjrzymy się najbardziej wstrząsającym tragediom naszego narodu i wskażemy wspólny proces, który miał miejsce przed erupcją każdej katastrofy. Ponieważ proces ten jest wspólny dla najbardziej traumatycznych epizodów naszego narodu, jeśli nauczymy się go wykrywać, będziemy w stanie zapewnić antidotum na czas i zapobiec jego ponownemu pojawieniu się w przyszłości.

Słowo na temat asymilacji

Historia pokazuje, że przed każdym poważnym kryzysem istnieje okres, w którym nasz naród staje się coraz bardziej rozdzielony, gdy jego członkowie stają się coraz bardziej rozczarowani sobą nawzajem. W kolejnych rozdziałach dokonam przeglądu pokoleń narodu żydowskiego od Egiptu do upadku Drugiej Świątyni. Jak zobaczycie, nasza tendencja do samookaleczeń posiada głębokie korzenie w naszej przeszłości.

Ale zanim zagłębimy się w kroniki naszego ludu, musimy zrozumieć rzucające się w oczy zjawisko, które znajduje się w centrum każdej przeciwności, jakiej doświadczyliśmy poprzez kolejne pokolenia. Zjawisko to nazywa się asymilacja. Należy zauważyć, że kiedy starożytne pisma święte lub historycy opisują proces asymilacji, prawie zawsze jest to symptom zaniku jedności społecznej, a owa defragmentacja społeczna jest problemem, którym chcę się zająć.

Jak wspomniano wcześniej, kiedy starożytni Hebrajczycy stali się narodem, musieli spełnić jeden szczególny wymóg, a mianowicie zjednoczyć się „jak jeden człowiek z jednym sercem" [45]. Dlatego też oderwanie się od judaizmu oznaczało przede wszystkim odejście od tego prawa zjednoczenia. Dlatego właśnie kiedy rabin Akiwa, którego uczniowie przekazali nam Misznę i Księgę Zohar, próbował uratować Jerozolimę przed drugim upadkiem, powiedział: „Kochaj bliźniego swego jak siebie samego - to jest wielka reguła Tory" [46].

Nieprzypadkowym jest, że kiedy mowa o zasadach, rabin Natan Sternhartz, główny uczeń i pisarz rabina Nachmana z Bracławia, pisze: 'Kochaj bliźniego swego jak siebie samego' jest wielką regułą Tory, obejmującą jedność i pokój, które są sercem witalności, wytrwałości i naprawy całego stworzenia, kiedy to ludzie o różnych poglądach są włączeni razem w miłość, jedność i pokój" [47].

Dlatego od starożytności, i jak zobaczymy, do dnia dzisiejszego asymilacja wskazywała na odstępstwo od prawa jedności, które ukształtowało nas w jeden naród. Właśnie to odejście od jedności stanowi sedno problemu, a nie poziom dokładności przestrzegania obyczajów, jak mój nauczyciel Raw Baruch Shalom Ashlag (RABASH) zwykł mawiać, odnosząc się do przykazań cielesnych.

Egipt - opowieść o braterskiej nienawiści i jej skutkach

Historia naszego wygnania w Egipcie nie może być bardziej dramatyczna. Zaczyna się ona od intensywnej nienawiści wśród braci, następnie przynosi pojednanie i dobrobyt, aby kolejno pogrążyć się w separacji i kryzysie, natomiast kończy w jedności i cudownej ucieczce. A nagrodą za naszą przywróconą jedność jest „oficjalne" uformowanie narodu żydowskiego wraz z obowiązkiem, a raczej, powiedzmy sobie, brzemieniem bycia „światłem dla narodów" [48].

Nasiona wygnania w Egipcie zostały zasiane na długo przed przybyciem rodziny Jakuba do Egiptu. Zaczęło się od nienawiści synów Jakuba do ich najmłodszego brata – Józefa. Księga Rodzaju jest dość bogata w opisy, szczegółowo nakreślając, w jaki sposób bracia próbowali zabić Józefa, którego pogardliwie nazywali „marzycielem" (Rdz 37:19).

Chociaż bracia ostatecznie decydują się „złagodzić" swoją zbrodnię, unikając zabicia Józefa, i „zadowalają się" wrzuceniem go do głębokiego dołu, Talmud (Szabat 10b) wyjaśnia, że ich nienawiść do Józefa jest powodem, dla którego dzieci Izraela udały się na wygnanie do Egiptu. Napisane jest, iż bracia zazdrościli Józefowi tego, że jest ulubionym synem Jakuba i że Jakub podarował mu koszulę w paski. Ich uraza była tak intensywna, że chcieli go zabić. I zrobiliby to, gdyby nie interwencja Rubena, najstarszego syna Jakuba. Dlatego zamiast zabić Józefa bracia postanowili go wrzucić do suchej jamy, a następnie sprzedali go jako niewolnika ludziom z karawany Ismaelitów zmierzających do Egiptu (Rdz 37:18-28).

Naprawa przyszła wraz z przebaczeniem Józefa. Chociaż był teraz już wicekrólem w Egipcie, a faraon „zdjął swój pierścień z palca i włożył go na palec Józefa" (Rdz 41:42), Józef wcale nie był mściwy wobec swoich braci. Przeciwnie, okazał im jedynie współczucie, miłość i hojność. Kiedy przybyli do Egiptu, szukając ulgi od głodu, którego doświadczyli w Kanaanie, sprytnie kazał im sprowadzić Jakuba, jego ojca, do Egiptu, a następnie obdarzył ich najbardziej urodzajną ziemią w Egipcie, ziemią Goszen (Rodzaju 45:9-11), gdzie żyli w dostatku do końca życia Józefa. W ten sposób uformował on związek swoich braci pod własną egidą, tak jak to przewidział w swoim śnie, który to poprzednio wzmógł ich nienawiść do niego do tego stopnia, że chcieli odebrać mu życie [49].

Pod rządami Józefa Izraelici byli zjednoczeni i odnieśli sukces, ale kiedy umarł, zaczęli się rozpraszać i pragnęli wmieszać się w społeczność Egipcjan. „Izraelici zaczęli ukrywać swoje żydostwo", pisze prof. Zvi Shimon z Uniwersytetu Bar-Ilan w Izraelu. „Byli zanurzeni w egipskiej kulturze, entuzjastycznie uczestniczyli w egipskich wydarzeniach kulturalnych i adoptowali ich sposoby rozrywki. Egipski sport i teatr były popularnymi rozrywkami wśród nowych żydowskich imigrantów" [50]. Pamiętajcie o tym opisie procesu asymilacji, ponieważ, jak pokazuje historia naszego narodu, ilekroć narasta wśród nas brak jedności, przyjęcie lokalnej kultury będzie pierwszym i jednym z jej najbardziej widocznych oznak. Chociaż w samych zabawach i grach nie ma nic złego, jednak kiedy świadczą o naszym rozpadzie, wtedy oznacza to, iż tracimy podstawy naszego społeczeństwa. A z powodu naszego wyjątkowego zadania - przyniesienia jedności światu - nasze oddzielenie zawsze rodzi nienawiść do nas.

Zgodnie z tym, a także ku wielkiemu ubolewaniu Izraelitów im bardziej chcieli się zasymilować w Egipcie, tym bardziej faraon oraz cały Egipt zwracał się przeciwko nim. Księga Zohar (Szemot) pyta: „Dlaczego Izrael został wygnany i dlaczego właśnie do Egiptu?" Odpowiedź, jaką podaje Zohar, jest taka, iż „[Stwórca] wygnał ich do Egiptu, którego mieszkańcy byli dumni, gardzili i nienawidzili Izraela" [51] i dlatego nie chcieli, aby Hebrajczycy się z nimi mieszali. Midrasz dodaje bardziej jednoznaczną wersję tej historii, wskazując palcem bezpośrednio na asymilację: „Kiedy umarł Józef, złamali oni swoje przymierze i rzekli: 'Bądźmy jak Egipcjanie' [...]. Z tego powodu Pan przemienił miłość, którą Egipcjanie ich obdarzali, w nienawiść" [52]. Mamy tendencję do myślenia o Egipcjanach jedynie jako o wrogach Izraela, ale ta percepcja nie uwzględnia początku pobytu Izraela w Egipcie, kiedy to Józef był namiestnikiem faraona, a Jakub nawet pobłogosławił faraona, który z radością poparł decyzję Józefa o przyznaniu Izraelowi najbardziej urodzajnej ziemi w Egipcie.

Niemniej jednak lud Izraela pozostał podzielony aż do przybycia jednej z najbardziej przełomowych postaci w historii świata

- Mojżesza. Kiedy Mojżesz przybył, zaczął ponownie łączyć Izrael pod swoim przewodnictwem, aż w końcu udało im się uciec przed rządami faraona, który po rozpadzie Izraela jako naród zwrócił się przeciwko nim.

Na pustyni, u podnóża Góry Synaj, naród Izraelski utrwalił swoją jedność do tego stopnia, że stał się jednym ciałem. Właśnie dlatego wielki komentator z XI wieku RASHI opisał ich jako „niczym jeden człowiek o jednym sercu". Taki właśnie poziom jedności był wymagany, aby grupa nieznajomych, która przyjęła przesłanie Abrahama, została „oficjalnie" ogłoszona narodem. Tam, u podnóża góry, miały miejsce „oficjalne" narodziny narodu Izraela.

Od tamtego czasu nasz los będzie zależny od naszej jedności. Przykład podziału i zniewolenia naprzeciw jedności i odkupienia, których Izraelici doświadczyli w Egipcie, miał być dla nich lekcją zachowania jedności bez względu na to, jak intensywnie wzrastał ich egoizm. Jak zobaczymy poniżej, powiązanie między naszym podziałem a przeciwnościami losu nie było już później nigdy zerwane. Niestety, nie wyciągnięto z tego żadnych wniosków.

Z językami ostrymi jak miecze - powstanie i upadek Pierwszej Świątyni

Nie jest tajemnicą, iż żydowskie ego jest dobrze rozwinięte. Niektórzy powiedzą, że jest zbyt rozwinięte, niemniej posiadanie wielkiego ego ma swoje zalety pod warunkiem, że jest właściwie stosowane. Tak czy inaczej przyrzeczenie zjednoczenia się „jak jeden człowiek z jednym sercem" to jedno, a życie zgodne z tym przyrzeczeniem to zupełnie inna historia. Jest to ostateczna próba dla ludzkiej natury i chociaż starożytni Hebrajczycy byli wystarczająco odważni, aby podjąć to wyzwanie, zawiedli na całej linii.

Jednak, jak pisze Zohar o zmaganiach naszych przodków, „Każdy, kto prowadzi wojnę w Torze, jest w końcu nagrodzony większym pokojem" [53]. Innymi słowy, wojny, które toczył lud Izraela między sobą i przeciw innym, były z zamiarem dotrzymania ślubu zupełnej jedności. Świątynia, którą zbudował Salomon w Jerozolimie, którą obecnie nazywamy „Pierwszą Świątynią", symbolizuje najwyższy poziom jedności w narodzie Izraela.

Niestety „Rozpad rozpoczął się w sposób gwałtowny po podboju Jozuego", pisze wspomniany wyżej historyk Paul Johnson [54]. „Znów pojawił się on pod rządami Salomona i powtórzył się zarówno w północnym, jak i południowym królestwie (odpowiednio w Izraelu i Judei), szczególnie za panowania bogatych i potężnych królów i kiedy czasy były dobre" [55].

Innymi słowy, nawet w czasach pokoju i obfitości trwały ciągłe walki i podziały, które ostatecznie doprowadziły do ruiny świątyni. Najpierw naród podzielił się na dwa królestwa: Izrael i Judeę. Izrael porzucił swój ślub jedności i mocno zmieszał się - zwłaszcza jego przywódcy - z sąsiednimi narodami. Talmud bardzo przejmująco opisuje wrogość przywódców wobec siebie: „Rabin Elazar powiedział: 'Ci ludzie, którzy jedzą i piją razem, dźgają się wzajemnie mieczami swoich języków'. A zatem, chociaż byli sobie bliscy, przepełnieni byli wzajemną nienawiścią" [56]. Talmud podkreśla jednak, iż „nienawiść była tylko wśród przywódców narodu, podczas gdy większość Izraela nie nienawidziła się wzajemnie" [57].

Całkowita nienawiść miała nadejść w czasie Drugiej Świątyni, a jej przerażające konsekwencje miały stać się symbolem ceny wewnętrznej nienawiści. Ale nawet poziom separacji i nienawiści starożytnych Izraelitów wobec swoich braci w Judei, która miała miejsce w czasach Pierwszej Świątyni, wystarczył do tego, aby doprowadzić ich do całkowitego zaniku. Rzeczywiście, wszystkie dziesięć plemion, które były częścią królestwa Izraela, zaginęły w otchłani historii, podobnie jak królestwo, które zbudowali. Dzisiejsi Żydzi są potomkami Hebrajczyków, którzy zamieszkiwali królestwo Judei, a które stanowiło tylko część pierwotnego narodu Izraela.

Tymczasem w Judei nasi przodkowie nie zachowywali się o wiele lepiej niż ich zaginione rodzeństwo. Grecki historyk żydowskiego pochodzenia Józef Flawiusz w swoim niezwykle drobiazgowym stylu szczegółowo opisuje przewinienia naszych przodków. Chociaż lista tych wykroczeń jest o wiele za długa, aby została objęta zakresem tej książki, ważne jest zdać sobie sprawę, jak brutalna była nienawiść Judejczyków wobec własnych braci. W „Starożytnościach żydowskich" Józef Flawiusz podaje kilka makabrycznych szczegółów na temat plugawego sposobu, w jaki (szczególnie) królowie Izraela traktowali siebie nawzajem. Kiedy na przykład Józef Flawiusz pisze o namaszczeniu króla Jorama, który rządził zaledwie siedemdziesiąt lat po królu Salomonie, który nauczał, iż „nienawiść wywołuje konflikty, a miłość pokrywa wszystkie zbrodnie" (Przysłów 10:12), on mówi: „Kiedy tylko przejął władzę, [Joram] zabrał się za rzeź swoich braci i przyjaciół ojca, którzy byli gubernatorami pod jego władzą, i to dało początek demonstracji jego niegodziwości" [58]. Los Jorama, nawiasem mówiąc, nie był lepszy niż los jego ofiar. On również został obalony przez Jehu, który „naciągnął łuk i ugodził go" w plecy, a „strzała przeszła mu przez serce, tak więc Joram natychmiast upadł [...] i wyzionął ducha", opisuje Józef Flawiusz [59].

Od tego momentu sprawy ulegają jedynie pogorszeniu. Kiedy Józef Flawiusz opisuje okrucieństwa, jakie popełnił król Manasses, syn Ezechiasza, wobec własnych poddanych, nie przebiera w słowach: „Barbarzyńsko zabił wszystkich prawych ludzi, którzy byli wśród Hebrajczyków. Ani też nie oszczędził proroków, gdyż każdego dnia zabijał kolejnego z nich, aż Jerozolima zalana była krwią" [60].

Oczywiście, takie zachowanie nie było trwałe. System potrzebował jeszcze kilku stuleci deprawacji, aby ostatecznie załamać się, niemniej ostatecznie sprawy miały się tak źle, iż klęska była już wyraźnie zaznaczona na horyzoncie. Zdając sobie sprawę z nadchodzącego zagrożenia, król Jozjasz wysłał najwyższego kapłana Eliakima do prorokini Debory, aby zapytał, czy mogą coś jeszcze zrobić, aby zapobiec śmiertelnemu ciosowi. Ale, jak pisze Józef Flawiusz: „Gdy prorokini usłyszała to od posłańców wysłanych do niej przez króla, poleciła im wrócić do króla i powiedzieć: 'Bóg już wydał wyrok przeciwko nim, aby zniszczył lud i wyrzucił go z kraju, i pozbawił ich całego szczęścia, którym się cieszyli'". Po raz kolejny wewnętrzna nienawiść spowodowała katastrofę w Izraelu, a lud został wygnany do Babilonu.

Od bliskiego unicestwienia do całkowitej radości: wygnanie w Babilonie

Zniszczenie Pierwszej Świątyni i wynikające z tego wygnanie były smutnym rozdziałem w naszej historii, jednym z wielu, które miały jeszcze nadejść. Z dwunastu plemion, które uformowały lud Izraela i które wkroczyły do ziemi obiecanej, jedynie plemiona Judy, Lewiego i część szczepu Beniamina powróciły po wygnaniu.

Jednakże siła narodu żydowskiego nigdy nie była mierzona jego liczebnością, lecz jednością. Wygnanie w Babilonie trwało tak długo, jak długo Żydzi pozostawali oddzieleni od siebie wzajemnie. Historia Estery mówi nam o tym, w jaki sposób można było zaradzić temu wygnaniu. Na początku arcy-antysemita Haman powiedział królowi Aswerusowi, że Żydzi są podzieleni: „Pewien lud rozdzielił się i rozproszył między narodami we wszystkich prowincjach Twojego królestwa". Komentarz do Tory z XVII wieku *Kli Jakar* zauważa, iż słowa „pewien lud rozdzielił się i rozproszył" oznaczają, że zostali oni „rozdzieleni i rozproszeni od siebie nawzajem" [61]. Podobnie wybitna interpretacja prawa żydowskiego *Jalkut Josef* wskazuje, że „rozdzielony" oznacza to, iż „nastąpiło rozdzielenie serc pośród nich" [62].

Dodając, że Żydzi „nie przestrzegają praw króla" (Estery 3:8), Haman nie miał żadnych trudności, aby przekonać króla Aswerusa do udzielenia mu zgody na ich eksterminację.

Jednak każdego roku w czasie Purim świętujemy cud naszego przetrwania, ponieważ w ostatniej chwili Żyd Mordechaj zjednoczył wszystkich Żydów. „Idź i zgromadź wszystkich Żydów", to znaczy schlebiaj im tak, aby wszyscy byli w całkowitej jedności. Idź zgromadź serca wszystkich Żydów w jedno" [63]. Ten wymowny XVIII-wieczny opis autorstwa Haima Józefa Davida Azulaia (CHIDA) pokazuje desperację Ester i Mordechaja wobec perspektywy tego, że cały ich lud miał zostać starty z powierzchni ziemi.

Ich ostatnią deską ratunku była jedność. Kiedy się zjednoczyli, uratowali siebie, swój lud i ułatwili początek powrotu z Babilonu. Księga zatytułowana „Torat Emet" wyraźnie podkreśla, że „Gdy cały Izrael będzie w zupełnej jedności, nie spotka go żadna krzywda. Rzeczywiście, niegodziwy Haman narzekał na Izrael, że jest rozproszonym i rozdzielonym narodem, iż między nimi panuje rozdzielenie serc. Dlatego Estera zasugerowała, aby wszyscy zgromadzili się w jednym miejscu i stali się jedną wiązką [...], a ich zbawienie nadejdzie szybko. A jak powiedziano we wspomnianym wcześniej dziele *Midrasz Tanhuma* (*Nitzavim 1*): „Jeśli człowiek weźmie wiązkę trzcin, z pewnością nie będzie w stanie jej złamać. Ale wyjęte źdźbło, jedno po drugim, nawet małe dziecko może połamać". Tak samo jest z siłą Izraela: kiedy wszyscy stanowią jedną wiązkę, kiedy są zjednoczeni razem, wtedy czeka ich nagroda i wybawienie" [64].

Żydzi zostali więc uratowani przez swoje zjednoczenie, tak jak zostali uwolnieni z Egiptu, kiedy zjednoczyli się pod przewodnictwem Mojżesza. Kiedy wyszli z Egiptu, otrzymali suwerenność w ziemi Izraela, choć miało to miejsce po długiej i wyczerpującej wędrówce. Następnie, kiedy zjednoczyli się pod przywództwem Mordechaja, odzyskali suwerenność i odbudowali Świątynię, jednak także miało to miejsce po wielu trudach i konfliktach, które musieli pokonać.

Jednakże w przeciwieństwie do sytuacji w Egipcie, tym razem nie musieli uciekać. Zamiast tego opuścili Babilon nie tylko z błogosławieństwem króla, ale z jego pełnym wsparciem moralnym, finansowym oraz duchowym. Kiedy tylko Cyrus doszedł do władzy, poczuł, iż Bóg nakazał mu odesłać Żydów z powrotem do ich ziemi i odbudować Świątynię. Miał przeczucie, że rozkazano mu pomóc w ich zadaniu. Wydał on słynną Deklarację Cyrusa, która głosiła: „Każdego [Żyda], który przeżył, w jakimkolwiek miejscu obecnie się znajduje, niech mieszkańcy tego miejsca wspierają go srebrem i złotem, dobrami i bydłem wraz z dobrowolną ofiarą dla domu Bożego, który jest w Jerozolimie" (Ezdrasza 1:4). Po wykonaniu jego rozkazu „Król Cyrus wyniósł naczynia domu Pańskiego, które Nabuchodonozor wywiódł [splądrował] z Jerozolimy i umieścił w domu swoich bogów" (Ezdrasza 1:7).

Deklaracja Cyrusa oznaczała oficjalny koniec wygnania w Babilonie i początek ery Drugiej Świątyni, chociaż sama Świątynia jeszcze nie została odbudowana. W tym okresie Żydzi osiągnęli wielkie wyżyny duchowe, lecz później podupadli, aż do wywołania dwóch wojen domowych, z których ostatnia była tak krwawa i brutalna, że wprawiła w osłupienie Rzymian, którzy byli przerażeni z powodu brutalności Żydów wobec swoich braci. Jak zobaczymy w dalszej części tej książki, do czasu, kiedy Rzymianie wkroczyli do miasta i Świątyni, nie pozostawało już wiele do zrujnowania. Rzymianie po prostu dokończyli rozproszenie już rozpadającego się narodu i zesłali Izraelitów na wygnanie, które jeszcze nie zakończyło się pomimo ponownego ustanowienia państwa Izrael.

Siedemdziesięciu tłumaczy, którzy prawie uratowali świat

Ilekroć my, Żydzi, dostajemy wolność, podział i walka narastają między nami. Naszą naturą jest być upartym i nieustępliwym narodem. Ojciec mojego nauczyciela Raw Jehuda Aszlag, znany jako Baal HaSulam ze względu na swój komentarz „Sulam" (drabina) do księgi Zohar, przejmująco opisał to, co dzieje się, gdy Żydzi „debatują" (eufemizm tego, co Talmud nazywa „dźganiem się mieczami ich języków") [65]. Aszlag stwierdził, że kiedy Żydzi się kłócą, to „wierzą, że w końcu druga strona zrozumie niebezpieczeństwo [własnego poglądu], pochyli głowę i zaakceptuje pogląd [drugiego]. Wiem jednak, że nawet jeśli związalibyśmy ich ze sobą, jeden nie ulegnie drugiemu i żadne [śmiertelne] niebezpieczeństwo nie przeszkodzi żadnemu z nich w realizacji swoich ambicji" [66].

Zgodnie z naszą naturą, gdy tylko Cyrus wysłał nas do Izraela jako wolny naród, zaczęliśmy spierać się o budowę Świątyni oraz naturę naszej przywróconej suwerenności. Ale tak czy inaczej Świątynia została jednak ostatecznie zbudowana. Ale, co ważniejsze, przez krótki okres czasu jedność narodu została przywrócona, a okres ten był pięknym czasem w dotkniętej bólem historii naszego ludu.

Do III wieku p.n.e. panował względny spokój w narodzie, kiedy to ludzie jednoczyli się wokół Świątyni w Jerozolimie. Trzy razy w roku udawali się do Jerozolimy, aby celebrować święta pielgrzymek: Sukkot, Chanukę i Paschę. Podczas każdej pielgrzymki, z których każda trwała co najmniej tydzień, można było zobaczyć spektakularny obraz. Pielgrzymki miały przede wszystkim na celu zebranie i zjednoczenie serc członków narodu. W swojej księdze „Starożytności żydowskie" Józef Flawiusz pisze, że pielgrzymi „poznawali się [...], przebywali, rozmawiając wspólnie, widząc się i rozmawiając ze sobą, a tym samym odnawiając wspomnienia o tej jedności" [67].

Po przybyciu do Jerozolimy pielgrzymi byli witani z otwartymi ramionami. Mieszkańcy wpuszczali ich do swoich domów i traktowali ich jak rodzinę, i zawsze było miejsce dla wszystkich przybyłych.

Miszna dosłownie rozkoszuje się tą rzadką formą koleżeństwa: „Wszyscy rzemieślnicy w Jerozolimie stawali przed nimi i pytali o ich samopoczucie: «Nasi bracia, ludzie stąd czy stamtąd, czy przybyliście w pokoju?», a flet grał dla nich, dopóki nie dotarli na Wzgórze Świątynne" [68]. Ponadto wszystkie materialne potrzeby każdej osoby, która przybyła do Jerozolimy, były w pełni zaspokojone. „Nikt nie powiedział przyjacielowi: 'Nie mogłem znaleźć pieca, w którym mógłbym spalić ofiary w Jerozolimie' [...], lub 'Nie mogłem znaleźć łóżka do spania w Jerozolimie'" [69].

Co więcej, jedność i ciepło wśród Hebrajczyków emanowały na zewnątrz i stały się wzorem do naśladowania dla sąsiednich narodów. Filozof Filon z Aleksandrii przedstawił pielgrzymkę jako pewien festiwal: „Tysiące ludzi z tysięcy miast - niektórzy drogą lądową, a niektórzy przez morze, ze wschodu i zachodu, z północy i południa - przybywają na każde święto do Świątyni, tak jakby do wspólnego schronienia, bezpiecznej przystani chroniącej przed burzami życia [...]. Z sercami pełnymi nadziei spędzają te ważne chwile z świętością i chwałą Boga. Nawiązują też przyjaźnie z ludźmi, których nigdy wcześniej nie spotkali, a dzięki połączeniu serc [...] znajdują ostateczny dowód jedności" [70].

Filon nie był jedynym, który podziwiał to, co widział. Te święta więzi służyły Izraelowi jako narzędzie bycia - pierwszy raz odkąd otrzymali to powołanie - „światłem dla narodów". Księga Sifrei Devarim opisuje, jak poganie „udają się do Jerozolimy, aby zobaczyć Izrael [...] i mówią: „Właściwym jest przylgnięcie jedynie do tego narodu" [71].

Ta epoka w historii naszego narodu jest prawdopodobnie jedynym okresem, kiedy mogliśmy zobaczyć żywy dowód, że antidotum na nienawiść do Żydów nie była asymilacja, ale nasza wewnętrzna jedność. Historyk Paul Johnson, o którym wspominaliśmy wcześniej, pisze o tym (relatywnie) spokojnym czasie w naszej historii: „Lata 400-200 p.n.e. to utracone wieki żydowskiej historii. Nie odnotowano wtedy wielkich wydarzeń ani klęsk, które postanowiono, by zarejestrować. Być może byli oni szczęśliwi" - podsumowuje autor [72].

Jakieś trzy wieki później Księga Zohar zwięźle i jasno opisała proces, przez który przeszedł Izrael: „'Oto jak dobrze i jak miło jest, gdy bracia siedzą razem'. Są to przyjaciele, którzy siedzą razem i nie są od siebie oddzieleni. Z początku wyglądają jak ludzie na wojnie, którzy chcą zabić jeden drugiego [...], potem powracają do miłości braterskiej [...]. A wy, przyjaciele, którzy tu jesteście, tak jak trwaliście wcześniej w czułości i miłości, odtąd nie będziecie się również rozstawać [...], a dzięki waszym zasługom zapanuje pokój na świecie" [73]. Istotnie, bycie „światłem dla narodów" nie mogło być bardziej widoczne niż w owym czasie.

Mówiąc o polityce

Do połowy 240 roku p.n.e. u szczytu tej pokojowej ery w naszej historii pogłoska o mądrości Izraela rozniosła się daleko i szeroko po świecie. Ptolemeusz II, król Egiptu, znany również jako Ptolemeusz Filadelfos, miał dwie pasje w życiu: kobiety i księgi. Odkładając na bok jego lubieżność, pasja Ptolemeusza do ksiąg skłoniła go do dążenia, aby posiadać wszystkie księgi na świecie, zwłaszcza te zawierające duchową mądrość. Demetriusz Faleriusz, bibliotekarz Ptolemeusza, był „gorliwie podporządkowany" pasji swego króla. Kiedy Ptolemeusz zapytał go, ile ksiąg posiadał już w swojej bibliotece, entuzjastyczny sługa ogłosił odświętnie, iż zgromadził już 200 000 ksiąg i że wkrótce będzie miał już 500 000 w swojej największej ze wszystkich bibliotece [74].

Jednak nie zadowoliło to króla Egiptu. Powiedział Demetriuszowi, iż „został poinformowany, że wśród Żydów było wiele ksiąg prawnych, które były warte zbadania i godne królewskiej biblioteki" [75]. Ptolemeusz nie tylko nie miał tych ksiąg, ale nawet jeśliby je zdobył, nie byłby w stanie ich przeczytać, ponieważ „zostały napisane znakami i własnym dialektem [hebrajskim], [co] sprawi, iż potrzebny będzie niemały wysiłek, aby zostały przetłumaczone na język grecki" [76].

Aby dokonać tego wyczynu, Demetriusz napisał do najwyższego kapłana w Judzie, prosząc go o pomoc w tej sprawie. Ptolemeusz II Filadelfos „odziedziczył" 120 000 żydowskich niewolników po swoim ojcu, którym był Ptolemeusz I Soter, a on sam „przyjął" ich od swego patrona, Aleksandra Wielkiego, który uczynił go władcą Egiptu. Ptolemeusz I był nie tylko towarzyszem Aleksandra, ale także historykiem, a jego syn Ptolemeusz II odziedziczył zapał ojca do wiedzy i był gotów przejść długą drogę, aby ją zdobyć.

Kiedy Ptolemeusz II Filadelfos polecił Demetriuszowi napisać do najwyższego kapłana w Jerozolimie, jeden z najbliższych przyjaciół króla, Arysteusz, przypomniał mu, że ma pod swym jarzmem tych 120 000 żydowskich niewolników i być może jako gest „budowania zaufania" powinien ich uwolnić. W rzeczywistości Arysteusz zrobił coś więcej: powiedział królowi, że „ten Bóg, który wspiera jego królestwo, był autorem ich praw, o czym dowiedziałem się dzięki szczególnemu badaniu [...], i my czcimy również tego samego Boga, twórcę wszystkich rzeczy" [77]. Wynikiem „kampanii" Arysteusza było to, że Filadelfos nakazał uwolnienie każdego żydowskiego niewolnika bez względu na to, czy przywieziono go do Egiptu za czasów Aleksandra Wielkiego, czy też w dowolnym innym okresie, a także to, że skarbiec króla miał zwrócić każdemu właścicielowi tych niewolników znaczną ilość pieniędzy - sto dwadzieścia drachm. W ciągu tygodnia każdy Żyd w Egipcie był już wolnym człowiekiem.

Następnie, czując, iż spłacił już swoje zobowiązania wobec Boga, Filadelfos niezwłocznie skupił się na zadaniu przetłumaczenia świętych ksiąg żydowskich. Nie mógł się doczekać lektury mądrości Żydów i praw Mojżesza. Najpierw napisał do Eleazara, najwyższego kapłana, informując go o uwolnieniu Żydów i swoim zamiarze przetłumaczenia pism hebrajskich. Aby okazać swój podziw dla Żydów, obsypał Eleazara złotem oraz luksusowymi artefaktami. Najwyższy kapłan odpowiedział bardzo serdecznie i oczywiście spełnił jego prośbę o wysłanie tłumaczy.

Siedemdziesięciu ludzi wysłano do Egiptu na prośbę Ptolemeusza. Niemniej król nie wysłał ich od razu do pracy. Najpierw chciał nauczyć się ich mądrości i przyswoić sobie od nich wszelką dostępną wiedzę. Dlatego też „zadał każdemu z nich filozoficzne pytanie", które były „raczej politycznymi pytaniami i odpowiedziami, zmierzającymi do zapewnienia dobrych [...] rządów dla ludzkości" [78]. Przez dwanaście dni pod rząd hebrajscy mędrcy siedzieli przed królem Egiptu i uczyli go rządzenia zgodnie z ich prawami. Ptolemeuszowi towarzyszył w tym jego filozof, Menedemus, który był zachwycony tym, jak „w słowach tych mężczyzn można odkryć taką siłę piękna" [79]. Wreszcie, „kiedy wyjaśnili już wszystkie kwestie, o które pytał król w każdym punkcie, był on bardzo zadowolony z ich odpowiedzi". Powiedział, że „Dzięki ich przybyciu zyskał bardzo wiele, ponieważ otrzymał od nich wiedzę, dzięki której nauczył się, jak powinien rządzić swoimi poddanymi" [80]. Filon, zhellenizowany żydowski filozof, napisał o tym spotkaniu, że odpowiedzi mędrców były „ucztą ze słów pełnych dowcipu i wagi" [81].

Kiedy już Ptolemeusz był usatysfakcjonowany odpowiedziami, których mu udzielili, odesłał ich do odosobnionego miejsca, gdzie mieli ciszę i spokój, aby mogli skupić się na tłumaczeniu. Według Józefa Flawiusza: „Dokonali dokładnego przekładu, z wielką gorliwością i wielkim trudem [...], podczas gdy jedzenie dla nich było przygotowane w obfitości. Poza tym Doroteusz na rozkaz króla przynosił im wiele z tego, co było zapewniane samemu królowi" [82]. Gdy wykonali swoje zadanie, przekazali królowi pełne tłumaczenie Pięcioksięgu. Ptolemeusz „był zachwycony słuchaniem czytanych mu Praw i był zdumiony ich głębokim znaczeniem oraz mądrością prawodawcy" [83].

Talmud określa wyczyn tego tłumaczenia jako cud. „Król Ptolemeusz, król Egiptu", czytamy w Talmudzie, „zgromadził siedemdziesięciu dwóch starszych spośród mędrców Izraela i umieścił ich w siedemdziesięciu dwóch osobnych domach. Początkowo nie ujawniono im, dlaczego zostali zgromadzeni, aby nie konsultowali się wcześniej ze sobą wzajemnie. Następnie król poszedł do każdego z nich [z osobna] i rzekł im: 'Pisz dla mnie', czyli przetłumacz mi prawo twojego wielkiego mędrca Mojżesza. Wtedy Bóg umieścił w sercu każdego z nich radę oraz zrozumienie i wszyscy oni podążyli jedną drogą. Dzięki temu, nie tylko dokonali właściwego tłumaczenia, ale tam, gdzie dokonali zmian, dokonali tych samych zmian" [84].

Bez względu na to, czy był to cud, czy też nie, jakieś dwanaście stuleci po tym, jak powierzono im zadanie pełnienia roli „światła dla narodów" – wydawało się, że Żydzi wreszcie byli na dobrej drodze, by nim być. Kiedy tłumaczenie zostało zakończone, król Ptolemeusz odesłał mędrców z powrotem do Jerozolimy z listem do Eleazara, arcykapłana, z prośbą, aby „pozwolił tym tłumaczom powrócić do niego, gdyby którykolwiek z nich chciał przyjechać, ponieważ bardzo cenił sobie rozmowę z ludźmi o takiej mądrości" [85]. Być może właśnie to miał na myśli Paul Johnson, gdy pisał o społeczności Żydów jako o tych, którzy zostali stworzeni do roli „przewodnika", których to cała ludzkość miała naśladować [86].

Rozdział 3
Od zenitu do nadiru

Helena Syrena: Urok hellenizmu i jego przerażające skutki

Zafascynowanie Ptolemeusza żydowską mądrością to okres świetności Drugiej Świątyni, który trwał od powrotu ludu Izraela do swojej ziemi w latach od 516 p.n.e. do 70 n.e., kiedy to syn cesarza Wespazjana i szef sztabu Tytus Flawiusz Wespazjan wkroczył do Jerozolimy z armią dowodzoną przez regionalnego dowódcę, Żyda, który stał się ludobójcą-antysemitą, Tyberiusza Juliusza Aleksandra. Od szczytu czci Ptolemeusza dla Żydów nosiciele światła dla narodów rozpoczęli szybką degenerację społeczną, moralną i duchową, która przyniosła dwie wojny domowe, a zakończyła się armagedonem zburzenia Drugiej Świątyni, rzezi miliona Żydów oraz zniewolenia głodnych i wzburzonych emocjonalnie pozostałych przy życiu członków narodu żydowskiego.

Od czasu bycia wzorem do naśladowania dla innych narodów niecałe osiemdziesiąt lat zajęło Żydom uwikłanie się w pierwszą z dwóch wojen domowych. Obecnie nazywamy tę wojnę buntem hasmonejskim i świętujemy Chanukę dla upamiętnienia naszego zwycięstwa nad Grekami. Ale tak naprawdę wydarzenia były znacznie mniej radosne niż obecna narracja, która wiąże się ze świętem Chanuki.

Judea była strategicznym punktem pomiędzy imperium Seleucydów a imperium egipskim, z których każde miało charakter hellenistyczny. Za panowania Antiocha III Wielkiego (222–187 p.n.e.) Judeą rządziło imperium Seleucydów, niemniej mogła się ona cieszyć niemalże całkowitą autonomią. Żydzi mogli żyć tak, jak chcieli, o ile płacili królowi podatki. W rzeczywistości Antioch Wielki był wdzięczny Żydom za pomoc w wojnie przeciwko Ptolemeuszowi IV Filopatorowi i jego synowi Ptolemeuszowi Epifanesowi oraz uważał za swój obowiązek strzec autonomii Żydów. Aby wyrazić uznanie dla ich pomocy i szacunek dla ich stylu życia, Antioch napisał urzędowy list zezwalający Żydom na życie zgodnie z ich wartościami. Napisał on: „Z powodu ich pobożności wobec Boga [postanowiłem] obdarzyć ich wynagrodzeniem za [pracę świątynną] [...] dwadzieścia tysięcy srebrników", prócz obfitości drobnej mąki, pszenicy oraz soli [87].

Kiedy zmarł Antioch III Wielki, jego pierworodny syn Seleukos IV Filopator zasiadł na tronie. Seleukos Filopator utrzymał status quo z Żydami, którzy nadal żyli spokojnie w Judei.

W 175 roku p.n.e. zmarł Seleukos IV Filopator, a następcą po nim został Antioch IV Epifanes. Początkowo Antioch Epifanes nie miał zamiaru zmieniać status quo w Judei, ale niektórzy Żydzi mieli inne plany i stąd sprawy szybko zaczęły ulegać pogorszeniu.

Zanim Epifanes doszedł do władzy, wielu Żydów było już niezadowolonych z tradycyjnego żydowskiego stylu życia. Jak pisze Paul Johnson, w całym królestwie Judei miasta ulegały hellenizacji. Stało się tak w Sychem, w Marissie, Filadelfii (Ammanie) i Gamalu po drugiej stronie Jordanu. Ostatecznie „pierścień takich miast, rojący się od Greków i pół-Greków, otoczył żydowską Samarię i Judeę, które były postrzegane jako górzyste, wiejskie i zacofane [...] starożytne artefakty, anachronizmy, które wkrótce miały zostać zmiecione przez nieodpartą współczesną falę hellenistycznych ideałów oraz instytucji" [88].

Widząc to, co się wokół nich dzieje, Żydzi ustanowili w Judei coś, co Johnson nazwał „żydowską partią reformatorską, która chciała narzucić tempo hellenizacji" w Judei [89]. Podobnie jak współczesny ruch reformatorski, który miał swój początek w Niemczech, dążył on do usunięcia z judaizmu żydowskich obyczajów albo przynajmniej do ich złagodzenia wraz ze skupieniem się na jego etyce, tak jak ich przodkowie starali się „sprowadzić go do rdzenia etycznego" [90].

W celu przyspieszenia hellenizacji Judei lider archetypowego ruchu reformatorskiego, Jason, którego cele i sposób działania były bardzo podobne do dzisiejszego judaizmu reformowanego, podjął współpracę z królem Antiochem Epifanesem, który „pragnął przyspieszyć hellenizację jego królestw [...], ponieważ sądził, że w ten sposób zwiększy dochody z podatków, jako że chronicznie brakowało mu pieniędzy na swoje wojny" [91]. Jason zapłacił Epifanesowi pokaźną sumę pieniędzy, a w zamian ten usunął ówczesnego arcykapłana w Jerozolimie, Oniasza III, i przekazał tę funkcję Jasonowi.

Jason od razu zabrał się do pracy. Przekształcił Jerozolimę w polis, nadał jej nową nazwę - Antiochia i zbudował szkołę na wzór grecki u podnóża Wzgórza Świątynnego [92]. Podobnie jak w przypadku ruchu reformatorskiego w Niemczech, gdy tylko wyemancypowano go na początku lat siedemdziesiątych XIX wieku, reformatorzy w starożytności dążyli do adaptacji judaizmu do wymagań nowoczesności, ostatecznie całkowicie go porzucając. Poza tym, iż Jerozolima stała się wówczas jakby bardziej stolicą Seleucydów, porzucili oni starożytne żydowskie zwyczaje związane ze Świątynią i zaprzestali obrzezywania męskich potomków.

Według słów Flawiusza Józefa „porzucili oni wszelkie zwyczaje obowiązujące w ich własnym kraju i naśladowali praktyki innych narodów" [93]. Niemniej o wiele gorsze niż porzucenie własnych zwyczajów, kiedy to Żydzi stali się hellenistami, było to, iż porzucili także swoją jedność. Nawet wśród hellenistów miały miejsce starcia pomiędzy zwolennikami Jasona i zwolennikami Menelausa. Reszta ludu, która wolała zachować żydowskiego ducha, dzięki któremu zyskali taki szacunek ze strony Ptolemeusza Filadelfosa i Antiocha III Wielkiego, nie chciała zaakceptować żadnego z tych przywódców i stawała się coraz bardziej zbuntowana.

W 170 roku p.n.e. Menelaus uczynił Jasonowi to, co wcześniej Jason zrobił Oniaszowi III, a mianowicie zapłacił Antiochowi Epifanesowi znaczną sumę pieniędzy, który to z kolei namaścił go na najwyższego kapłana w Jerozolimie. Mniej więcej rok później Jason i jego zwolennicy próbowali odzyskać kapłaństwo, ale przy pomocy Antiocha Menelaus, który był jeszcze bardziej progrecki niż Jason, zdołał utrzymać swoją pozycję.

Jednakże pomoc Antiocha Epifanesa kosztowała Żydów bardzo dużo. W drodze powrotnej z nieudanej kampanii przeciwko egipskiemu faraonowi Ptolemeuszowi Epifanes bez trudu wkroczył do Jerozolimy, udając, iż przychodzi w pokoju do swoich zwolenników, obozu Menelausa. Ale kiedy już był w mieście, „oszczędził znacznie mniej, aniżeli ci, co go wpuścili" [94].

Po zabiciu ludu i ograbieniu miasta oraz świątyni z całego jej bogactwa, w tym nawet z zasłon świątynnych, Antioch „zakazał im składania codziennych ofiar [...] [i] zbudował ołtarz dla bożka na ołtarzu Bożym, po czym zabił na nim świnie" [95]. Aby upewnić się, że Żydzi nie zbuntują się przeciw niemu, Antioch umieścił straż złożoną z „bezbożnych i niegodziwych" Żydów, którzy zadali mieszkańcom „liczne i dotkliwe klęski" [96].

Co ciekawe, sam Epifanes nie był zainteresowany usunięciem judaizmu. W rzeczywistości grecki rząd nie miał w zwyczaju niszczyć innych wyznań. Według Johnsona „Dowody wskazują, iż inicjatywa pochodziła ze strony żydowskich skrajnych reformatorów kierowanych przez Menelausa" [97].

Jednak w 167 roku p.n.e., kiedy helleniści próbowali umieścić bożka w świątyni w Modi'in, gdzie kapłanem był Matatiasz Hasmonejski, los zwrócił się przeciw nim. W pierwszej księdze Machabeuszowej Antioch IV Epifanes przedstawiony jest jako złoczyńca w całej tej historii i opisany jako „nikczemny korzeń - Antioch zwany Epifanesem" [98].

Epifanes z pewnością „zasłużył" na swoją reputację. W swoim niesławnym dekrecie Antiochusa z 167 r. p.n.e. „napisał do całego swego królestwa, że wszyscy powinni być jednym narodem i każdy powinien porzucić swoje własne prawa, tak więc wszyscy poganie dostosowali się do nakazu króla" [99]. Ponadto „wielu z Izraelitów zaakceptowało jego religię i składali ofiary bożkom" [100].

Niemniej jednak obcy przywódcy nigdy nie byli naszymi największymi wrogami. Ci najzaciekejsi zawsze pojawiali się spośród naszego grona i poprzez swoje czyny zadawali nam najbardziej bolesne ciosy. W przypadku Antiocha Epifanesa nie wolno nam zapominać, że to Jason pierwszy zachęcił go do narzucenia hellenizmu Żydom judejskim, a jego następca, Menelaus, wciągnął go w wojnę z Machabeuszami.

Druga Księga Machabejska opisuje Menelausa jako „wciąż bardziej złośliwego i będącego wielkim zdrajcą wobec obywateli" [101]. Jak wspomniano powyżej, pozbawił on Jasona kapłaństwa, kupując swoją pozycję od Epifanesa. Jednak nie zadowalał się tym, iż jest najwyższym kapłanem w Świątyni; ponieważ tak naprawdę chciał uczynić hellenizm rządzącą kulturą i religią w Judei. Aby to osiągnąć, pisze Józef Flawiusz, helleniści zaczęli umieszczać bożki w świątyniach żydowskich w całej Judei i zmusili Żydów do pokłonu przed nimi i składania im ofiar.

Szczególną świątynią interesującą hellenistów była ta w Modi'in, ważnym mieście niedaleko Jerozolimy, której kapłan - Matatiasz Hasmoneusz, był znany, szanowany i bardzo nieugięty w kwestii swojej pobożności. Helleniści chcieli „zmusić Żydów do robienia tego, co im przykazano, i nakazać tym, którzy tam byli, aby składali ofiary [bożkom]. Pragnęli, by Matatiasz, osoba o niezłomnym charakterze [...], rozpoczął ofiarę, ponieważ [jak uważali] jego współobywatele pójdą za jego przykładem" [102].

Matatiasz również dokładnie tak myślał, ponieważ wierzył, że lud pójdzie za jego przykładem, więc zrobił coś dokładnie przeciwnego niż to, czego oczekiwali helleniści. „Matatiasz powiedział, że tego nie zrobi i że jeśli wszystkie inne narody będą przestrzegać rozkazów Antiocha [...], ani on, ani jego synowie nie porzucą kultu religijnego swojego kraju". Kiedy jakiś inny Żyd wkroczył, aby złożyć ofiarę zamiast Matatiasza, rozwścieczony kapłan „napadł na [Żyda] wraz ze swoimi synami, którzy mieli przy sobie miecze, i zabił zarówno człowieka, który złożył ofiarę, jak i Apellesa, generała króla, który zmuszał ich do złożenia tej ofiary, razem z kilkoma swoimi żołnierzami" [103]. Kiedy już uporał się ze swoimi wrogami, Matatiasz zwrócił się do tłumu i zawołał: „Każdy, kto gorliwie przestrzega praw swego kraju [...], niech podąża za mną" [104].

Wkrótce tysiące Żydów sfrustrowanych przymusowym przechodzeniem na hellenizm, a czym zajął się sam najwyższy kapłan, dołączyło do Matatiasza i skierowało się w góry Pustyni Judzkiej. Matatiasz wyznaczył swojego trzeciego syna, Judę Machabeusza, na dowódcę nowo utworzonej milicji i z pustyni przeprowadzili genialną kampanię partyzancką, którą znamy obecnie jako Bunt Hasmonejski lub też powstanie Machabeuszy.

Powstanie Machabeuszy nie wzięło na cel armii Seleucydów, ani też żadnej innej z sąsiednich armii. Było ono skierowane przeciw zhellenizowanym Żydom i miało za zadanie ich zastraszenie oraz zmuszenie do powrotu na łono judaizmu. Ponieważ helleniści mieli poparcie rządu Seleucydów, zwrócili się do Antiocha z prośbą o pomoc wojskową.

„Matatiasz" - pisze Józef Flawiusz – „zebrał wokół siebie wielką armię. Obalił ich ołtarze bożków i zabił tych, którzy łamali prawa, nawet wszystkich, których mógł zebrać pod swoją władzę, jako że wielu z nich rozproszyło się pośród narodów w obawie przed nim" [105].

Rok po buncie Matatiasz zmarł. Przed śmiercią wezwał swoich synów i poinstruował, jak mają kontynuować walkę. Ale przede wszystkim rozkazał im, aby zachowali swoją jedność zgodnie ze starożytnym żydowskim prawem: „Wzywam was zwłaszcza, abyście się ze sobą zgadzali, i jeśli w jakiej doskonałości którykolwiek z was przewyższa innych, abyście się jemu poddali, i w ten sposób będziecie czerpać korzyści z cnót wszystkich" [106]. To właśnie duch jedności i wkładu sił wszystkich we wspólne dobro przyniosły Machabeuszom ich wspaniałe zwycięstwo nad znacznie większą, lepiej wyposażoną i o wiele lepiej wyszkoloną armią imperium Seleucydów.

Trzy lata po rozpoczęciu powstania Juda był wystarczająco silny, aby pomaszerować na Jerozolimę i odebrać ją Seleucydom. Wreszcie w roku 164 p.n.e. arcykapłan Menelaus został zmuszony do ucieczki [107].

Gdy Machabeusze weszli do świątyni, zastali ją „opuszczoną, jej bramy spalone, a rośliny same rosły w świątyni z powodu jej opuszczenia" [108]. Machabeusze „przynieśli nowe naczynia, świecznik [...] i ołtarz wykonany ze złota. [Juda] zawiesił zasłony u bram i dodał do nich drzwi. Zdjął także ołtarz i zbudował nowy [...]. Tak więc w dwudziestym piątym dniu miesiąca Kislew [...] zapalili lampy na świeczniku, ofiarowali kadzidło na ołtarzu [...] i złożyli całopalenia na nowym ołtarzu" [109]. Do dziś świętujemy to wydarzenie i nazywamy świętem Chanuki.

Jednak odzyskanie Jerozolimy i wznowienie kultu w świątyni nie zakończyło wojny. Żydzi musieli nie tylko walczyć z Seleucydami poza murami, ale doświadczali także problemów wewnątrz. „Przez cały okres prześladowań i buntów", pisze historyk Lawrence H. Schiffman, „hellenistyczni poganie w Ziemi Izraela opowiadali się po stronie Seleucydów i uczestniczyli w prześladowaniach. Dlatego naturalnym było, że Juda zwrócił się teraz zarówno przeciw tym wrogom, jak i przeciw hellenizującym Żydom, którzy dokonali strasznych prześladowań. Hellenizatorzy, wielu z nich wywodzących się z arystokracji, walczyli po stronie Seleucydów przeciwko Judzie. Ich centrum była Akra [forteca w Jerozolimie] i właśnie tutaj się schronili, kiedy Juda podbił Jerozolimę" [110].

„Po śmierci Antiocha IV [Epifanesa] w 164 roku p.n.e. jego syn Antioch V Eupator wyruszył na Judeę" [111] - kontynuuje Schiffman. Niektórym oblężonym hellenistom udało się wymknąć w nocy, pisze Józef Flawiusz [112], i dostać się do nowego króla, Antiocha Eupatora, który miał zaledwie dziewięć lat, kiedy objął tron po swoim ojcu. Zbiegowie okłamali małego króla, prosząc go, by „ich nie zaniedbywał w obliczu wielkiej udręki, jakiej doświadczali z rąk własnego narodu", ponieważ cierpieli „przez wzgląd na jego ojca, kiedy to porzucili kult religijny własnych ojców i wybrali ten, który on nakazał im wyznawać" [113]. To oczywiście było całkowicie nieprawdziwe, ponieważ to właśnie Jason początkowo zwrócił się do Epifanesa i poprosił go o wymuszenie hellenizmu w Judei wbrew postępowaniu Seleucydów w innych miejscach. Uciekinierzy powiedzieli również, że „istnieje niebezpieczeństwo, iż cytadela oraz ci, którzy zostali wyznaczeni do obsadzenia jej przez króla, zostaną pojmani przez Judę [...], chyba że wyśle im pomoc" [114].

Jak można się spodziewać, dziewięcioletni król wpadł w tę pułapkę i rozkazał wysłać potężną armię do Jerozolimy. Seleucydzi zgromadzili „około stu tysięcy pieszych, dwadzieścia tysięcy jeźdźców i trzydzieści dwa słonie" [115] i ruszyli na Jerozolimę, podbijając każde miasto, które było na ich drodze. Po długim oblężeniu Jerozolimy, w czasie którego głód zebrał srogie żniwo, Seleucydzi nagle znaleźli się w niebezpieczeństwie ze strony Persji. Nie mając innego wyboru, król zaoferował oblężonym jerozolimczykom pokój, obiecując im wolność wyznania i samorządność. Machabeusze chętnie przyjęli tę ofertę, a Seleucydzi szybko wycofali się, aby stawić czoło nadciągającym Persom. Zabrali jednak ze sobą obalonego arcykapłana Menelausa, ponieważ „ten człowiek był źródłem wszystkich krzywd, jakie wyrządzili im Żydzi, przekonując ojca, aby zmusił Żydów do porzucenia religii swych ojców" [116]. Następnie Antioch V Eupator przywrócił porozumienie o wolności religijnej, które jego pradziadek, Antioch III Wielki, zawarł z Żydami, oraz zamknął ostatni rozdział powstania Hasmoneuszy, kiedy to stracił Menelausa.

Powstanie i upadek Królestwa Hasmoneuszy

Pomimo zwycięstwa Hasmoneusze nie przekuli swojej wolności na wolność duchową. Zamiast tego skupili się na podbijaniu ziemi, zmuszaniu innych narodów do przejścia na judaizm oraz zdobywaniu władzy i bogactwa. Od końca buntu w roku 160 p.n.e. do końca swojej niepodległości Hasmoneusze powiększyli swoje terytorium ponad dziesięciokrotnie. Z małego regionu wokół Jeruzalem podbili rozległe terytoria od Morza Śródziemnego na zachodzie po rzekę Jordan na wschodzie. Z północy na południe

królestwo Hasmoneuszy rozciągało się od dzisiejszego połu-
dniowego Libanu i Wzgórz Golan na północy po obecną strefę
Gazy na południu, co dawało długość kilkuset kilometrów.

Mimo znacznej siły militarnej ich tendencja do łączenia się z
narodami oraz unikania żydowskiej jedności narastała z każdym dniem. Być może pokonali Greków i hellenistów w walce,
ale bitwę o ducha narodu, ducha Izraela wyraźnie przegrali z hellenistami. Stopniowo hellenizm brutalnie wkraczał we wszystkie
dziedziny życia w królestwie Hasmoneuszy.

Zwłaszcza wtedy stało się tym bardziej oczywiste, iż - jak to
ujął Paul Johnson - „W czasie niezależności i dobrobytu Żydzi
zawsze wydawali się lgnąć do sąsiednich religii" [117]. Gdy tylko
wszystko idzie dobrze, wydaje się, iż zapominają o swojej wyjątkowej zdolności do budowania jedności ponad wszelkimi różnicami, tak jak miało to miejsce u podnóża góry Synaj, i, rezygnując
z niej, idą w stronę kultur indywidualistycznych i partykular-
nych, które to wywyższają ego.

Co więcej, Żydzi sami stali się imperialistycznym narodem. Co
gorsza, w przeciwieństwie do Greków, którzy pozwalali Żydom na
wolność wyznania, na obszarach, które podbijali Hasmoneusze,
ludzie byli zmuszani do przejścia na judaizm pod groźbą śmierci
lub wydalenia. Jest to całkowicie sprzeczne z duchem judaizmu,
ponieważ judaizm mówi o połączeniu „jak jeden człowiek z jednym sercem", a połączenia serc nie można narzucić. Nie można
zmusić człowieka, aby kochał innych. Nawracając pod przymusem nie-Żydów, Hasmoneusze wprowadzili w swoje szeregi
niezliczoną liczbę „fałszywych" Żydów, których nie wycho-
wano na zasadzie wzajemnej odpowiedzialności i miłości braterskiej, wokół której naród żydowski został ukształtowany i

skonsolidowany. W ten sposób przyspieszyli moralny, duchowy, a ostatecznie fizyczny upadek narodu i kraju [118].

„Ponadto", pisze Johnson, „stając się władcami, królami i zdobywcami, Hasmonusze doświadczyli zepsucia władzy [...]. Alexander Janneusz (rządził w latach 103-76 p.n.e.) [...] stał się despotą i potworem, a wśród jego ofiar byli pobożni Żydzi, z których niegdyś jego rodzina czerpała swoją siłę. Jak w przypadku każdego innego władcy na Bliskim Wschodzie w tamtym czasie, wpłynęły na niego dominujące mody greckie" [119]. Korzystając ze swojej pozycji najwyższego kapłana i samozwańczego króla, Aleksander Hasmonejski był wzorem w unikaniu tradycyjnych żydowskich zwyczajów, a w ten sposób przygotowywał drogę do porzucenia przez lud judaizmu oraz przyjęcia hellenizmu. Kiedy bogobojni Żydzi protestowali przeciwko jego pogardzie dla tradycji żydowskich, zemścił się, zabijając tysiące z nich. „W rzeczywistości Aleksander" - wnioskuje Johnson - „wszedł w rolę swoich znienawidzonych poprzedników - Jasona i Menelausa." [120], de facto podtrzymując w ten sposób wojnę domową.

Kiedy zmarł Aleksander Janneusz w 76 roku p.n.e., jego dwaj synowie, Jan Hirkan II i Arystobul II, walczyli między sobą o zwierzchnictwo. Jednakże Aleksander „powierzył królestwo Aleksandrze (Aleksandrze Salome)" [121], żonie Aleksandra i matce jego synów. Aleksandra wolała Hirkana, starszego od Arystobula, ale ku jej rozczarowaniu był on „rzeczywiście nie w stanie zarządzać sprawami publicznymi i cieszyło go bardziej spokojne życie" [122]. Dlatego „uczyniła Hirkana arcykapłanem, ponieważ był starszy, ale też przede wszystkim dlatego, iż nie chciał się on mieszać do polityki" [123].

W przeciwieństwie do swojego starszego brata Arystobul „był człowiekiem aktywnym i odważnym" [124] z wielkimi ambicjami do korony. Kiedy Aleksandra Salome zmarła w roku 67 p.n.e., Arystobul zbuntował się przeciwko swojemu starszemu bratu i pokonał go w bitwie pod Jerycho. Triumfujący Arystobul ogłosił się królem Judy, ale nie był zainteresowany urzędem najwyższego kapłana, stąd pozostawił Hirkana na swoim poprzednim stanowisku. Niestety panowanie Arystobula miało być bardzo krótkie, jako że zostało przerwane przez Rzymian. „Utalentowani władcy domu Hasmoneuszy zapewne nie złożyliby broni jeszcze jakiś czas" - zauważył słynny historyk i archeolog Theodor Mommsen - „gdyby rozwój władzy tego niezwykłego zwycięskiego państwa kapłańskiego nie został zdławiony w zarodku przez wewnętrzne podziały" [125]. Po raz kolejny brak jedności i wewnętrzna nienawiść miały odcisnąć swoje piętno na Żydach.

W 63 roku p.n.e., zaledwie cztery lata po zdobyciu korony przez Arystobula, rzymski generał Pompejusz Wielki podbił Judę w ramach znacznie większej kampanii przeciwko Anatolii (znanej również jako Azja Mniejsza). Rozpoczęło to epokę rzymskich rządów w Judzie i zakończyło równocześnie erę niepodległości Judy. Być może poniższy zwięzły i przejmujący zarazem wniosek Paula Johnsona najlepiej opisuje powstanie i upadek zwierzchnictwa Hasmoneuszy w Judzie: „Historia ich wzlotów i upadków jest niezapomnianym studium pychy. Zaczynali jako mściciele męczenników, a sami skończyli jako prześladowcy religijni. Doszli do władzy na czele gorliwej grupy partyzanckiej, natomiast skończyli otoczeni najemnikami. Ich królestwo oparte na wierze rozpadło się w bezbożności".

Jednak Rzymianie, podobnie jak Grecy przed nimi, nie byli zainteresowani narzucaniem Żydom swoich przekonań i kultury. Podczas aneksji Syrii „opuścili Judeę jako zależne, pomniejszone państwo świątynne" [126]. Podczas gdy „na Żydów nałożono większą daninę niż na innych syryjskich poddanych Rzymu" [127], aby pomścić ich powstanie, wydaje się, że generalnie Rzymianie zaoferowali Żydom wspaniałe porozumienie: potężne imperium chroniło ich przed wrogami, pozostawiając im swobodę prowadzenia życia według własnego uznania. Mogliby żyć spokojnie i cicho pod protekcją Rzymu, gdyby nie władcy państwa, którzy powstali z ich wiary.

Pompejusz nie usunął Hirkana ze swojej pozycji i pozostawił go na stanowisku arcykapłana aż do śmierci w 40 roku p.n.e. Pompejusz ogłosił nawet Hirkana etnarchą Judy, czyli władcą, ale mającym mniej władzy niż król. Niemniej, aby zagwarantować lojalność Judy wobec Rzymu, Pompejusz przekazał faktyczną władzę rządów w ręce Antypatra I Idumejczyka.

Antypater, syn Edomity, który został zmuszony do przejścia na judaizm, przyrzekł wierność Rzymianom, a nie królestwu Judy. Rządy Antypatra oznaczały koniec dynastii królów i władców z domu króla Dawida. Jego syn Herod, który po nim panował, całkowicie zhellenizował kraj, budując amfiteatry, szkoły i całe miasta, takie jak Cezarea, które były całkowicie hellenistyczne. W roku 4 p.n.e. zmarł Herod, a Rzymianie podzielili jego królestwo pomiędzy trzech jego synów i siostrę. Herod Archelaos otrzymał największą część i został etnarchą tetrarchii Judy w wieku zaledwie 18 lat [128].

„Ludzie, cieszący się ze śmierci tyrana" - piszą Gottheil i Ginzberg w żydowskiej encyklopedii na temat śmierci Heroda - „byli dobrze nastawieni do Archelaosa, a na zgromadzeniu publicznym w świątyni nowy król obiecał brać pod uwagę życzenia swoich poddanych" [129]. Niestety „Wkrótce stało się oczywiste [...], jak mało miał ochoty, aby dotrzymywać słowa" [130]. Panowanie Archelaosa obfitowało w intrygi polityczne, złamane obietnice i częste niepokoje społeczne. W 6 roku n.e., po dziesięciu burzliwych latach, cierpliwość Rzymian skończyła się, a Archelaos „został pozbawiony korony i wygnany do Vienne w Galii. [...] Archelaos był prawdziwym Herodianinem" - konkludują Gottheil i Ginzberg - „ale bez zdolności męża stanu, które charakteryzowały jego ojca. Był okrutny i tyraniczny, skrajnie zmysłowy, był hipokrytą oraz spiskowcem" [131]. Nic więc dziwnego, że po wygnaniu Archelaosa Rzymianie ogłosili Judę prowincją Rzymu i zmienili jej nazwę na Judea.

Prowincja rzymska Judea

Pomiędzy 6 a 66 rokiem n.e., w czasie, kiedy wybuchł Wielki Bunt, który zniszczył Jerozolimę i Świątynię, w Jerozolimie rządziło nie mniej niż piętnastu rzymskich prokuratorów, czasami jedynie przez dwa lata. Jak można się spodziewać, lata te były dalekie od spokojnych. Pierwszy prokurator, Koponiusz, został usunięty po tym, jak „Samarytanie [...] wrzucili ciała martwych ludzi" do świątyni [132]. Waleriusz Gratus, który rządził najdłużej, bo od 15 do 26 roku n.e., był pierwszym, który samowolnie mianował i odwoływał najwyższych kapłanów.

Po Gratusie przybył Poncjusz Piłat. Kadencja Piłata jako prokuratora była przepełniona jeszcze większą liczbą wykroczeń, przekraczającą i tak już wysoki poziom przestępstw popełnianych przez rzymskich prokuratorów. Józef Flawiusz pisze, iż Piłat rozpoczął od umieszczenia w świątyni „wizerunków Cezara zwanych insygniami" [134], a Filon dodaje, że Piłat uczynił tak „nie tyle, aby uhonorować Tyberiusza [Cezara], lecz aby poirytować [żydowski] tłum" [135]. Żydzi wysłali pilne poselstwo do Cezarei, gdzie znajdował się pałac Piłata, i „zaapelowali do Piłata, by zrekompensował naruszenie ich tradycji spowodowane przez tarcze i nie zakłócał zwyczajów, które przez wszystkie poprzednie stulecia były respektowane bez zakłóceń przez królów i cesarzy" [136]. Jednakże gdy Piłat, „z natury nieugięty, będący połączeniem uporu i nieustępliwości, stanowczo odmówił, krzyknęli: „Nie wzbudzaj buntu, nie wywołuj wojny, nie niszcz pokoju; nie szanujesz cesarza, hańbiąc starożytne prawa. Nie czyń Tyberiusza pretekstem do podburzenia narodu; on nie chce obalenia żadnego z naszych zwyczajów. Jeśli twierdzisz, że chce, przygotuj rozkaz czy też list, lub coś w tym rodzaju, abyśmy przestali cię nękać, a wybierając naszych wysłanników, moglibyśmy zanieść petycję do naszego pana" [137].

Ostatecznie Żydzi wysłali list ze skargą do Tyberiusza, który rozwścieczony zachowaniem swojego niekompetentnego prokuratora nakazał mu usunąć insygnia i umieścić je w Cezarei. Pod koniec swojej kadencji Piłat nakazał także ukrzyżowanie Jezusa. Podsumowując, Filon określił panowanie Piłata jako obfitujące w bunty, zniewagi, rabunki, gwałty, bezmyślne krzywdy, nieustannie powtarzane egzekucje bez procesu oraz nieustanne i niezwykle ciężkie inne okrucieństwa.

Starając się uciszyć wzburzoną prowincję, Rzymianie nieustannie zmieniali prokuratorów. Ich ambicje okazały się niemożliwe do osiągnięcia. W 44 roku n.e. Rzym mianował Kuspiusza Fadusa na prokuratora. Za jego czasów „pewien czarodziej, który nazywał się Teudas, przekonał dużą część ludu, by [...] poszedł za nim nad rzekę Jordan, ponieważ powiedział im, że jest prorokiem i że samodzielnie rozdzieli rzekę i zapewni im łatwe przejście przez nią" [139]. Ale prokurator Fadus nie chciał im na to pozwolić. „Wysłał przeciw niemu oddział jeźdźców, którzy [...] zabili wielu z nich [...]. Zabrali też Teudasa żywcem, odcięli mu głowę i zanieśli do Jerozolimy" [140].

W odpowiedzi na tak lekkomyślny akt okrucieństwa Rzymianie szybko usunęli kolejnego nieudanego prokuratora Fadusa, a w 46 roku n.e. mianowali Żyda Tyberiusza Juliusza Aleksandra na prokuratora „w przekonaniu, iż urodzony Żyd będzie mile przyjęty przez innych Żydów" [141]. Kadencja Tyberiusza była jednak tak krótka, jak jego poprzedników. Pozytywnym jest to, że „nie zmienił starożytnych praw" Żydów, które „utrzymywały naród w spokoju", pisze Józef Flawiusz [142]. Z drugiej strony wcale on nie był zainteresowany judaizmem czy też samymi Żydami. W rzeczywistości nienawidził swojej rodzimej społeczności i miał stać się najgorszym ludobójczym mordercą, jaki kiedykolwiek wyłonił się z narodu żydowskiego, jako że dokonał aktu ludobójstwa na własnym narodzie, nie szczędząc nawet mieszkańców rodzinnego miasta. Mimo to podczas swojej kadencji nie doprowadził do żadnych prowokacji i odszedł tak, jak przybył, w spokoju, starając się rozwijać swoją karierę wojskową w armii rzymskiej.

Wentydiusz Kumanus, który zastąpił Tyberiusza Aleksandra w 48 roku n.e., okazał się być prokuratorem, za czasów którego sprawy zaczęły przyspieszać ku upadkowi i nieszczęściom, kiedy „nadszedł upadek Żydów" [143], którego kulminacją był Wielki

Bunt mający swój początek w 66 roku n.e. i który przyniósł ostateczne zniszczenie świątyni cztery lata później.

Po odejściu Kumanusa cesarz rzymski Klaudiusz mianował Marka Antoniusza Feliksa prokuratorem Judei. Z powodu nienawiści do Żydów czy też po prostu ze swojej obojętności Klaudiusz wyznaczył na zarządcę Judei wyzwoleńca (byłego niewolnika). Był to zdecydowanie zły wybór. Rzymski senator i historyk Tacyt pisze, że „Antoniusz Feliks dawał upust wszelkiego rodzaju okrucieństwom i żądzom, dzierżąc władzę króla przy wszystkich instynktach niewolnika" [144].

Z drugiej strony Józef Flawiusz postanowił skoncentrować się na „działaniach [Feliksa] w okresie, który dotyczył Żydów" [145]. Flawiusz poświęca rozdział trzynasty w drugiej księdze *Wojny żydowskiej* na szczegółowy opis katastrofalnych konsekwencji, jakie jeden niekompetentny prokurator może przynieść całemu narodowi (choćby były one sporne) w ciągu zaledwie ośmiu lat. Początkowo nie wydawało się, aby kadencja Feliksa była tak burzliwa. Zaczął od oczyszczenia kraju, eliminując rabusia Eleazara, jego wspólników i tylu przestępców, którzy nękali kraj, że „było ich tak wielu, że nie można zliczyć" [146]. Niemniej obiecujący początek wkrótce okazał się być jedynie pobożnym życzeniem, jako że „przejawił się jego wrogi stosunek do ludu" [147] pomimo tego, iż jego żona Drusila była Żydówką z Judei.

Gorszym niż rozwiązłość i nadużywanie władzy, o których donosił Tacyt, było to, iż panowanie Feliksa obfitowało w brutalne zbrodnie popełniane przez zbuntowane i spragnione krwi grupy. Przede wszystkim po tym, jak kraj został już oczyszczony z Eleazara i jego kompanii, „w Jerozolimie pojawili się kolejni rabusie, którzy zostali nazwani sykariuszami" [148]. Sykariusze to ekstremistyczna grupa zelotów, bardzo sprawnie posługujących się sztyletami, którzy dźgali nożem ukradkiem, a następnie podstępnie dołączali do przerażonego tłumu, protestującego przeciwko zbrodni. Ich pierwszą ofiarą był nikt inny jak sam arcykapłan Jonatan, a następnie „wielu zabijano każdego dnia". W ten sposób sykariusze zasiali w kraju taki terror, że „strach odczuwany przez ludzi [...] był bardziej dotkliwy niż sama klęska i wszyscy spodziewali się śmierci w każdej godzinie, tak jak ludzie na wojnie". Ludzie nie mogli nawet ufać swoim przyjaciołom, „ale pośród swoich podejrzeń i prób ochrony siebie zostali zabici".

Sykariusze z pewnością zasługują na tytuł „terrorystów wieku pierwszego" [149], który nadała im dr Amy Zalman, lub też miano „starożytnych żydowskich terrorystów" [150], jakim obdarzył ich prof. Richard Horsley. Różnią się jednak od współczesnych organizacji terrorystycznych, które działają przeciwko Żydom lub państwu Izrael, tym, że sykariusze wywodzili się z ich własnej społeczności. Nie byli ruchem podziemnym, który dążył do obalenia rządu i wybrał przemoc jako narzędzie do walki z nim. Starali się oni raczej zastraszyć i fizycznie odstręczyć ludzi od własnej wiary. Było tak w przypadku ludzi, których nie akceptowali dlatego, iż uważali ich za poddanych Rzymianom lub też z jakiegokolwiek innego powodu. Podział między zelotami a resztą narodu był zalążkiem krwawej rzezi, którą Izraelici zadali sobie nawzajem podczas Wielkiego Buntu kilka lat później. Ponadto diabelskie zabójstwa popełniane przez sykariuszy pogłębiły nienawiść i podejrzenia wśród części narodu do takiego stopnia, iż ostatecznie przypieczętowało to los Żydów.

Jakby tego było mało, „Zebrali się jeszcze inni niegodziwcy", kontynuuje Flawiusz swój wstrząsający opis nieszczęść Żydów za sprawą prokuratora Feliksa [51]. Grupa ta „była nie tyle nieczysta w swoich działaniach, ile nikczemna w swoich zamiarach, które zniszczyły szczęśliwy stan miasta nie mniej niż działania morderców". Ludzie ci udawali proroków i wizjonerów i prowadzali tłum na pustynię, „udając, że Bóg okaże im tam znaki wolności".

Niestety, Feliks nękany nieufnością i złą wolą podejrzewał, iż może być to początek kolejnego buntu, „[…] więc wysłał uzbrojonych jeźdźców i pieszych, którzy zabili ich ogromną liczbę" [152].

Jeden z tych fałszywych proroków był tak skutecznym oszustem, że „zgromadził trzydzieści tysięcy ludzi, którzy zostali zwiedzeni przez niego" [153]. Przywiódł ich wszystkich na Górę Oliwną i zamierzał wedrzeć się do Jerozolimy i podbić ją. Jak można się było spodziewać, Feliks posłał na nieszczęśników rzymskich żołnierzy w towarzystwie wielu innych ludzi, którzy nie należeli do wspomnianej grupy. Zdeterminowani wyznawcy fałszywego proroka walczyli dzielnie, ale „[prorok] uciekł z kilkoma innymi, podczas gdy większość z tych, którzy byli z nim, została zabita albo pojmana żywcem" [154].

Józef Flawiusz porównuje naród żydowski do chorego ciała. Pisze, że kiedy ucichły zamieszki z powodu fałszywych proroków, „kolejna jego część uległa stanowi zapalnemu" [155]. Według słów Flawiusza „Kompania zwodzicieli i rabusiów zebrała się i przekonała Żydów do buntu, zachęcając ich, aby zapewnili sobie wolność, zadając śmierć tym, którzy nadal byli posłuszni rządowi rzymskiemu, i mówiąc, że tacy, którzy dobrowolnie wybierają niewolnictwo, powinni być zmuszani do zmiany swojej skłonności. […] Rozdzielili się oni na różne grupy i przygotowywali zasadzki w całym kraju, plądrując domy możnych ludzi, zabijając ludzi i podpalając wioski […], dopóki cała Judea nie wypełniła się skutkami ich szaleństwa. I tak płomień ten podsycany był coraz bardziej z każdym dniem, aż osiągnął rozmiary wojny" [156].

Nawet w Cezarei, mieście zamieszkania prokuratora, Feliks nie był w stanie przywrócić porządku. Żydzi i Syryjczycy mieszkający w Cezarei spierali się o to, kto jest właścicielem miasta, całkowicie ignorując fakt, że to Rzymianie byli w jego posiadaniu i rządzili nim. Żydzi twierdzili, że miasto jest ich odkąd Herod je zbudował, a on był Żydem. Dogodnie zignorowali fakt, iż Herod był Żydem tylko dlatego, że jego dziadek został zmuszony do przejścia na judaizm, a za czasów Heroda nawet Żydzi nie uważali go za człowieka w pełni żydowskiego. Syryjczycy zgodzili się, że Herod był Żydem, ale uznali, że niemniej jednak faktem jest, że nie zbudował miasta żydowskiego, lecz „miasto greckie, ponieważ ten, kto wzniósł w nim posągi i świątynie, nie mógł zaprojektować go dla Żydów" [157]. Po raz kolejny waśń ta wymknęła się spod kontroli i „w końcu zakończyła się użyciem broni, gdyż odważniejsi z nich maszerowali do walki" [158]. Ostatecznie Feliks zrezygnował z prób zdyscyplinowania zbuntowanych frakcji i wysłał ambasadorów obu stron do cesarza Nerona, aby on to rozstrzygnął. Ta taktyka zakończyła spór, ale jednocześnie zakończyła kadencję Feliksa jako władcy Judei.

Porcjusz Festus, którego Encyklopedia żydowska opisuje jako „bardziej sprawiedliwego niż jego poprzednik" [159], przyniósł pewną ulgę, lecz stosunkowo na krótką metę. Józef Flawiusz pisze, że Festus „zadbał o to, aby przywołać do porządku tych, którzy powodowali zamieszki w kraju, tak więc wyłapał większą część rabusiów i zabił wielu z nich" [160]. Niestety Festus zmarł w czasie pełnienia urzędu po zaledwie dwóch latach od jego powołania.

Następca Festusa, Lucius Albinus, prędko i całkowicie zepsuł to, co dobrego zdołał uczynić jego poprzednik. Albinus kradł, plądrował i nakładał przesadne podatki na cały kraj. Za okup zwolnił z więzienia tak wielu przestępców, iż „nikt nie pozostał w więzieniach, jedynie ci, którzy mu nic nie dali" [161].

W Jerozolimie wybuchły bunty, a gangi krwiożerczych przestępców wykupywały swoją wolność od Albinusa, „podczas gdy on sam, niczym arcyrabuś, [...] zarobił [fortunę] na swoich towarzyszach i nadużywał władzy nad ludźmi, którzy byli wokół niego, ograbiając tych, którzy żyli spokojnie" [162]. W rezultacie tego, kończy Flawiusz: „Nikt nie ośmielił się otwarcie wyrazić swojej opinii, tyrania była tolerowana, a w tym czasie zasiane zostały nasiona, które doprowadziły do zniszczenia miasta" [163].

Pomimo wszystkich cierpień, jakich doznawali ze strony rzymskich prokuratorów, i pomimo wrogich sekt pomiędzy nimi „cierpliwość Żydów trwała aż do chwili, gdy Gesjusz Florus został prokuratorem [po Albinusie]: za jego czasów rozpoczęła się wojna", pisze Tacyt [164].

Profesor Helen K. Bond pisze, że „Florus [...] sprawił, że Albinus wydaje się w porównaniu z nim wzorem cnoty" [165]. Flawiusz, który żył w czasie, gdy miały miejsce te wydarzenia, nie zadowala się przedstawieniem wydarzeń w jednym zdaniu. Poświęca on rozdziały od czternastego do siedemnastego na opis prowokacji, rzezi, grabieży i dewastacji, jakich Florus dokonał wobec Żydów dokładnie po to, aby sprowokować ich do buntu i rozpoczęcia wojny z Rzymem [166]. W rozdziale osiemnastym Józef Flawiusz opisuje nieoczekiwany i masowy pogrom, jaki cezaryjscy Grecy zgotowali Żydom. „W ciągu godziny", pisze on, „zginęło ponad dwadzieścia tysięcy Żydów, a cała Cezarea została pozbawiona swoich żydowskich mieszkańców" [167]. O tej rzezi wspomina Paul Johnson, gdy pisze, że „sam bunt rozpoczął się w roku 66 n.e. nie w Jerozolimie, ale w Cezarei [...] od pogromu w dzielnicy żydowskiej, podczas gdy rzymski garnizon nic wtedy nie zrobił" [168].

Wielki Bunt - ludobójstwo zadane sobie

Wszystko, co do tej pory powiedziano o okrucieństwie Żydów wobec siebie nawzajem, zostanie przyćmione przez okropności, jakie Żydzi wyrządzili sobie samym podczas Wielkiego Buntu. Podczas gdy oficjalnym wrogiem Żydów był legion rzymski, najbardziej niewypowiedziana, niepojęta i nieludzka agonia spotkała Żydów z rąk ich współwyznawców. Pewne podsumowanie okrucieństw Wielkiego Buntu może zamykać się w pytaniu, jak to ujęli nasi mędrcy: „Druga Świątynia [...] dlaczego została zniszczona? Stało się tak, ponieważ istniała między nimi bezpodstawna nienawiść" [169] oraz z powodu fizycznej manifestacji tej nienawiści.

Kiedy Tytus, zwycięski generał rzymski, ostatecznie podbił Jerozolimę, był zdumiony jej fortyfikacjami. Patrząc od wewnątrz na wieże, mury oraz wielkość i solidność cegieł, miał przeczucie, iż nie może przypisać swojego zwycięstwa własnemu sprytowi wojskowemu ani też sile armii. W związku z tym powiedział: „Z pewnością mieliśmy Boga za naszego pomocnika w tej wojnie i nikt inny jak Bóg wyrzucił Żydów z tych fortyfikacji; bo cóż mogą uczynić ręce ludzi czy maszyny, aby obalić te wieże?" [170].

Tytus dzielił się swoimi obserwacjami ze swoimi przyjaciółmi, pisze Józef Flawiusz, i chociaż zburzył mury, „pozostawił wieże [stojące] jako pomnik jego powodzenia" i jako dowód, że miał

„pomocników, którzy umożliwili mu zdobyć to, czego inaczej nie mógłby wziąć" [171]. Nawet gdy wrócił do Rzymu, ciągle twierdził, że to nie jego dzieło przyniosło mu zwycięstwo, lecz ręce samego Boga. Johnson pisze, iż grecki sofista Filostrat „stwierdził w swoim dziele *Vita Apollonii*, że kiedy Helena z Judei ofiarowała Tytusowi wieniec zwycięstwa po zajęciu miasta, ten odmówił jego przyjęcia, uzasadniając to tym, iż nie ma żadnej chwały w pokonaniu ludu, który został opuszczony przez własnego Boga" [172].

Myśl, iż w tej wojnie Rzymianie mieli „wyższą" pomoc, nie pojawiła się wtedy, gdy Tytus po raz pierwszy zobaczył mury miasta od wewnątrz. Wojna przeciwko Żydom była tak makabryczna i pełna żydowskiego okrucieństwa, które sami sobie wyrządzili, że sprawiła, że Rzymianie pomyśleli, iż Bóg był faktycznie po ich stronie. Na początku oblężenia widząc Żydów walczących ze sobą nawzajem w mieście, „Rzymianie uważali ten bunt wśród swoich wrogów za wielką korzyść dla siebie i bardzo gorliwie pomaszerowali do miasta", pisze Flawiusz [173]. „Nalegali na Wespazjana", świeżo koronowanego cesarza, „aby się pospieszył, i powiedzieli mu, że „Opatrzność Boża jest po naszej stronie, nastawiając naszych wrogów przeciwko sobie". Rzymscy dowódcy chcieli szybko wykorzystać tę sytuację, obawiając się tego, że „Żydzi mogą szybko znów się zjednoczyć", albo dlatego, iż „byli zmęczeni swoimi nieszczęściami", albo dlatego, że „żałowali za swoje czyny".

Cesarz był jednak bardzo pewny tego, że nienawiści Żydów do siebie nawzajem nie da się już naprawić. „Wespazjan odpowiedział", pisze Józef Flawiusz, „że bardzo się pomylili odnośnie tego, co uważali za stosowne uczynić", dodając, iż „jeśli poczekają chwilę, to będą mieli mniej wrogów, ponieważ zostaną pochłonięci przez ten bunt i że Bóg działa jako generał Rzymian lepiej, niż on potrafi, i oddaje w ich ręce Żydów bez żadnych własnych strat, i zapewnia armii zwycięstwo bez najmniejszego niebezpieczeństwa. Dlatego jest najlepszym rozwiązaniem, podczas gdy ich wrogowie niszczą się nawzajem własnymi rękami i popadają w największe nieszczęście, jakim jest bunt, aby siedzieć spokojnie niczym świadkowie niebezpieczeństw, na jakie oni się skazują, zamiast walczyć z ludźmi, którzy uwielbiają mordować i gdzie jeden okazuje wściekłość drugiemu [...]. Żydzi są udręczeni na co dzień przez wojny domowe i niezgody i trwają w większym nieszczęściu niż to, jakie moglibyśmy im wyrządzić, gdyby teraz zostali pokonani. Dlatego jeśli ktoś ma na względzie nasze bezpieczeństwo, powinien pozwolić tym Żydom, aby się nawzajem zniszczyli" [174].

Oblężenie Jerozolimy było końcem czteroletniej bitwy. Kiedy się ona zaczęła w roku 66 n.e. po wspomnianym wcześniej pogromie w Cezarei, w całej prowincji wybuchły zamieszki. Jeśli podczas buntu Hasmoneuszy walka toczyła się pomiędzy zhellenizowanymi Żydami a żydowskimi bojownikami, którzy pozostali wierni swojej religii, teraz walki toczyły się jedynie między „właściwymi" Żydami, czyli między różnymi sektami wojujących zelotów a umiarkowanymi Żydami, którzy starali się wynegocjować pokój z Rzymianami.

Jednakże bezpodstawna nienawiść, jaka pojawiła się wśród Żydów podczas buntu, była znacznie gorsza niż ta, którą frakcje narodu odczuwały względem siebie nawzajem jeszcze przed wybuchem powstania. Początkowo, pisze Flawiusz: „Wszyscy ludzie w każdym miejscu przystąpili do grabieży, po czym zebrali się w grupy, aby obrabować mieszkańców tego kraju, a pod względem barbarzyństwa i swej niegodziwości ci z tego samego narodu nie różnili się niczym od Rzymian. Wydawało się jednak, że znacznie łatwiej jest być zniszczonym przez Rzymian niż przez siebie nawzajem" [175]. To stwierdzenie, iż Żydzi zrobili sobie nawzajem to, czego nawet Rzymianie nie byli w stanie im zrobić, powtarzało się wielokrotnie w całym misternym i szczegółowym opisie buntu, przedstawionym przez Flawiusza. Najwyraźniej nie szczędził on wysiłków, aby podkreślić, że - jak powiedzieli nasi mędrcy - była to nasza własna nienawiść do siebie nawzajem, która nas zniszczyła, a nie machiny wojenne naszych wrogów.

Podczas gdy Żydzi skakali sobie do gardeł, rzymscy mieszkańcy także nie stali bezczynnie z boku. Oni również brali udział w zabijaniu i grabieży. Johnson pisze, że w wyniku toczących się wszędzie walk „Jerozolima zapełniała się gniewnymi i mściwymi żydowskimi uchodźcami z innych miast, w których większość grecka atakowała dzielnice żydowskie i paliła ich domy" [176]. Żydzi, którzy już byli w nastroju do walki, nie przyjmowali ciosów Rzymian pokornie. W walce pomiędzy Żydami bardziej dążącymi do pokoju a tymi bardziej wojowniczymi pogromy Rzymian „odwróciły los na korzyść ekstremistów i garnizon rzymski został zaatakowany i zmasakrowany" [177].

Co gorsza, dominacja wojowniczych zelotów i sykariuszy zniweczyła wszelkie szanse na powściągliwość lub negocjacje z Rzymianami, nawet gdy ci o to prosili. Ekstremistyczne podejście nie tylko spowodowało śmierć większej liczby ludzi w bitwie, ale uczyniło też wojnę domową w Jerozolimie o wiele brutalniejszą. „Podczas gdy miasto było zaangażowane w wojnę ze wszystkich stron przez te zdradzieckie tłumy niegodziwych ludzi", konkluduje Józef Flawiusz, „mieszkańcy miasta byli pomiędzy nimi niczym wielkie ciało rozdarte na kawałki" [178].

Po ponad trzech latach walk w całej ziemi Izraela wiosną 70 roku n.e. większość Żydów zgromadziła się w Jerozolimie albo dlatego, iż tam uciekli, albo dlatego, że było święto Paschy, czas pielgrzymki, kiedy każdy Żyd zgodnie z żydowskim zwyczajem przybywał do Jerozolimy, aby gromadzić się, jednoczyć i uczyć razem. Z tych dwóch powodów, jak podaje Józef Flawiusz, kiedy rozpoczęło się oblężenie, liczba ludności w mieście wynosiła nie mniej niż „dwa miliony siedemset tysięcy dwieście osób" [179]. Nawet według dzisiejszych standardów miasto prawie trzymilionowe jest bardzo dużym miastem. W tamtych czasach było to wręcz ogromne. Aby uzyskać pewną perspektywę na wielkości starożytnej Jerozolimy, weźmy pod uwagę, że populacja licząca 2,7 miliona jest mniej więcej taka sama jak populacja Chicago, IL, trzeciego co do wielkości miasta w USA [180].

Co więcej, ponieważ żydowscy pielgrzymi i uchodźcy już sobie nawzajem okazywali niesłychane „barbarzyństwo i niegodziwości" w sposób, który „nie różnił się w niczym od tego rzymskiego", nie tylko przyłączyli się oni do wojny domowej, która już trwała w mieście, ale wręcz ją rozpalali, gdy przybywali do miasta. Józef Flawiusz pisze, że „ten kłótliwy nastrój udzielił się nawet całym rodzinom, które nie mogły się ze sobą zgodzić, po czym ci, którzy byli sobie najbliżsi, przełamali wszelkie ograniczenia względem siebie i wszystkich związanych z ich własną opinią i zaczęli się już przeciwstawiać sobie nawzajem, tak że wszędzie powstawały bunty" [181]. Jak zobaczymy później, to wyobcowanie członków rodziny doprowadziło do jednych z najstraszniejszych rozdziałów tego masowego ludobójstwa znanego jako Wielki Bunt.

Pomimo ogromnej liczby ludzi w Jerozolimie nie powinno teoretycznie tam zabraknąć pożywienia. Będąc regularnym miejscem gromadzenia się ludzi, miasto było dobrze przygotowane do nakarmienia bardzo dużych zgromadzeń przez dłuższy czas. Ogromne magazyny żywności powinny przetrwać możliwości Rzymian do utrzymania oblężenia. Jednak, jak pisze Johnson, „Żydzi byli [...] nieprzejednanie podzieleni" [182]. Byli tak pochłonięci wzajemnym wyniszczeniem, że nie byli w stanie myśleć o przyszłości, nawet o następnym dniu. W rezultacie tego w ramach swojej totalnej wojny „Szymon i jego grupa [...] podpalili domy pełne zboża i wszelkich innych zapasów. Tak samo uczynił Szymon, gdy podczas odwrotu innych zaatakował miasto, tak jakby celowo zrobił to, aby służyć Rzymianom, niszcząc to, co w mieście zrobiono przed oblężeniem, i tym samym odcinając źródła własnej siły" [183]. W wyniku tego „Prawie całe zboże zostało spalone, które wystarczyłoby na oblężenie trwające wiele lat. Zostali więc pokonani przez głód" [184].

William Whiston, historyk i matematyk żyjący w XVIII wieku, jest również najbardziej znanym tłumaczem pism Józefa Flawiusza z oryginalnej greki na angielski. W komentarzu na temat palenia magazynów żywności Whiston stwierdza: „Ani [...] nie mogliby Rzymianie zająć tego miasta, gdyby ci porywczy Żydzi nie byli tak zawładnięci szaleństwem zniszczenia" [185].

Chociaż palenie zapasów żywności było niezmiernym okropieństwem, okrucieństwo Żydów wobec siebie nawzajem poszło dalej, znacznie dalej. Po pierwsze, bez wyraźnej wzmianki o tym, do którego obozu należeli sprawcy, Józef Flawiusz opisuje zbezczeszczenie najwyższego kapłaństwa jako sposób na doprowadzenie ludzi do rozpaczy. Mówi o rabusiach, którzy splądrowali miasto i zrobili z jego ludnością i rządem, co chcieli. „Aby wypróbować zaskoczenie ludu" - pisze - „i jak daleko posunęła się ich siła, [rabusie] zabrali się za usunięcie najwyższego kapłaństwa, rzucając losy" [186].

Chociaż nie używa on często tej konkretnej nazwy, jasnym jest, że kiedy Józef Flawiusz mówi o zbójcach, ma na myśli bojowników, którzy należeli do różnych sekt zelotów, sykariuszy, dopóki nie uciekli na Pustynię Judzką i osiedlili się w Masadzie, a także w mniejszym stopniu dotyczy to Idumejczyków. Jednakże uczucie, które przebija przez wszystkie opisy, obrazuje całkowite wyeliminowanie wartości ludzkiego życia i ludzkiej godności, a zatem wskazuje na absolutny brak troski wobec siebie nawzajem, a często nawet na radość z wyniszczenia i udręki innych.

Aby przejąć miasto, zeloci tworzyli fałszywe trybunały, w których przeprowadzali fałszywe procesy. Wrabiali bogatych i potężnych i skazywali ich na śmierć, aby nie zagrozili ich władzy. Gdy zostali już straceni, zabierano również ich dobytek. W ten sposób zamienili oni Jerozolimę w „miasto bez namiestnika" [187].

Jak zawsze w takich sytuacjach najbardziej ucierpieli zwykli ludzie. Widząc, że sytuacja zbliża się do katastrofy, wielu Żydów chciało się wydostać z miasta, ale strażnicy, obawiając się, że ci ludzie dołączą do Rzymian lub zostaną złapani przez nich i udzielą im informacji o sytuacji w mieście, nie pozwalali nikomu uciec. Wyjątkiem, jak zwykle, był „ten, który dał im pieniądze, zdołał uciec, podczas gdy ten, który im nie dał, został uznany za zdrajcę. W rezultacie bogaci kupowali swoją ucieczkę za pieniądze, podczas gdy tylko biedni zostawali zabici" [188].

Tymczasem w mieście i na prowadzących do niego drogach okrucieństwo bojowników przekroczyło wszelkie wyobrażenie. „Wzdłuż wszystkich dróg ogromna liczba martwych ciał leżała w stosach [...]. Ale ci fanatycy osiągnęli w końcu taki stopień barbarzyństwa, iż nie udzielali pochówku zabitym w mieście, jak i leżącym na drogach, tak jakby zgodzili się unieważnić zarówno prawa ich kraju, jak i prawa natury [...]. Pozostawiali martwe ciała gnijące na słońcu [...]. Przerażenie było tak wielkie, że ten, który przeżył, nazywał tych, którzy byli martwi, szczęśliwymi, ponieważ już spoczywali w pokoju... [a] ci, którzy nie zostali pochowani, byli najszczęśliwsi" [189].

„Starsi mężczyźni i kobiety byli w tak krytycznym położeniu z powodu wewnętrznych walk, iż życzyli sobie, aby nadeszli Rzymianie, i szczerze liczyli na wojnę zewnętrzną... [jako] ich wyzwolenie z domowej niedoli [...]. Walki trwały zarówno w dzień, jak i w nocy. [...] Nie zwracano też uwagi na tych, którzy jeszcze żyli, ze strony ich krewnych; nie dbano też o pochówek zmarłych. [...] Walczyli oni ze sobą nawzajem, depcząc po trupach, leżących stosami jeden na drugim, i czerpiąc szaloną siłę z martwych ciał, które były pod ich stopami, stawali się coraz bardziej zaciekli. Oni [...] nie pominęli żadnej metody tortur czy barbarzyństwa" [190].

Uwięzieni pomiędzy walczącymi stronami zwykli „ludzie stawali się ofiarą obu stron" i „doznawali grabieży przez obie frakcje" [191]. Nędza stała się tak dotkliwa, że ostatecznie, według Flawiusza, ludzie z radością witali [rzymski] podbój, a „ci, którzy nadeszli, przynieśli im większe dobro, gdyż ośmielam się stwierdzić, że bunt zniszczył miasto, natomiast Rzymianie zniszczyli bunt" [192]. Co więcej, i tutaj Flawiusz pisze jako Żyd lamentujący nad losem swego ludu, iż zniszczenie buntu było o wiele trudniejsze niż zniszczenie murów, tak więc możemy słusznie przypisać nasze nieszczęścia własnemu narodowi" [193].

Nienawiść i apatia w swoich skrajnościach

Gorszy niż wszystkie okropności wojny, morderstwa i grabieże był głód zadany przez samych siebie, który zmienił lud Jerozolimy w zwierzęta. „Silniejsi mieli więcej niż potrzebowali, a słabsi lamentowali [z braku] [...]. Dzieci wyrywały ojcom z ust ich kęsy, a co było jeszcze bardziej przykre, tak samo robiły matki wobec swoich dzieci [...]. A kiedy ci, którzy byli im najdrożsi, ginęli na ich rękach, oni nie wstydzili się zabierać im ostatnich kruszyn, które mogłyby ocalić im życie. I chociaż jedli w ten sposób, nie ukrywali się przy tym" [194].

Im bardziej ludzie stawali się głodni, tym bardziej byli szaleni. Ponieważ ludzie ukrywali jedzenie, które mieli w swoich domach, „przychodzili rabusie [...] i przeszukiwali prywatne domy [...]. Jeśli znaleźli jakąś żywność, dręczyli ich, ponieważ ci wcześniej zaprzeczali, że coś mają. A jeśli nic nie znaleźli, dręczyli ich jeszcze bardziej, ponieważ podejrzewali, że dobrze to ukryli" [195].

Jeśli ludzie nie zabierali jedzenia swoim krewnym czy dzieciom, robili to sami bojownicy. „Buntownicy bardzo szybko ich odnajdywali i odbierali im to, co ci dostali od innych; albowiem kiedy spostrzegli dom zamknięty, był to dla nich sygnał, że ludzie w środku mają jakieś jedzenie, po czym wyważali drzwi i wpadali do środka, i wyrywali im z gardła kawałki tego, co akurat jedli, i to z wielką siłą. Starsi ludzie, którzy mocno trzymali jedzenie, byli srogo pobici, a jeśli kobiety ukryły to, co miały w rękach, wyrywano im za to włosy. Ani starszym, ani też niemowlętom nie okazywano żadnego współczucia. Co więcej, podnosili oni dzieci z ziemi, które uczepione były swoich kęsów, potrząsali nimi i rzucali na podłogę. Jednakże byli bardziej barbarzyńsko okrutni wobec tych, którzy uniemożliwili im wejście i faktycznie już połknęli to, co zamierzano im zabrać, tak jakby zostali niesprawiedliwie pozbawieni swojego prawa. Wymyślono straszne metody tortur, aby odkryć, gdzie jest jedzenie [ukryte w ludzkich ciałach], i za ich pomocą blokowano różne części ciała tych nieszczęśników i nabijano ich na pale, a człowiek ów był zmuszony znieść to, co okropne jest nawet usłyszeć, aby zmusić go do przyznania się, że ma tylko jeden bochenek chleba, lub aby ujawnił garść jęczmienia, którą gdzieś ukrył". Co gorsza, „robiono to nawet wtedy, gdy ci oprawcy sami nie byli głodni [...], ale [...] aby nie wyjść z wprawy w swoim szaleństwie" [196].

Kiedy skończyło się jedzenie, oblężeni Żydzi zabrali się za ludzkie ciało. Tacyt pisze, że „Żydzi, będąc w stanie oblężenia i nie mając możliwości zawarcia pokoju ani poddania się, w końcu umierali z głodu, a ulice zaczęły wypełniać się wszędzie zwłokami [...]. Co więcej, [nabrali] odwagi, aby uciekać się do wszelkiego rodzaju okropnego pożywienia, nie wyłączając nawet ludzkich ciał" [197].

Józef Flawiusz, który do tego czasu był już w szeregach legionu rzymskiego, był już naocznym świadkiem tamtych wydarzeń. Dlatego też jego dokumentacja kanibalizmu jest często jaskrawa i celowo odrażająca, aby pokazać, jak nie do zniesienia było cierpienie jego ludu, a jednocześnie jak moralnie nisko ludzie wtedy upadli. Na przykład w poniższym opisie Józef Flawiusz wykorzystuje swój raport na temat kanibalizmu, aby podkreślić, że

Żydzi wręcz chwalili się swoim zdziczeniem. „Przepijali do siebie nawzajem krwią ludu i rozdzielali między sobą martwe ciała tych biednych stworzeń [...]. Mimo że [...] walczyli ze sobą, bardzo się jednak zgadzali w swoich niegodziwych praktykach, ponieważ ten, który nie chwalił się tym, co zdobył na nieszczęściu innych, drugiemu tyranowi wydawał się zbyt mało winny" [198].

Czasem słabi, którzy nie byli w stanie kraść ani tolerować jedzenia ludzkiego mięsa, „byli doprowadzani do tak strasznego cierpienia, że przeszukiwali kanały i stare kupy gnoju bydła, a nawet zjadali łajno, które tam znaleźli". Głód doprowadził ich do stanu, w którym „to, na co dawniej nie byli w stanie patrzyć, teraz służyło im za pożywienie" [199].

Jednak najbardziej nieludzki rozdział w tej orgii potwornej nienawiści zwanej Wielkim Buntem to epizod, który sprawił, że nawet najgroźniejsi rabusie odczuwali zdumienie, oszołomienie czy wręcz przerażenie. Epizod ten nie dotyczył żadnych wojowników ani walk, lecz tylko jednej udręczonej duszy troskliwej matki, która została doprowadzona do szaleństwa przez głód. W dziele *Lamentacje* (4:10) wspomniano o tym bardzo konkretnie i zwięźle: „Ręce czułych kobiet gotowały własne dzieci".

Także sam Flawiusz miał poważne wątpliwości, czy powinien donieść o tym, czego się dowiedział. Pisał, że obawiał się, iż „może lepiej nie przekazywać potomnym tego, co wydaje się tak złowieszcze" [200]. Ale jako że miał „niezliczonych świadków" i ponieważ wierzył, iż jego naród, naród żydowski, „miałby niewiele powodów, aby podziękować mi za ukrycie nieszczęść, które w tym czasie przeżyła" [201], postanowił opowiedzieć historię upadku Maryi, dostojnej kobiety z Bethezob. Poniżej przytaczam nieprawdopodobny raport Józefa Flawiusza, tak jak on go napisał, a William Whiston przetłumaczył [na angielski]: „Nazywała się ona Marya. Jej ojcem był Eleazar ze wsi Bethezob. [...] Była znana ze względu na swoją rodzinę i bogactwo, a uciekła wraz z resztą tłumu do Jerozolimy i była z nimi oblegana w owym czasie. Odrobina [jedzenia], jaką udało jej się ukryć [...], została jej odebrana przez zachłannych strażników, którzy codziennie pojawiali się w tym celu w jej domu. To doprowadzało biedną kobietę do wielkiej wściekłości, a przez częste wyrzuty i przekleństwa rzucane w stronę tych drapieżnych złoczyńców sprowokowała ich do gniewu przeciwko niej. Ale żaden z nich ani z oburzenia, które wzbudziła przeciwko sobie, ani z powodu współczucia w jej sprawie nie myślał o odebraniu jej życia. A jeśli już znalazła coś do jedzenia, była świadoma, iż jej wysiłki były przeznaczone dla innych, a nie dla niej samej. Było tak do momentu, kiedy stało się dla niej niemożliwe [...] znaleźć więcej pożywienia, podczas gdy głód przeszywał jej wnętrzności do szpiku kości, a jej złość osiągnęła poziom wykraczający poza sam głód. Nie konsultowała się też z nikim innym, jak tylko ze swoim gniewem i potrzebą, w jakiej się znalazła.

„Wtedy podjęła się czegoś nienaturalnego i złapała syna, który był jeszcze dzieckiem ssącym jej pierś, i powiedziała: «O nieszczęsne niemowlę! Dla kogo mam cię zachować w czasie tej wojny, tego głodu i tego całego zamieszania? Jeśli chodzi o wojnę z Rzymianami, jeśli ocalą nam życie, to musimy stać się ich niewolnikami. Ten głód nas zniszczy, nawet zanim dotknie nas ta niewola. Jednak ci buntowniczy łotrzykowie są straszniejsi od pozostałych. Chodź, bądź moim pożywieniem i bądź gniewem tych zbuntowanych psubratów, i bądź przykładem dla świata, który chce teraz [tylko] dopełnić nieszczęść naszych, nieszczęść

Żydów». Gdy tylko to powiedziała, zabiła syna, a następnie upiekła go i zjadła jego połowę, a drugą zaś ukryła.

Krótko po tym nadeszli buntownicy i, wyczuwając okropny zapach tego jedzenia, zagrozili, że natychmiast poderżną jej gardło, jeśli nie pokaże im, co takiego przygotowała. Odpowiedziała, iż zachowała dla nich bardzo dobrą porcję, i pokazała im, co zostało z jej syna. Wówczas ogarnęło ich przerażenie [...] i stali zdumieni tym widokiem. Powiedziała do nich: «To mój własny syn i to, co się wydarzyło, zostało uczynione przeze mnie! Chodźcie, zjedzcie to pożywienie, bo ja sama już jadłam! Nie udawajcie, że jesteście bardziej delikatni niż kobieta lub też bardziej współczujący niż matka. Ale jeśli macie jakieś skrupuły i wstrętna jest wam moja ofiara, ponieważ zjadłam już połowę, niech reszta też będzie zarezerwowana dla mnie». Po czym ludzie ci wyszli roztrzęsieni" [202].

Straszny rozmiar samozagłady

Do czasu, kiedy Rzymianie wreszcie pokonali mury i zaatakowali Jerozolimę, nie zostało już nic więcej do zbezczeszczenia. Rzymianie zabili tych, którzy wciąż mieli jakąś ochotę lub energię do walki, podpalili to, co nie zostało jeszcze spalone, i wzięli do niewoli resztę mieszkańców miasta.

W ciągu zaledwie pięciu miesięcy z populacji liczącej 2,7 miliona mieszkańców Jerozolimy na początku oblężenia „liczba osób, które zginęły podczas całego oblężenia wyniosła jeden milion sto tysięcy, a większa część z nich rzeczywiście należała do tego samego [żydowskiego] narodu" [203]. Zdecydowana większość

Żydów została zabita przez ludzi z ich własnej społeczności. Tacyt, który dokumentował rozwój wydarzeń wyłącznie z perspektywy Rzymian, miał podobne szacunki co do liczby ofiar, jakie podał Józef Flawiusz. Naliczył bez mała 1,2 miliona Żydów, ale uwzględnił także w swoich szacunkach Żydów, którzy zostali wygnani [204].

Bez względu na to, czy był to jeden milion sto, czy też milion dwieście tysięcy Żydów, jedna rzecz pozostaje jasna. Może być nie do pomyślenia, ale z wyjątkiem kilku miesięcy podczas II wojny światowej nawet nazistowskie Niemcy w fazie Ostatecznego Rozwiązania nie przekroczyli tempa zabójstw, które zgotowali sobie nawzajem Żydzi podczas oblężenia Jerozolimy. Co więcej, zabijali się wzajemnie nie za pomocą komór gazowych czy karabinów maszynowych, ale nożami, mieczami i włóczniami, patrząc prosto w oczy swoim ofiarom, lub też po prostu głodząc je na śmierć. Często znali swoje ofiary osobiście lub byli nawet ich małżonkami, rodzicami czy dziećmi.

Kiedy rzymscy żołnierze i generałowie weszli do miasta i zobaczyli, co Żydzi zrobili z własnym ludem, ich odraza i przerażenie nie miały granic. Być może teraz można zrozumieć, dlaczego Filostrat napisał, iż Tytus odmówił noszenia „wieńca zwycięstwa po zdobyciu miasta [...], [ponieważ] nie było żadnej zasługi w pokonaniu ludu opuszczonego przez własnego Boga" [205].

Dziewiątego dnia hebrajskiego miesiąca Av [sierpień lub wrzesień] każdego roku Żydzi upamiętniają upadek Jerozolimy. Jednakże ci spośród nas, którzy honorują to, co się wydarzyło, nie upamiętniają podboju miasta, lecz dominację złej skłonności nad sercami naszego ludu. My, naród, który uformował się pod warunkiem zjednoczenia „jak jeden człowiek z jednym sercem" i którego zadaniem było stanowić światło dla narodów, promień jedności, daliśmy światu lekcję nienawiści do samych siebie, która nie będzie zapomniana. Kiedy nasi mędrcy mówią o zniszczeniu Drugiej Świątyni przez nieuzasadnioną nienawiść, odnoszą się do tych właśnie opisanych okrucieństw, które wyrządziliśmy sami sobie.

Ojciec świata

Kiedy Tytus szturmował Jerozolimę i zniszczył to, co pozostało ze Świątyni, nie tylko chciał zgasić bunt, ale także pragnął całkowicie eksterminować naród żydowski. Na początku naszej ery Żydzi rozprzestrzenili się już po całym Cesarstwie Rzymskim, a Tytus otwarcie nie lubił Żydów. Książka *Jewish Life and Thought Among Greeks and Romans* (Życie i myśl żydowska wśród Greków i Rzymian) pod redakcją uznanego uczonego specjalizującego się w cywilizacji hellenistycznej, prof. Louisa H. Feldmana, podaje, iż grecki geograf i historyk Strabon powiedział, że Żydów można znaleźć w każdym miejscu na świecie [206]. Według informacji zawartej w książce do roku 86 p.n.e., ponad dwa wieki przed ostatnim atakiem Tytusa na mury Jerozolimy: „Lud ten wkroczył już do każdego miasta i nie jest łatwo znaleźć miejsca w zamieszkałym świecie, które nie przyjęło już tego narodu, w którym nie można odczuć jego siły" [207].

Według Tacyta Rzymianie nie byli przekonani, czy powinni zburzyć Świątynię. „Rozważali, czy [Tytus] powinien zniszczyć tak potężną świątynię [...], uświęconą świątynię, która była sławna ponad wszystkie inne dzieła ludzkie". Ale naczelny dowódca miał inne zdanie: „Sam Tytus sprzeciwiał się [zachowaniu świątyni], utrzymując, iż zniszczenie tej świątyni było podstawową koniecznością, aby zupełnie wymazać religię Żydów". Chciał także wyeliminować rozwijającą się religię chrześcijaństwa i utrzymywał, że „mimo wszystko pochodzi [ona] z tych samych źródeł; chrześcijanie wyrośli spośród Żydów: jeśli korzeń zostanie zniszczony, pień także łatwo obumrze" [208].

Podobnie jak Hiszpanie w latach prowadzących do wydalenia Żydów z Hiszpanii, Niemcy wynoszący partię nazistowską do władzy czy obecni antysemici w Ameryce, Tytus nie chciał, aby wpływy żydowskie były tak widoczne w Cesarstwie Rzymskim. Próbując wyeliminować wpływy żydowskie, został zmuszony do wyeliminowania Żydów. Po raz kolejny widzimy, jak skłonność Żydów do asymilacji między narodami zamiast zachowania ich wyjątkowego ducha i historycznego zadania powoduje, iż świat zwraca się przeciwko nim.

Mimo to Tytus, podobnie jak wielu wielkich przywódców przed nim i po nim, nie odniósł, a faktycznie nie mógł odnieść sukcesu. Można zabić każdego Żyda, który będzie pod ręką, lecz nigdy nie zniszczy się całego narodu, ponieważ Żydzi mają obowiązek wobec całego świata i dopóki go nie wypełnią, nie można ich zniszczyć. Mówiąc inaczej, dopóki tego nie dokonają, będą nadal dręczeni, nienawidzeni, podziwiani i pogardzani jednocześnie często przez tych samych ludzi. Adolf Hitler, który może stanowić symbol satanistycznego antysemityzmu, napisał w swojej książce Mein Kampf [Moja walka]: „Kiedy przyglądałem się działalności narodu żydowskiego na przestrzeni długich okresów ludzkiej historii, nagle pojawiło się we mnie przerażające pytanie, czy nieodgadnione przeznaczenie, być może z przyczyn nieznanych nam, zwykłym śmiertelnikom, nie [...] pragnęło ostatecznego zwycięstwa tego małego narodu" [209].

Hitler nie wiedział, iż zwycięstwo Żydów nie będzie w kategoriach fizycznych, lecz duchowych, zwycięstwo wyrażone w zjednoczeniu się całej ludzkości pod prawem jedności i miłości bliźniego. Nikt nie wyraził tego prawa lepiej niż rabin Akiwa, który sam doznał takich przejawów nienawiści, że jego „skóra [została] zerwana od jego kadłuba za pomocą żelaznych grzebieni" [210].

Akiwa ben Józef, lepiej znany jako rabin Akiwa, urodził się około 50 roku n.e. i żył do mniej więcej roku 136 n.e. Niewiele jest wiadomo na temat jego życia. Majmonides pisze, że jego ojciec, Józef, nawrócił się na judaizm [211].

Rabin Akiwa był prostym człowiekiem, pasącym stada Kalby Savua, którego córkę Rachel później poślubił. Jednak w pewnym momencie swojego życia, będąc już dorosłym człowiekiem, przeszedł transformację i postanowił nie tylko studiować istotę judaizmu, ale wręcz poświęcił całe swoje życie studiowaniu jej. Rozwinął takie pragnienie poznania praw życia, tych samych praw, których Ptolemeusz II Filadelfos nauczył się od starożytnych mędrców, iż rzucił wszystko i poszedł uczyć się z mędrcami swoich czasów. Faktem jest, że rabin Akiwa był tak nieprzeciętny w swoim studiowaniu, że jego nauczyciel wkrótce zaczął uważać go za twórcę reguł prawa, a on sam stał się najwybitniejszym nauczycielem wszechczasów, posiadającym nie mniej niż 24 000 uczniów.

To, czego nauczał rabin Akiwa, było bardzo proste: największą zasadą w Torze [żydowskim prawie] jest reguła: „kochaj bliźniego swego jak siebie samego". Jednak nawet wielki rabin jak Akiwa nie był w stanie ochronić swoich uczniów przed wewnętrzną nienawiścią i jej konsekwencjami. Talmud mówi, że wszyscy, za wyjątkiem pięciu z 24 000 uczniów Akiwy, „zmarli w tym samym czasie, ponieważ nie traktowali siebie nawzajem z szacunkiem" [212], ponieważ nie byli w stanie kochać się nawzajem, tak jak nauczał ich nauczyciel.

Talmud Jerozolimski określił rabina Akiwę jako jednego z ojców świata [213]. Jednak jego prawość, miłość do innych, jego wysiłki, aby przywrócić miłość ludowi Izraela, wszystkie te zasługi nie mogły pomóc nawet rabinowi Akiwie, dopóki jego uczniowie nie przestrzegali jego najbardziej fundamentalnej zasady: kochaj innych tak bardzo, jak kochasz samego siebie. Co więcej, nie byli oni w stanie przestrzegać nawet mniej wymagającej wersji tej zasady, którą zaproponował Hillel. Talmud mówi nam, iż „kiedy prozelita przybył do Hillela i poprosił go, aby nauczył całej Tory, podczas gdy stał na jednej nodze, czyli bardzo szybko, Hillel odpowiedział: „Tego, czego nienawidzisz, nie rób bliźniemu. To jest cała Tora, a reszta jest komentarzem do niej" [214]. Czyż jest to zatem dziwne, że w końcu Rzymianie złapali tego „ojca świata" i „czesali" jego ciało żelaznymi grzebieniami?

Niemniej jednak nauczanie rabina Akiwy nie poszło na marne. Pięciu z 24 000 uczniów przeżyło, ponieważ nie dotknęła ich nieuzasadniona nienawiść, która nękała resztę ich współtowarzyszy. Uczniowie ci napisali zarówno Misznę, jak i Księgę Zohar. Miszna wraz z komentarzem, Talmudem, służyła przez wieki jako fundament judaizmu i była podstawą utrzymania egzystencji narodu żydowskiego, podczas gdy Księga Zohar jest przełomową księgą na temat tak zwanej „wewnętrzności Tory" lub „mądrości Kabały". Bez tych pism nie byłoby dzisiaj Żydów, a co ważniejsze, nie mieliby oni wiedzy o tym, jak przynieść światu jedność i pokój.

Chociaż rabinowi Akiwie nie udało się ustanowić narodu żydowskiego na jego pierwotnym fundamencie, niemniej umożliwił jego istnienie, aby w końcu osiągnął swoje powołanie i był światłem połączenia i miłości dla narodów świata.

Łabędzi śpiew

W czasach Akiwy doszło do kolejnego, ostatecznego buntu przeciwko Rzymianom. W 132 roku n.e. Szymon bar Kochba po raz ostatni próbował przywrócić żydowską suwerenność w ziemi Izraela. Był przywódcą tego, co zostało nazwane trzecią wojną żydowsko-rzymską lub trzecim powstaniem żydowskim. Była to daremna, beznadziejna próba, ale zarówno rabin Akiwa, jak i jego bliski uczeń rabin Szymon Bar Jochaj, autor Księgi Zohar, poparli to powstanie [215], chociaż prawdopodobnie nie brali udziału w samej walce.

Johnson pisze, iż początkowo bunt był raczej udany „i spowodował wiele trudności Rzymianom" [216]. Trwał on aż cztery lata, a przez pewien czas Żydzi nawet odzyskali kontrolę nad Jerozolimą, ale bez murów okalających miasto, gdyż tych nie można było obronić. Ostatecznie armia rzymska pokonała rebeliantów, rabin Akiwa został stracony, a Bar Kochba również zmarł, prawdopodobnie z powodu śmiertelnego ugryzienia przez węża [217]. To ostatecznie zakończyło historię państwa żydowskiego w okresie starożytności.

Ziemia, która miała żywić naród zbudowany na miłości do bliźniego, wygnała swój lud właśnie dlatego, iż stał się on symbolem bezpodstawnej nienawiści. Jako taki, był niegodny swojej państwowości, przynależności czy suwerenności. Oficjalnie zachowali ci ludzie miano Żydów, ale istota bycia Żydem, zawierająca się w dogmacie „kochaj bliźniego jak siebie samego", nie była już między nimi obecna. Złamali przysięgę, którą złożyli jakieś siedemnaście stuleci wcześniej, aby „być jednym człowiekiem z jednym sercem" i przenosić tę jedność na cały świat, tak aby ludzkość również stała się jednością. A kiedy przysięga została złamana, przestali być jednym narodem i cofnęli się do stanu zbiorowiska obcych sobie ludzi, których łączyła jedynie nazwa. Obecnie Żydzi jednoczą się tylko wtedy, gdy zmusza ich do tego nienawiść ze strony świata. Teraz, gdy świat obwinia ich za wszystko, co jest złe i bolesne, ta nienawiść właśnie utrzymuje tę społeczność przy życiu. Bez wrogości narodów świata przestalibyśmy istnieć już wiele pokoleń temu.

Jak zobaczymy w dalszej części tej książki, historia nie pozwoli naszemu ludowi zginąć. Nie pozwoli nam też żyć w pokoju, dopóki nie wypełnimy naszego zadania. Nawet na wygnaniu obowiązuje nas zasada jedności jako naszego wybawienia, a za każdym razem, gdy o niej zapominamy, płacimy za to wysoką cenę.

Rozdział 4
Hiszpania – Żydzi dawni oraz ich następcy

„Wzrost tendencji asymilacyjnych u Żydów zawsze powodował nasilenie się antysemityzmu, a zwłaszcza (co brzmi szczególnie paradoksalnie) wzrost oskarżeń o partykularyzm" [218].

prof. Solomon Lurye

Jak mogliśmy przeczytać w poprzednich rozdziałach, w starożytności naszymi największymi nieszczęściami zawsze były nasze konflikty wewnętrzne. Nawet na wygnaniu możemy zauważyć inną formę tego samego zjawiska: ilekroć zauważalny jest ruch Żydów poza ich krąg i tendencja do mieszania się z kulturą gospodarza, wtedy ta kultura gospodarza odrzuca ich wysiłki.

Zazwyczaj i paradoksalnie obwinia się ich również o to, że się nie asymilują, co dokładnie miałoby miejsce, gdyby kultura gospodarzy ich nie odrzuciła.

Jak wszystko inne w antysemityzmie, w tym paradoksie nie ma logiki, ale tylko samo przeczucie ze strony narodów, iż Żydzi są winni za wszystko, co w tej chwili im doskwiera. Jedyne, co się w tym wszystkim zmienia, to wina, pretekst do nienawiści. Klasyczny antysemityzm, współczesny antysemityzm, antysemityzm w starożytności – one wszystkie są nazwami tego samego zjawiska: nienawiści do Żydów. Preteksty nadają im tylko różne nazwy, ale wciąż jest to ta sama nienawiść do Żydów pod różnymi szyldami.

Zniszczenie Drugiej Świątyni i okrucieństwa, które Żydzi wyrządzili sobie nawzajem podczas walki z Rzymianami, były przypieczętowaniem upadku żydowskiej jedności. Pomimo twierdzenia antysemitów, iż Żydzi trzymają się razem, nie przywróciliśmy naszej jedności, od kiedy rozpadła się dwa tysiące lat temu, a przynajmniej nie do poziomu, jaki mieliśmy osiągnąć u podnóża góry Synaj i jaki na krótki czas osiągnęliśmy przed upadkiem Świątyni.

Podczas wygnania w Babilonie większość naszego ludu zasymilowała się z kulturą babilońską, w efekcie czego zniknęły wszystkie plemiona żydowskie, za wyjątkiem dwóch. Podczas panowania Seleucydów nad królestwem Judy w czasie istnienia Drugiej Świątyni większość Żydów uległa zhellenizowaniu, a ich społeczność stopniowo zaniknęła. Niemniej od czasu upadku Drugiej Świątyni i rozproszenia naszego ludu tendencja Żydów do wtapiania się w kulturę gospodarza nasiliła się do tego stopnia, iż stała się naszą najbardziej dominującą cechą. Gdyby nie antysemityzm, nasze plemię dawno by już zniknęło, podobnie jak wszystkie inne starożytne narody.

Paradoksy otaczające antysemityzm mogą tłumaczyć uporczywe istnienie narodu żydowskiego. Wielu poetów, autorów i historyków na przestrzeni wieków rozważało zagadkę żydowskiej wytrwałości wbrew wszelkim przeciwnościom. Nawet sami Żydzi w każdym swoim pokoleniu uważali siebie za przedstawicieli umierającej wiary. Urodzony w Polsce elokwentny żydowski filozof amerykański Simon Rawidowicz w piękny sposób przekazał ten stan rzeczy. W swojej trafnie zatytułowanej książce *Israel, the Ever-Dying People* (Izrael, naród wiecznie umierający) Rawidowicz pisze: „Ten, kto studiuje historię Żydów, z łatwością odkryje, iż w diasporze nie było pokolenia, które nie uważałoby się za ostatnie ogniwo łańcucha całego Izraela. Każdy z nich nieustannie widział przed sobą otchłań, która była gotowa go pochłonąć. Niewiele było pokoleń, które pracując, upadając i podnosząc się, będąc wyrwane z korzeniami i zapuszczając nowe korzenie, nie napełniałoby się najgłębszym niepokojem, czy nie stoją już nad grobem swojego narodu [...]. Każde pokolenie opłakiwało nie tylko siebie, ale też wielką przeszłość, która miała zniknąć na zawsze, a także przyszłość nienarodzonych pokoleń, które nigdy nie ujrzałyby światła dziennego" [219].

Jednakże pomimo całego swojego strachu Żydzi wciąż tutaj są. „Jeśli chodzi o rzeczywistość historyczną", kontynuuje Rawidowicz, „mamy tu do czynienia z fenomenem, który praktycznie nie ma żadnej analogii w historii ludzkości: naród, który nieustannie zanika przez ostatnie dwa tysiące lat, eksterminowany w wielu krajach na całym świecie, zredukowany do połowy lub jednej trzeciej populacji przez tyranów starożytnych i współczesnych, a jednak nadal istnieje [...]. Nie ma narodu bardziej umierającego niż Izrael, ale też nikt nie jest lepiej przygotowany na katastrofę" [220].

Ostatni raz, kiedy mieliśmy jakąś formę samorządności, choć krótkotrwałą i ograniczoną, to był okres buntu Bar Kochby, który ostatecznie zakończył się w roku 135 n.e. Od tamtego czasu wciąż przebywamy na wygnaniu. Podczas wygnania byliśmy wydalani lub eksterminowani (czy też jedno i drugie) w krajach gospodarzy ponad 800 razy! [221] Na całej ziemi praktycznie nie ma miejsca, w którym nie mieszkaliby Żydzi, i praktycznie nie ma też miejsca, z którego nie byliby w pewnym momencie bezwzględnie wyrzucani lub po prostu unicestwiani.

Koniec zgodnej koegzystencji

Spośród wszystkich prześladowań i wydaleń narodu żydowskiego jeden wyróżnia się w szczególny sposób. Historia rozkwitu i upadku hiszpańskiego żydostwa była symbolem doświadczeń Żydów na wygnaniu - łącząc ze sobą wielkie osiągnięcia oraz gorzki koniec. Do czasów Holokaustu wydalenie Żydów z Hiszpanii było największą tragedią światowego żydostwa po zniszczeniu Drugiej Świątyni. Nawet po okropnościach Holokaustu historia sefardyjskich [hiszpańskich] Żydów jest nadal otwartą raną w zbiorowej pamięci narodu.

Jednak, jak zobaczymy, nosi ona wyraźne podobieństwo do wszystkich innych upadków, których nasz naród doświadczył na przestrzeni wieków. Dlatego też zanurzenie się Żydów w społeczność i kulturę Hiszpanii oraz późniejsze wydalenie ich z kraju należy postrzegać raczej jako część historii Żydów niż jako wyjątkowe wydarzenie. Taki sposób patrzenia na sprawy pomoże nam lepiej zrozumieć i umieścić naszą obecną sytuację na arenie światowej w odpowiednim kontekście.

Obecność Żydów w Hiszpanii rozpoczęła się bardzo wcześnie. Profesor historii żydowskiej z uniwersytetu City University of New York Jane Gerber pisze, iż „Żydzi prawdopodobnie dotarli do najdalej na zachód wysuniętego brzegu Morza Śródziemnego [Półwyspu Iberyjskiego, z grubsza dzisiejszej Hiszpanii i Portugalii] już w starożytności, kiedy Druga Świątynia wciąż jeszcze stała w Jerozolimie" [222]. Początek osadnictwa żydowskiego w Hiszpanii był także początkiem skomplikowanych judeochrześcijańskich relacji. Icchak Baer, uznany historyk i znawca średniowiecznej hiszpańskiej historii Żydów, pisze, iż „pierwsi Żydzi, którzy osiedlili się w Hiszpanii, byli częścią starożytnej diaspory, rozproszonej po wszystkich zakątkach Cesarstwa Rzymskiego. Już apostoł Paweł zamierzał odwiedzić Hiszpanię, aby niewątpliwie nawiązać kontakt z mieszkającą tam społecznością judeochrześcijańską" [223].

Profesor Gerber zauważa, że po dwóch wiekach prześladowań Żydów w Hiszpanii początek VIII wieku stanowił nową erę w życiu hiszpańskich Żydów. Rok 711 przyniósł koniec Królestwa Wizygotów w Hiszpanii, które było zjadliwie antysemickie. Stopniowo wykształciła się tam wyjątkowa relacja, w której trzy religie abrahamowe - judaizm, chrześcijaństwo oraz islam - osiągnęły stan pozytywnego współistnienia, które wzbogaciło wszystkie trzy religie, a jednocześnie szanowało zwyczaje każdej z nich.

Norman Roth, profesor historii żydowskiej na Uniwersytecie w Wisconsin, opisuje niezwykłe relacje między Żydami, chrześcijanami i muzułmanami w tamtym czasie: „Tak niezwykła, można powiedzieć wyjątkowa, była natura tych stosunków", pisze, iż "w języku hiszpańskim używane jest specjalne określenie [...] *convivencia* [z grubsza oznacza "życie razem we wzajemnej sympatii]. Faktem jest, iż prawdziwy zakres tego, co określa się mianem 'convivencia' w średniowiecznej chrześcijańskiej Hiszpanii, nie został jeszcze w pełni ujawniony" [224].

Convivencia w Hiszpanii trwała przez wiele stuleci. W swojej książce zatytułowanej *Conversos, Inquisition, and the Expulsion of the Jews from Spain* (Conversos, inkwizycja i wypędzenie Żydów z Hiszpanii) Roth kontynuuje analizę subtelnych konsekwencji zgodnej koegzystencji dla trzech wyznań w średniowiecznej Hiszpanii. "Szczególna sytuacja w symbiotycznych stosunkach między Żydami, muzułmanami i chrześcijanami w Hiszpanii ma specjalny termin, nieprzekładalny na angielski, który brzmi 'convivencia'. Nazywanie tego "wspólnym życiem" lub współistnieniem, jak to się czasem robi, jest nieprecyzyjne, ponieważ ludzie przecież mogą żyć razem, a jednak nie lubić się wzajemnie. W rzeczywistości istniała wtedy współzależność trzech narodów w średniowiecznej Hiszpanii, zjawisko, które przetrwało chrześcijańską rekonkwistę muzułmańskiej Hiszpanii, która to zakończyła się w XIII wieku. Także muzułmanie żyli wtedy wraz z chrześcijanami, choć w mniejszym stopniu niż Żydzi. Chrześcijanie zawdzięczali wiele muzułmanom oraz Żydom zarówno w życiu kulturalnym, jak i codziennym" [225].

Jednakże sytuacja zaczęła obracać się przeciwko Żydom, kiedy ci zaczęli porzucać własne korzenie i zwracać się przeciwko byłym współwyznawcom. Podstawowe zasady dotyczące Żydów nie zmieniły się po prostu tylko dlatego, że zostali oni wygnani z ziemi Izraela. Jedność Żydów jako warunek powodzenia i żydowska niezgoda jako sprawca przeciwności losu była, jest i zawsze będzie naczelną zasadą dla narodu żydowskiego. Gdy o tym zapominamy, wtedy inne narody nam o tym przypominają, a tego typu przypomnienie nazywa się właśnie „antysemityzmem".

Kiedy Żydzi zjednoczyli się w starożytności, zanim jeszcze zaczęli przyjmować hellenizm, Ptolemeusz II Filadelfos powiedział o ich naukach, iż [dzięki nim] „nauczył się, jak powinien rządzić swoimi poddanymi" [226]. Kiedy Żydzi byli zjednoczeni, narody „szli do Jerozolimy i widzieli Izrael [...] i mówili: 'Właściwym jest przylgnąć tylko do tego narodu'" [227]. Ale kiedy Żydzi się rozdzielali i chcieli opuścić swoje plemię, „[...] zawsze powodowało to nasilenie się antysemityzmu, a w szczególności [...] wzrost oskarżenia o partykularyzm" [228], choć może to brzmieć paradoksalnie. Mówiąc wprost, społeczeństwo, które zostało stworzone jako „prekursor", jak ujął to Paul Johnson, nie może zrzec się swojego zadania.

My, Żydzi, jak napisałem wcześniej, uformowaliśmy nasz lud z fragmentów obcych, często rywalizujących ze sobą narodów, plemion i klanów, które żyły w starożytnej Mezopotamii oraz na Bliskim i Środkowym Wschodzie. Abraham zjednoczył nas pod hasłem „Miłość pokryje wszystkie występki" (Przysłów 10:12). Kiedy Mojżesz zjednoczył nas ponad wszystkimi naszymi licznymi różnicami i sporami, otrzymaliśmy wtedy zadanie: pokazać światu, jak wznieść się ponad konflikty dzięki jedności i miłości do bliźnich, a w ten sposób być „światłem dla narodów". Od tego czasu tak długo, jak utrzymywaliśmy naszą jedność, wiodło nam się znakomicie, natomiast kiedy ją porzucaliśmy, byliśmy bici tak bardzo, iż ledwo przeżyliśmy.

W połowie XIV wieku Żydzi w Hiszpanii rozpoczęli przyspieszony proces asymilacji i opuszczania własnego plemienia. Nie zjednoczyliśmy się jeszcze od czasów upadku Drugiej Świątyni, ale całkowita asymilacja, nawrócenie się na inną wiarę oznacza odrzucenie szansy na przywrócenie jedności, a tego nie wolno nam robić. W związku z tym, kiedy hiszpańscy Żydzi zaczęli się nawracać, antysemityzm zaczął się dynamicznie rozwijać.

Michael Grant, angielski klasycysta, pisarz i profesor na Uniwersytecie Cambridge, zauważył, że Żydzi nie potrafili się w pełni zasymilować nawet w starożytności: „Żydzi okazali się być nie tylko niezasymilowani, ale wręcz niezdolni do asymilacji" – pisze on. „[...] Wykazanie, iż tak jest, okazało się jednym z najważniejszych punktów zwrotnych w historii Grecji ze względu na gigantyczny wpływ, jaki [Żydzi] wywierali na kolejne wieki przez swoją religię, która nie tylko przetrwała nietknięta, ale później zrodziła chrześcijaństwo" [229].

Antysemici, filosemici i inni ludzie na przestrzeni wieków zaintrygowani judaizmem zauważyli, że Żydzi zdołali przeżyć w okolicznościach, w których inne narody dawno by wyginęły; zastanawiają się nad tą żydowską wytrwałością, ale nie potrafią jej wyjaśnić. Wiedzą często, iż ma to pewien związek z powołaniem Żydów, lecz nie są w stanie wskazać na naturę tego powołania – czyli na przyniesienie światu jedności dzięki wzniesieniu się ponad wszelkie zbrodnie.

Jeden z najbardziej poetyckich cytatów w tej kwestii przypisuje się słynnemu rosyjskiemu pisarzowi - Lwowi Tołstojowi. Czasopismo „Świat żydowski" opublikowało go w 1908 roku i niezależnie od tego, czy Tołstoj rzeczywiście go napisał, fragment ten odzwierciedla zdumienie narodów nad odpornością Żydów. Poniżej znajduje się nieco skrócony fragment tej wypowiedzi: „Kim jest Żyd? [...] Jakim wyjątkowym stworzeniem jest to, które wszyscy władcy wszystkich narodów świata zhańbili, zmiażdżyli, wyrzucili i zniszczyli, prześladowali, palili i topili, a które - pomimo ich gniewu i furii - nadal żyje i rozkwita? [...] Żyd jest symbolem wieczności. [...] Jest tym, który tak długo strzegł proroczego przesłania i przekazywał je całej ludzkości. Tacy ludzie nigdy nie mogą zniknąć" [230].

Mówiąc o Rosjanach, samozwańczy antysemita i starszy członek Dumy [parlamentu rosyjskiego] Vasily Shulgin był prawdopodobnie jedną z najbardziej spostrzegawczych osób w odniesieniu do roli Żydów na świecie i tego, w jaki to sposób wypełniali oni tę rolę w starożytności. W swojej wcześniej już wspomnianej książce pod tytułem *Czego w nich nie lubimy...* (wielokropek w oryginalnym tytule) pisze on: „Nie odczuwam żadnego dobra w żydostwie. Możecie pociąć mnie na kawałki; róbcie, co chcecie, nie czuję tego! Byłbym szczęśliwy, mogąc to odczuć. Z przyjemnością pokłoniłbym się ponownie apostołom żydowskim, tak jak wcześniej się im kłanialiśmy [w starożytności]. [...] Ale gdzie są ci osobnicy, którzy przestali być ludźmi odkąd duch świętości przestał tworzyć aurę nad ich głowami?" [231]. Czytając te słowa, napisane piórem wściekłego antysemity, który oprócz kilku fragmentów poświęcił całą swoją książkę na tyrady i deklamacje o tym, jak to Żydzi wykorzystują ludzkość, powinniśmy z uwagą traktować jego słowa, ponieważ on nie tylko nienawidzi Żydów, ale też mówi nam, jak bardzo by nas kochał, gdybyśmy tylko poprowadzili ludzkość w stronę dobra, co stanowi prawdziwe powołanie ludu Izraela.

Wracając jednak do tematu tego rozdziału, w połowie czternastego wieku Żydzi w Hiszpanii zaczęli coraz bardziej i coraz szybciej oddalać się od judaizmu. W rezultacie tego antysemityzm bardzo się nasilił, a pod koniec wieku stał się już pełną formą prześladowania.

„Latem 1391 r. miała miejsce cała seria ataków na Żydów na obszarze całej Kastylii, a wkrótce potem w Aragonii, Katalonii, na Majorce i Walencji", pisze Norman Roth. „Miało wtedy miejsce wiele rabunków i grabieży, a pewna liczba Żydów została zabita" [232]. Według zapisów znajdujących się w Żydowskiej Bibliotece Wirtualnej „6 czerwca [1391 r.] tłum zaatakował dzielnicę żydowską w Sewilli ze wszystkich stron i zamordował 4000 Żydów; reszta poddała się obrzędowi chrztu jako jedynemu sposobowi ucieczki przed śmiercią. Podczas trwających kilka miesięcy zamieszek dzielnica żydowska w Kordowie została spalona, a ponad 5000 Żydów zostało bezlitośnie zamordowanych bez względu na wiek i płeć. Kolejny raz jeszcze większa grupa Żydów nawróciła się, widząc w tym jedyny sposób na uniknięcie śmierci. [...] Po prześladowaniach w 1391 r. wielu Żydów nawróciło się, ale wciąż tysiące innych nadal potajemnie praktykowało judaizm (ludzie ci byli znani jako marranowie). Dzięki swemu talentowi i bogactwu oraz dzięki małżeństwom ze szlacheckimi rodzinami konwertyci [znani jako conversos] i marranowie zyskali znaczący wpływ w państwie i obsadzili ważne urzędy państwowe" [233].

Jednakże masakra z 1391 roku zaostrzyła tylko istniejący już problem: przyspieszone nawrócenie Żydów. „Do roku 1391 nawrócenie w obliczu prześladowań było dosłownie nie do pomyślenia w krajach chrześcijańskich", pisze Jane Gerber. „Kiedy Żydzi stanęli w obliczu furii tłumów w Nadrenii podczas pierwszej i drugiej wyprawy krzyżowej w latach 1096–1147, bez wahania wybrali męczeństwo, stając się przykładem, który znalazł odzwierciedlenie w żydowskiej liturgii i wspólnej pamięci [...]. Ich męczeństwo [...] uznano za coś normalnego. Biorąc pod uwagę kontekst długoletniej tradycji judaistycznej, zbiorowe nawrócenie w 1391 r. prawie 100 000 Żydów [...] jest dowodem ogromnej erozji wiary" [234]. Ponieważ rozproszenie Żydów nastawia narody przeciw nim, „Obecność tych nowych nawróconych znanych jako 'conversos' będzie źródłem przedłużającej się udręki dla Żydów, a także narastającego antagonizmu ze strony ludności chrześcijańskiej", podsumowuje Gerber [235]. W niektórych miejscach, takich jak na przykład Kordowa, prawie nie było już żadnych Żydów. Cała reszta przeszła na chrześcijaństwo.

Jak to zawsze bywa, asymilacja wywołała „narastające antagonizmy", jak to ujęła Gerber. Chrześcijanie stawali się coraz bardziej wrogo nastawieni do Żydów, a zwłaszcza do konwersów, gdyż wątpili w szczerość ich nawrócenia, a ponadto wielu z tych nawróconych zaczęło wspinać się po drabinie społecznej i dotyczyło to nawet sfery duchowieństwa.

Być może w celu udowodnienia swojej lojalności wobec nowej wiary lub ponieważ naprawdę nienawidzili swojej poprzedniej, wielu z nawróconych nie tylko stało się wybitnymi duchownymi, ale wręcz często cechował ich zjadliwy antysemityzm. Niektórzy z nich wykazali się nawet nieprzeciętną aktywnością w prowadzeniu kampanii przeciwko Żydom, która zakończyła się wydaleniem, i byli oni jednymi z najbardziej zagorzałych jej zwolenników.

Najbardziej znaną historią jest oczywiście historia Tomás'a de Torquemady, generalnego inkwizytora, o którym mówi się, iż pochodził „sam z rodziny konwersów" [236]. Mówi się, iż Torquemada był „siostrzeńcem znanego teologa i kardynała Juana Torquemady, który sam był potomkiem nawróconych" [237].

Chociaż niektórzy kwestionują wiarygodność źródeł, które świadczą o żydowskich korzeniach Torquemady, nie ulega wątpliwości, iż wielu Żydów, zwłaszcza żydowskich uczonych i rabinów, zostało wysokimi rangą duchownymi w hiszpańskim Kościele katolickim. „Nawrócenie Salomona ha-Lewiego, rabina Burgos, a wraz z nim całej jego rodziny miało miejsce na jakiś czas przed wydarzeniami z 1391 r.", pisze Norman Roth. „Jest to przykład nawrócenia motywowany nie strachem, lecz szczerą wiarą" [238]. Rabin Salomon ha-Lewi został biskupem znanym jako Pablo de Santa Maria, którego przykład „zainspirował innych, również byłego ucznia - Jehoszuę al-Lorqi, do nawrócenia. Można sobie wyobrazić, co takie nawrócenia oznaczały dla większej społeczności żydowskiej", podsumowuje Roth [239].

Następnie Roth opisuje współpracę między antysemickimi duchownymi chrześcijanami a konwertytami. „Jednym z najbardziej znanych antyżydowskich papieży średniowiecznych był Hiszpan - Benedykt XIII, 'antypapież' z Awinionu, którego jurysdykcję uznała cała Hiszpania. W roku 1413 wszczął on jeszcze jedną dyskusję [debatę pomiędzy żydowskimi i chrześcijańskimi duchownymi, mającą na celu ośmieszenie Żydów i spowodowanie ich nawrócenia] w mieście Tortosa w Katalonii, do której 'zaproszono' głównych żydowskich rabinów i myślicieli. Główny rzecznik strony chrześcijańskiej był nie kto inny jak [były uczeń obecnego biskupa Pablo de Santa Maria] Jehoszua al-Lorqi, który po nawróceniu przyjął imię Jeronimo de Santa Fe i który stał się czołowym teologiem chrześcijańskim. Rezultatem tej dyskusji, która trwała do następnego roku, było ponowne nawrócenie dużej liczby Żydów, w tym wielu rabinów i innych wybitnych przywódców, wśród których byli nawet ci, którzy sami brali udział w tej dyskusji" [240].

Faktem jest, jak pisze później Roth, iż „Najważniejsi konwertyci, którzy przez wiele lat byli biskupami, urzędnikami kościelnymi i pisarzami teologicznymi, byli członkami rodziny Santa Maria-Cartagena. Należeli do nich Pablo, biskup najpierw Kartageny, a następnie Burgos, jego syn Alonso de Cartagena, który zastąpił ojca na obu godnościach, i wielu innych. Juan Diaz de Coca, syn Alonsa Diaz, jednego z synów Pabla, był biskupem miasta Calahorra. Innym ważnym członkiem tej rodziny, który także piastował funkcję biskupa, był Juan Ortega de Maluenda" [241].

Jednakże szybki awans społeczny nawróconych nie okazał się korzystny ani dla nich samych, ani też dla reszty Żydów. Jak już zauważyła wcześniej Gerber, obecność tych nowych nawróconych była „źródłem przedłużającej się udręki dla Żydów i narastającego antagonizmu ze strony ludności chrześcijańskiej". Brytyjski historyk Cecil Roth wnikliwie analizuje tę kwestię, stwierdzając, iż „przymusowe i dobrowolne konwersje tego okresu uwolniły dziesiątki tysięcy [byłych Żydów] od ograniczeń prawnych, kulturowych i religijnych, które utrzymywały ich jako osobną grupę, kiedy jeszcze byli Żydami. Konwertyci hiszpańscy wkroczyli do katolicyzmu i społeczeństwa chrześcijańskiego energicznie i entuzjastycznie, szybko penetrując kastylijską klasę średnią i wyższą i zajmując najważniejsze pozycje w królewskiej administracji i hierarchii kościelnej" [242]. Jednak, jak zaobserwował historyk starożytności i autor pracy „Antysemityzm w starożytnym świecie" profesor Solomon Lurye - którego już cytowaliśmy na początku tego rozdziału - wyłonił się wtedy ponownie paradoks antysemity-zmu. Z jednej strony Hiszpanie katoliccy stali się wrogo nastawieni wobec Żydów. Z drugiej zaś strony nie znosili tych, którzy się już nawrócili. Tragiczne skutki tego paradoksu, konkluduje Roth, było takie, iż „Wrogość mas wobec nowej chrześcijańskiej elity [nawró-conych] doprowadziła najpierw, w połowie XV wieku, do znanych 'Ustaw o czystości krwi' ('poprzednika' nazistowskich praw raso-wych), a następnie, na początku lat osiemdziesiątych XV wieku, do ustanowienia hiszpańskiej inkwizycji" [243]. Hiszpańska inkwi-zycja, co jest paradoksalne, została zainicjowana i wypromowana przez nawróconych „weteranów" poprzednich generacji, takich jak Tomás de Torquemada.

Innymi słowy, zarówno prawo czystości krwi, jak i hiszpańska inkwizycja nie były wymierzone w Żydów, ale raczej w tych, któ-rych nazywano „krypto-Żydami" lub „marranami". Według pro-fesora Roberta A. Maryksa „Czystość krwi (pureza [limpieza] de sangre) była owocem obsesyjnego niepokoju, który pojawił się w połowie XV wieku w Hiszpanii na podstawie stronniczego przekonania, iż niewierność „Żydów-bogobójców" (Żydów, któ-rzy zabili Boga) nie tylko przetrwała u tych, którzy nawrócili się na katolicyzm, ale także została przekazana wraz z krwią ich potomkom bez względu na ich szczerość w wyznawaniu wiary chrześcijańskiej. W związku z tym starzy chrześcijanie o „czy-stej krwi" uważali nowych chrześcijan za nieczystych i dlatego moralnie niezdolnych do bycia członkami ich wspólnot" [244].

Antysemiccy konwertyci

Chociaż Hiszpanie nie ufali nawróconym, wielu z nich zajmo-wało bardzo wysokie pozycje zarówno w rządzie, jak i w kościele.

Zostawali biskupami, spowiednikami szlachty hiszpańskiej i członków rodziny królewskiej oraz skarbnikami, gdziekolwiek się nie znajdywali w Hiszpanii.

Konwertyci, którzy wspięli się wysoko po hierarchicznej drabinie, często sami stawali się zagorzałymi antysemitami po to, aby udowodnić swoją pobożność, albo dlatego, iż naprawdę nie znosili swojej dawnej wiary, czy też z obu wspomnianych powodów. Według Jane Gerber, jak wspomniano wcześniej, „jednym z najbardziej znanych [spośród nich] był Salomon HaLewi. Ten były rabin Burgos, który został biskupem miasta pod imieniem nadanym na chrzcie - Pablo de Santa Maria, najbardziej był znany, niestety, ze swoich postaw i programów antykonwersyjnych. Jeszcze bardziej znaczący [w hierarchii Kościoła katolickiego] byli Bartolomeo Carranza, który został arcybiskupem Toledo, a następnie prymasem całej Hiszpanii; a także Hernando de Talavera, który został arcybiskupem Granady" [245]. Wreszcie „Istnieje jeszcze bardziej zadziwiający przykład pobożnego nawrócenia: patronka Hiszpanii, Teresa z Avili, pochodziła z rodziny konwertytów" [246].

Według Normana Rotha „Czasem wydaje się, że niektórym współczesnym chrześcijanom, jak i historykom żydowskim, tak trudno jest zaakceptować prosty fakt [...], że przeważająca większość Żydów, którzy się nawrócili, zrobiła to, ponieważ szczerze wierzyli w chrześcijaństwo i tak samo szczerze byli przekonani o fałszywości wiary żydowskiej. [...] Nic dziwnego, że wielu nawróconych wybrało karierę w jakiejś formie życia religijnego, a to stanowi kolejny dowód na szczerość ich chrześcijaństwa. Wielu z nich [nawet] wstępowało do zakonów i klasztorów" [247].

Udokumentowano wiele przypadków antysemityzmu lub antyjudaizmu, jak często odnosili się do tego sami konwertyci. Jednym z takich przypadków było oskarżenie o „mord rytualny" z 1468 r. Tamtego roku w Segowii przedstawiono sprawę sądowi, oskarżając Żydów o zabijanie chrześcijańskich chłopców w celu wykorzystania ich krwi. Biskupem Segowii był wówczas konwertyta Juan Arias Davila. Według Rotha „nakazał on aresztowanie nie mniej niż szesnastu Żydów «winnych» tej zbrodni. Niektórzy z nich zostali skazani na śmierć przez spalenie, inni uwięzieni, a jeden młodzieniec uratował się, przyjmując chrzest" [248].

Początkowo król Ferdynand i królowa Izabela mieli przychylne nastawienie do Żydów. Jednak konwertyci zdołali nastawić króla i królową przeciw Żydom, co ostatecznie doprowadziło do ich wydalenia z Hiszpanii. Profesor Roth pisze: „Na pytanie, czy ci konwertyci mieli cokolwiek wspólnego z przychylnym nastawieniem Fernanda oraz Izabeli do Żydów, można oczywiście odpowiedzieć przecząco. Podobnie jak większość nawróconych byli oni gorliwymi katolikami, a większość była zdecydowanie nastawiona antyżydowsko (szczególnie dotyczyło to duchowieństwa, ale także urzędników)" [249].

Innym przypadkiem aktywnie antysemickich nawróconych była rodzina Azariów. „Wszyscy bracia Azariowie nawrócili się, a jeden z nich - Martin de Santangel, był nikim innym jak inkwizytorem generalnym Aragonii" [250].

W Aragonii żyła jeszcze inna panująca rodzina: rodzina de la Cavalleria. „Jednym z najważniejszych członków rodziny", pisze Roth, „był Jaime de la Cavalleria, sędzia 'Świętego Bractwa' Saragossy" [251]. Według Rotha bractwo było w rzeczywistości organizacją o długiej tradycji w Kastylii, której celem miała być ochrona pokoju, ale w rzeczywistości za czasów monarchów katolickich została ona przekształcona w potężną quasi-religijną, quasi-wojskową instytucję, która często przysparzała problemów Żydom i konwertytom. „Bezpośrednio sprzeciwiając się wyraźnym rozkazom króla i królowej", stwierdza Roth, „inkwizytorzy i urzędnicy Saragossy zabronili Żydom wzięcia ze sobą jakiegokolwiek mienia, kiedy zostali wydaleni w 1492 r." [252].

Gerber potwierdza słowa Rotha w kwestii niesławnej rodziny de la Cavalleria. Pisze, że ocalały fragment hebrajskiej kroniki rodziny de la Cavalleria, napisanej bezpośrednio po wydaleniu, „sugeruje, iż intrygi sądowe z udziałem niektórych nieżyczliwych nawróconych w rodzinie mogły pomóc w uchwaleniu dekretu [wydalenia]. Byli to konwertyci 'przyzwyczajeni do zła grzechu, poczynając od czasów Fra Vicente [Ferrer]', którzy 'źle myśleli o narodzie Bożym' i 'spiskowali, aby zniszczyć imię Izraela w kraju'" [253].

Kolejnym przypadkiem, o którym chciałbym wspomnieć spośród wielu podobnych, jest sprawa Hernando de Talavera. De Talavera był mnichem, który został arcybiskupem Granady i spowiednikiem samej królowej Izabeli. On także pochodził z rodziny nawróconych. Roth pisze, iż de Talavera był „surowym krytykiem judaizmu" [254]. Oznacza to, że sprzeciwiał się judaizmowi jako religii, a także samemu istnieniu religii żydowskiej. Myśląc tak, sprzeciwiał się inkwizycji wymierzonej przeciwko konwertytom i chciał się skoncentrować jedynie na prześladowaniu Żydów. Utrzymywał jednak, że jak tylko się nawrócą, powinni być pozostawieni w spokoju. Jego zdaniem nie był on antysemitą, ale raczej zwolennikiem anty-judaizmu.

Alfonso był kolejnym członkiem wcześniej już wspomnianej rodziny de la Cavallera. „W 1484 r. Fernando napisał [...], że 'oddani inkwizytorzy' [Alfonso de la Cavalleria, wicekanclerz Aragonii, i Garcia Sanchez [...], także konwertyta] poinformowali go, iż Żydzi z wioski Cella, niedaleko Teruel, nie żyli odosobnieni od chrześcijan, jak powinni, a zatem wielkie «niebezpieczeństwa obrażające boski majestat i potępienie dusz chrześcijan» wynikają z faktu «współdziałania i rozmów» pomiędzy chrześcijanami a Żydami. W następstwie tego król nakazał, aby wszyscy Żydzi opuścili wioskę w ciągu ośmiu dni i aby w każdym miejscu, do którego się udadzą (w Hiszpanii), mieli na sobie kolorową odznakę" [255].

Jednak najbardziej nieprzejednanym i antysemickim ze wszystkich nawróconych był niewątpliwie wielki inkwizytor –Tomás de Torquemada. Chociaż sprawy nieustannie zmieniały się na gorsze zarówno dla Żydów, jak i konwertytów, kiedy to inkwizycja szalała w całej Hiszpanii, niemniej Żydzi pozostawali względnie bezpieczni, o ile pozostawali w granicach swojego odrębnego terytorium i nie próbowali mieszać się z chrześcijanami czy nawróconymi. Jednakże w mniemaniu Torquemady jedyna opcja gwarantująca to, iż konwertyci nie staną się Marranami, czyli krypto-Żydami, którzy udają żarliwych chrześcijan, ale potajemnie praktykują judaizm – polegała na całkowitym wydaleniu wszystkich Żydów z Hiszpanii i zabiciu tych, którzy odmówią wyjazdu.

Król Ferdynand i królowa Izabela nie byli całkowicie przekonani, że nie ma innej alternatywy, ale Torquemada, będąc spowiednikiem królowej od wielu lat, wywarł zdecydowany wpływ na parę królewską. Na początku 1492 r. udało mu się przekonać ich do wydania nakazu wydalenia wszystkich Żydów. Edykt ten, który stał się znany jako Edykt z Alhambry, został przygotowany bardzo starannie, z troską o to, aby wszystkie niezbędne szczegóły zostały w nim zawarte i wyjaśnione.

Kiedy Żydzi usłyszeli o tym, iż przygotowywano edykt wydalenia, starali się za wszelką cenę odsunąć zagrożenie. Widząc, iż nie są w stanie przekonać króla i królowej do anulowania go, próbowali „kupić" swoją wolność. Istnieje wiele wersji opowieści o tym, jak ostatecznie podjęto decyzję w sprawie opublikowania dekretu, ale wszystkie z nich podkreślają zasadniczy wpływ Torquemady na sfinalizowanie tego dekretu. Według Żydowskiej Biblioteki Wirtualnej „Don Isaac Abravanel [...] zaoferował Ferdynandowi oraz Izabeli 600 000 koron za uchylenie edyktu wydalenia. Jak się opowiada, Ferdynand zawahał się wtedy, ale Torquemada, wielki inkwizytor, wdarł się przed oblicze króla, rzucił krucyfiks pod nogi króla i królowej i zapytał, czy niczym Judasz chcą oni zdradzić Pana za pieniądze" [256].

Profesor historii żydowskiej Jacob Rader Marcus natrafił na bardziej dramatyczny obraz wydarzeń prowadzących do ogłoszenia dekretu, choć ogólny zarys działań i ich rezultat są takie same. W swojej książce „Żyd w średniowiecznym świecie" profesor Marcus szczegółowo opisuje te wydarzenia. Pisze, że umowa zezwalająca Żydom na pozostanie w Hiszpanii za sprawą wpłaty dużej sumy pieniędzy została prawie ukończona, kiedy to zniweczył ją przeor klasztoru Santa Cruz - Tomás de Torquemada. „Legenda głosi, że Torquemada", jak pisze Marcus, „grzmiącym głosem z krucyfiksem uniesionym ku górze powiedział królowi i królowej: 'Judasz Iskariota sprzedał swego pana za trzydzieści srebrników. Wasza Wysokość chce sprzedać go ponownie za trzydzieści tysięcy? Oto on [wskazał na krzyż], weź go i prze-handluj'" [257]. Król Ferdynand był naprawdę oszołomiony

tą gorliwą przemową, która rozwiała wszelkie wątpliwości, jakie mógł mieć odnośnie wykonania dekretu.

To, co stało się później, było jeszcze bardziej niesamowite. Marcus pisze, że królowa Izabela, która była obecna w pokoju, kiedy wpadł Torquemada, „udzieliła odpowiedzi przedstawicielom Żydów, która była podobna do powiedzenia króla Salomona [Przysłów 21:1]: 'Serce króla jest w ręku Pana, tak jak rzeki wody: kieruje je, gdziekolwiek chce'. Powiedziała ona ponadto: 'Czy wierzycie, że to od nas pochodzi? Pan umieścił to w sercu króla'" [258]. Następnie kończy Marcus, że Żydzi „zobaczyli, że zło zostało zamierzone przeciw nim przez króla i porzucili nadzieję na pozostanie" [259].

Edykt wydalenia

Podobnie jak w starożytności, Żydzi hiszpańscy cierpieli z powodu braku jedności. Ich próby nawrócenia sprowadziły na nich inkwizycję, która zakończyła się tym, że wszyscy Żydzi i niewiarygodni konwertyci (w oczach inkwizytorów) zostali wydaleni z Hiszpanii lub zabici.

Tak jak miało to miejsce w starożytności, zanim nadeszła katastrofa, poziom wrogości między Żydami i nawróconymi oraz brak zaufania Hiszpanów zarówno do Żydów, jak i konwertytów był już zbyt wysoki, aby można go było przezwyciężyć. Trudno jest wskazać tutaj jednoznacznie punkt krytyczny, ale po przekroczeniu pewnego poziomu wewnętrznej alienacji wśród Żydów tego koła wydarzeń nie można zawrócić. Jak zauważa z żalem

Gerber: „Niestety, nieustanne i rosnące nastroje antyżydowskie w całym kraju nie były w stanie połączyć Żydów w jedną silną organizację społeczną" [260]. Około 450 lat później taki sam scenariusz zobaczymy w nazistowskich Niemczech, ale o wiele bardziej tragicznych konsekwencjach niż ten wynik braku jedności u hiszpańskich Żydów, a w rzeczy samej był to scenariusz o wiele gorszy, niż ktokolwiek mógł go sobie wyobrazić, dopóki nie stał się faktem.

Co ciekawe, Edykt z Alhambry o wydaleniu wszystkich Żydów z Hiszpanii nie brzmi nienawistnie, ale jest raczej pragmatyczny i bardziej przypomina ogłoszenie sądowe. Załączone przetłumaczone fragmenty cytowane z drobiazgowego dzieła dr. Dawida Raphaela pokazują, jak banalnie może czasem brzmieć horror. Zaczyna się wszystko bardzo uprzejmie: „Don Ferdynand i Dona Izabel, dzięki łasce Boskiej Król i Królowa [...]" [261] i tutaj wymienia się wszystkie królestwa, którymi rządzili Ferdynand i Izabela. Następnie dekret wymienia wszystkich ludzi, do których miał być dostarczony: „Hrabiemu i hrabinie Barcelony oraz panom Bizkai i Moliny, książętom Aten i Neopatrii, hrabiom Rosellon i Sardynii" oraz wielu innym. Król i królowa nawet formalnie zwracają się do „księcia Don Juana, naszego drogiego i ukochanego syna".

Następnie dekret odnosi się do niemal każdej klasy, tytułu i zawodu w kraju. Wreszcie edykt zwraca się bezpośrednio do Żydów i to w tak praktyczny sposób, że nawet nie rozpoczyna się od nowego zdania: „[...] oraz biskupstwa i diecezje naszych rządów i włości [dobra panów feudalnych], oraz społeczności żydowskich ze wspomnianego miasta Burgos, oraz do wszystkich miast i wsi, a także miejsc naszych wspomnianych rządów i prerogatyw, oraz do wszystkich Żydów i każdego z osobna, a więc mężczyzn i kobiet w każdym wieku, i wszystkich innych osób o dowolnym statusie prawnym, godności lub pierwszeństwie lub też stanie, do którego odnosi się w jakikolwiek sposób to, co znajduje się poniżej w naszych pismach [dekrecie]". Następnie edykt kończy powitania otwierające następującym pozdrowieniem: „Pozostańcie w zdrowiu i łasce".

Po serdecznej przemowie król i królowa wyjaśniają „zbrodnie" Żydów, a mianowicie, że myślą, iż Żydzi starają się ponownie nawrócić konwertytów na judaizm: „Zostaliśmy poinformowani, że w naszych królestwach są źli chrześcijanie, którzy propagowali judaizm i odrzucali naszą świętą wiarę katolicką, co spowodowane było głównie przez kontakty Żydów z chrześcijanami. [...] Rozkazaliśmy, aby wspomniani Żydzi zostali oddzieleni we wszystkich miastach, wsiach i miejscach naszych królestw oraz włościach, oraz aby otrzymali żydowskie kwatery i oddzielne miejsca, w których mogliby mieszkać, mając nadzieję, iż to oddzielenie rozwiąże [problem]. Co więcej, postaraliśmy się i wydaliśmy rozkaz przeprowadzenia dochodzeń we wspomnianych królestwach i regionach, które [...] zostały dokonane i trwają, i z tego powodu znaleziono już wielu winnych, co jest wiadome".

Po opisaniu sytuacji Edykt przedstawia szkody, jakie widzą król i królowa: „Jest oczywiste i wiadome, iż wielkie szkody dla chrześcijan wynikają z uczestnictwa, rozmów i kontaktów, które oni [konwertyci] mieli z Żydami, którzy to zawsze starają się spowodować wszelkimi możliwymi sposobami odciągnięcie wiernych chrześcijan od naszej świętej wiary katolickiej i oddzielenie ich od niej, a także starają się ich przyciągnąć i wypaczyć szkodliwą wiarą i opinią, [...] dając im książki, z których można czytać ich modlitwy" oraz liczne inne żydowskie zwyczaje, do których przestrzegania namawiają nawróconych, „które przyczyniły się do wielkich szkód, ujmy i zła naszej świętej wiary katolickiej".

Pomimo całej krzywdy, którą widział król i królowa, jaką Żydzi wyrządzali konwertytom, przyznają oni, iż początkowo nie planowali wydalenia Żydów. „Pomimo tego, że byliśmy wcześniej informowani o większości tego typu przypadków, i zdając sobie sprawę, że prawdziwym lekarstwem na te rany [...] było zerwanie wszelkiej komunikacji wspomnianych Żydów z chrześcijanami i wyrzucenie ich z naszych królestw, staraliśmy się ograniczyć do nakazu usunięcia ich ze wszystkich miast i wiosek Andaluzji, gdzie wyrządzili wielką szkodę, wierząc, iż to wystarczy, aby inne miasta i wsie oraz terytoria naszych królestw i włości przestały czynić podobnie do tego, co zostało wymienione. A ponieważ jesteśmy poinformowani, że ani to, ani kary wymierzone w niektórych z tych Żydów, którzy zostali uznani za winnych tych zbrodni i wykroczeń przeciwko naszej świętej wierze katolickiej, nie są wystarczające jako całkowite lekarstwo na uniknięcie i zakończenie tak wielkiej opresji", uzasadnia się zatem Edykt o wydaleniu. „[...] Dlatego też za wskazaniem i radą niektórych prałatów, możnych i rycerzy naszych królestw oraz innych osób posiadających wiedzę i zaufanie naszej Rady [z których najbardziej znany był Torquemada] po wielu dyskusjach na ten temat postanawia się nakazać wszystkim rzeczonym Żydom i Żydówkom opuszczenie naszych królestw bez prawa powrotu do nich".

Następnie Edykt określa datę wydalenia. Sam Edykt został wydany 31 marca 1492 r. i stwierdzał, iż „do końca lipca bieżącego roku [1492]", zaledwie cztery miesiące od daty wydania, „wszyscy Żydzi i Żydówki w każdym wieku [...] żyjący, mieszkający i znajdujący się we wspomnianych królestwach lub włościach, zarówno tubylcy, jak i obcy, którzy w jakikolwiek sposób lub z jakiegokolwiek powodu mogli przybyć do królestw lub się w nich znaleźć", muszą opuścić te królestwa i włości wraz ze swoimi synami i córkami, służącymi oraz innymi żydowskimi domownikami [...] w każdym wieku".

W dalszej części ton Edyktu staje się surowy i złowieszczy, kiedy stwierdza się: „aby nie odważyli się do nich powrócić [królestwa lub włości], aby nie byli w nich, ani w żadnej z ich części, ani jako mieszkańcy, ani też podróżnicy, ani w żadnym innym charakterze pod groźbą kary, że jeśli się do tego nie zastosują [...] skaże się ich na śmierć i konfiskatę wszystkich ich rzeczy". Ponadto, kontynuuje Edykt: „Takie kary będą musieli ponieść przez sam swój czyn, bez procesu, wyroku lub oświadczenia".

Jakby tego było mało, każdy, kto pomógłby Żydom, również miał być surowo ukarany. „Rozkazujemy i stwierdzamy, że nikt w naszych rzeczonych królestwach bez względu na swój status, warunki czy godność nie odważy się przyjąć i dać schronienie w sposób jawny lub potajemnie jakiemukolwiek Żydowi lub Żydówce po upływie określonego lipcowego terminu". Jeśli to zrobią, Edykt ostrzega, że będą skazani na „cierpienie związane z utratą wszystkich rzeczy, wasali, majątków i innych dóbr ziemskich, a ponadto stracą wszelkie kwoty, jakie mogli od nas otrzymać".

Ostatecznie Edykt stanowi, iż dekret ten powinien być rozpowszechniany wszędzie i każdy musi o nim powiedzieć wszystkim w swoich rodzinach oraz wszystkim, których znają, „aby mogło zostać to zauważone przez wszystkich i aby nikt nie mógł udawać, że nic nie wie [o dekrecie]". Każdy chrześcijanin, który nie dostosował się do wszystkich części dotyczących chrześcijan, podlegał karze konfiskaty wszystkich swoich rzeczy i dóbr.

Dla hiszpańskiego żydostwa Edykt z Alhambry był niczym ich „Ostateczne rozwiązanie". Jak zobaczymy w dalszej części książki, pomimo oczywistych różnic pomiędzy Hiszpanią a Niemcami, a także między Edyktem z Alhambry a nazistowskim Ostatecznym Rozwiązaniem istnieje wiele krytycznych podobieństw między procesem, który miał miejsce w Hiszpanii, a tym, który wystąpił później w Niemczech. Podobieństwa te, kiedy odnieść je do procesu, który obecnie zachodzi w Ameryce, Europie Zachodniej i Izraelu, powinny uruchomić wielkie znaki ostrzegawcze. Jeśli mamy zapobiec kolejnej katastrofie w pełnej bólu historii naszego narodu, nie możemy ich ignorować.

Pomimo wszelkich podobieństw wydarzenia prowadzące do Holokaustu przedstawiają znacznie bardziej skomplikowany obraz niż ten, który doprowadził do wydalenia Żydów z Hiszpanii, chociaż był on równie bolesny. Współczesne formy antysemityzmu są silnie powiązane ze światowymi trendami oraz ideologiami, które rozprzestrzeniają się w całej Europie, a następnie na całym świecie. Z tego powodu, aby zobaczyć pełny obraz stosunku nazistowskich Niemiec do Żydów i do judaizmu jako całości, musimy również wziąć pod uwagę to, co działo się w innych częściach świata w tamtym czasie, a zwłaszcza w Palestynie. Aby to było możliwe, musimy przyjrzeć się korzeniom syjonizmu w Imperium Rosyjskim i temu, jak wiąże się to z tragedią europejskiego żydostwa. Będzie to zatem tematem kolejnego rozdziału.

Rozdział 5
Burze na południu i geneza syjonizmu

Analizując wydarzenia, które doprowadziły do Holokaustu, trudno nie zastanawiać się, dlaczego niemieccy Żydzi nie wyemigrowali z Niemiec. Naziści najwyraźniej nie chcieli Żydów wokół siebie, a wielu Żydów rzeczywiście zdawało sobie sprawę, iż nie mają przyszłości w Niemczech, i zdecydowało się na ucieczkę. Większość z nich jednak pozostała, z czego prawie wszyscy zginęli.

Często słyszaną odpowiedzią na pytanie, dlaczego Żydzi nie wyjechali, jest: nie mieli dokąd pójść, gdyż nikt nie chciał ich przyjąć. Rzeczywiście, żaden kraj nie otworzył im drzwi. Jednak gdy przyjrzymy się sytuacji w krajach, do których Żydzi chcieli się udać (a nie chcieli jechać byle gdzie), wyłania się bardzo złożony obraz.

Kiedy w styczniu 1933 r. Hitler doszedł do władzy, pierwszym i najbardziej oczywistym miejscem dla niemieckiego żydostwa miała być Palestyna. Syjoniści byli już w trakcie budowy „narodowego domu żydowskiego" w Palestynie, jak zostało napisane w Deklaracji Balfoura z 1917 r., a po tym, jak Liga Narodów udzieliła Imperium Brytyjskiemu mandatu do wypełnienia swojego zobowiązania w lipcu 1922 r., najłatwiejszym rozwiązaniem „kwestii żydowskiej" powinna była być masowa emigracja do Palestyny. To dałoby duży impuls do działania „domowi narodowemu", a jednocześnie rozwiązałoby „kwestię żydowską" w Niemczech. Jednakże masowa emigracja nie miała miejsca, a przyczyną tego nie byli ani arabscy mieszkańcy Palestyny, ani też Imperium Brytyjskie. Co może się wydać zaskakujące, problem leżał po stronie samych Żydów.

W dramacie, który rozegrał się w czasie, kiedy naziści doszli do władzy, wzięły udział dwie żydowskie grupy, a mianowicie syjoniści w Palestynie oraz niemieccy Żydzi. Budowa „domu narodowego" rozpoczęła się z dala od Palestyny i Niemiec, gdyż było to w Rosji w roku 1881. Dnia 15 kwietnia tego roku w mieście Elizawetgrad (obecnie Kropywnycki) rozpoczęła się długa, zabójcza i okrutna seria pogromów i zamieszek, która rozprzestrzeniła się na większą część południowej Rosji, na obszarze dzisiejszej Ukrainy.

Pogromy, które trwały ponad rok i stały się znane jako „Burze na południu" przez wzgląd na ich lokalizację w południowej Rosji, były pokłosiem morderstwa cara Rosji Aleksandra II, który, jak na ironię, był bardzo pozytywnie nastawiony do Żydów. Antysemici rozpowszechnili pogłoskę, iż to Żydzi zabili cara, i z tego powodu gniew ludzi szybko przybierał na sile. „Późniejsze antysemickie pogromy", pisze Friedrich Battenberg na stronie internetowej European History Online, „doprowadziły do zaprzestania [żydowskich] działań emancypacyjnych [...] i jednocześnie do powstania syjonizmu" [262].

Mikołaj I i Aleksander I – nękający carowie, którzy trzymali Żydów razem

Aby zrozumieć żydowską emancypację i pojawienie się syjonizmu, musimy przenieść się do Rosji z początku XIX wieku. „W ostatnich latach panowania Aleksandra I", uznany izraelski historyk Israel Bartal pisze, „po wojnach napoleońskich polityka rosyjska przybrała skrajny ton w stosunku do Żydów. [...] Z większą energią odrodziła się chrześcijańska orientacja, a Aleksander działał zdecydowanie we współpracy z organizacjami religijnymi posiadającymi cele misyjne. Uważał wtedy wbrew swoim wcześniejszym poglądom, że Żydzi mogliby zostać zintegrowani z państwem rosyjskim, gdyby nawrócili się na chrześcijaństwo" [263].

W celu realizacji swojej wizji Aleksander I założył w 1817 r. „Towarzystwo chrześcijan izraelickich, które obiecywało nawróconym ziemię w celu osiedlenia się na obszarach Nowej Rosji. Współpracował on również z Londyńskim Towarzystwem Promowania Chrześcijaństwa wśród Żydów oraz wspierał działalność brytyjskiego misjonarza Lewisa Way'a" [264].

W roku 1825 Aleksander I podczas podróży po południowej Rosji zmarł na tyfus, choć krążyły takie pogłoski, iż został mnichem - Fiodorem Kuźmiczem. Tak czy inaczej jego następca, młodszy brat Mikołaj I, który rządził od czasu śmierci brata do 1855 r., kontynuował starania zmarłego brata, aby skłonić Żydów do nawrócenia na chrześcijaństwo jako sposób na zintegrowanie ich ze społeczeństwem rosyjskim.

Pod rządami Mikołaja I rząd rosyjski wyszedł poza próby nawrócenia Żydów. Car próbował odciągnąć Żydów od ich tradycyjnych zawodów i włączyć ich w ogólne życie gospodarcze Rosji. Nałożył także na Żydów bolesny obowiązek „poboru Żydów do służby wojskowej [jako] skuteczny sposób 'korygowania' ich charakteru" [264].

Po poborze i reformach gospodarczych nastąpiły jeszcze gorsze kroki, a mianowicie próby reformy edukacji żydowskiej! „Od wczesnych lat czterdziestych car Mikołaj podjął kroki w celu wprowadzenia kompleksowej reformy statusu Żydów oraz interwencji w ich wewnętrzne życie kulturalne. Głównym celem stała się tradycyjna edukacja żydowska i jej kluczowy tekst - Talmud. Dla samego cara i jego ministrów religia żydowska była niezwykle ważnym elementem, który uniemożliwiał zintegrowanie Żydów z państwem rosyjskim. Wierzyli oni, że religijno-intelektualne dążenia Żydów - w szczególności ich intensywne studia nad Talmudem i literaturą rabiniczną - wywoływały ksenofobię, cechy odpychające, a także straty ekonomiczne. Innymi słowy, żydowska edukacja była oficjalnie postrzegana jako element polityczny wrogi państwu. Negatywny, niemal demoniczny obraz Talmudu jako wrogiego chrześcijaństwu i szerzącego nienawiść do społeczeństwa ludzkiego jako takiego [...] stał się [...] głównym problemem w wielu tekstach opisujących zachowanie społeczeństwa żydowskiego" [266].

Wcześniej wspominaliśmy o paradoksie, jaki zaobserwował profesor Solomon Lurye, który zauważył, że kiedy Żydzi próbują się asymilować, pobudzają antysemityzm, czyli paradoksalnie obwinia się ich za bycie separatystami i ich niechęć do asymilacji. Ale paradox przeciwny działa równie dobrze, a mianowicie kiedy Żydzi jednoczą się między sobą i zwiększają swoją spójność, antysemityzm maleje. Za każdym razem, gdy są atakowani, przywracają między sobą dawną więź, która została zniszczona wraz z murami Jerozolimy w I wieku n.e., i chociaż ich przywrócona jedność jest samolubna i przemijająca w przeciwieństwie do ich powołania szerzenia światła jedności wśród narodów (patrz rozdziały 1 i 9), niemniej jednak jest wystarczająco silna, aby utrzymać ich przetrwanie, choć nie bez szwanku dla nich samych.

Bardzo niewielu przywódców zauważyło tę powtarzalność historii i dlatego wpadło w pułapkę prób narzucenia swojej woli Żydom, a Mikołaj I nie był tutaj wyjątkiem. „Paradoksalnie", pisze Bartal, „car osiągnął przeciwieństwo tego, co zamierzał [rozproszyć społeczeństwo żydowskie]. [...] Ramy organizacji społecznej i jej spójności nadal funkcjonowały, zachowując odrębną tożsamość etnosu żydowskiego. To, co rosyjski rząd próbował zlikwidować poprzez formalną integrację, wzmocniło się i znalazło inne kanały zachowania ciągłości" [267].

Tak więc „pomimo wszystkich wysiłków rządu rosyjskiego [...] większość społeczeństwa żydowskiego utrzymała tradycyjny styl życia. Rząd wprowadził kompleksowe reformy zarówno w zakresie statusu prawnego Żydów [poprzez] włączenie ich do osiedli miejskich, jak i w zakresie ich samorządności [poprzez] zniesienie żydowskiej autonomii. [Rząd] próbował ograniczyć tradycyjną komunikację za pośrednictwem kanałów, które rozpowszechniały wierzenia i doktryny, [poprzez] kontrolę nad książkami, cenzurę i ograniczenia w druku. W rzeczywistości interwencja rządu nie przyniosła namacalnych rezultatów.

Liczba chasydów nie zmalała, studiowanie Talmudu nie zostało przerwane, a znajomość języka państwowego była ograniczona [...] do bardzo małej grupy zamożnych kupców. Trzydzieści lat rządów Mikołaja I nie spowodowało decydującej zmiany w stosunkach między rządem rosyjskim a Żydami" [268]. Przeciwnie, działanie te wywołały podejrzenia i wrogość, które stały się podstawą przyszłego radykalizmu, jaki pojawił się wśród Żydów, ponieważ „tradycyjna polityczna podstawa, na której autonomia żydowska spoczywała przez wieki - ich fundamentalna lojalność wobec rządu jako takiego - została zachwiana" [269].

Aleksander II - wielki reformator

W marcu 1855 r. zmarł Mikołaj I, a jego najstarszy syn Aleksander Mikołajewicz, lepiej znany jako Aleksander II, zastąpił go na tronie. „Aż do momentu jego wstąpienia na tron w 1855 r.", pisze Donald Mackenzie Wallace w The Encyclopedia Britannica z 1910 r., „nikt nie wyobrażał sobie, że będzie on znany potomkom jako wielki reformator. [...] W ciągu trzydziestu lat, kiedy był następcą tronu, moralna atmosfera Petersburga była bardzo niekorzystna dla rozwoju jakiejkolwiek oryginalności myśli lub charakteru. Był to okres rządów na zasadach służbowych, kiedy wszelka wolność myśli i wszelka prywatna inicjatywa były w miarę możliwości silnie tłumione przez administrację. [...] Tematów politycznych starannie unikano w ogólnej rozmowie, a książki lub gazety, w których najbardziej wyczulony cenzor prasy mógł wykryć najmniejszy zapach swobodnego myślenia politycznego lub religijnego, były surowo zabronione" [270]. Ponadto "Ku rozczarowaniu jego ojca, u którego dominował instynkt wojskowy, [Aleksander] nie wykazywał zamiłowania do żołnierki i dawał dowody swojej życzliwości oraz serdeczności, które to uważano za nie na miejscu u człowieka, którego przeznaczeniem było zostać wojskowym autokratą" [271].

Ale Aleksander II nie zostanie zapamiętany za swoją dobroć lub delikatność, ale raczej za wyrachowaną odwagę odwrócenia polityki ojca w sprawach edukacyjnych, społecznych i ekonomicznych, w tym za jego stosunek do Żydów. Odwaga Aleksandra II przyniosła mu wielkich wielbicieli, przyniosła mu znaczące osiągnięcia, ale ostatecznie doprowadziła również do jego przedwczesnego odejścia. W dniu 3 marca 1861 r., w szóstą rocznicę objęcia władzy, podpisał i opublikował prawo emancypacji chłopów pańszczyźnianych. Wkrótce potem wprowadził nowy kodeks karny i zreformował armię rosyjską. Aleksander II wyemancypował obszary wiejskie, które odtąd działały znacznie swobodniej. Trzeba jednak

podkreślić, że Aleksander II był bardzo ostrożnym carem i nie podejmował pochopnych kroków, które nie zostały dokładnie przeanalizowane. Reformy, które zamierzał podjąć dla ulepszenia kraju, postępowały powoli, często budząc niecierpliwość i niepokój, a nie podniecenie. „W efekcie tego powstały [...] dwie skrajne grupy: z jednej strony niezadowoleni konserwatyści, którzy zalecali powrót do surowszego reżimu dyscyplinarnego, z drugiej strony zaś niezadowoleni radykałowie, których satysfakcjonowałoby tylko przyjęcie dogłębnego programu socjalistycznego. Pomiędzy tymi dwoma skrajnościami stali niezadowoleni umiarkowani politycy, którzy dużo narzekali, nie wiedząc jednak, jak naprawić niezadowalający stan rzeczy" [272].

Stopniowo ludzie, którzy najbardziej cieszyli się z reform Aleksandra - młodzi i energiczni studenci, którzy w końcu mogli uczyć się nauk ścisłych i modernizować kraj - zwrócili się przeciwko swemu dobroczyńcy. Utworzyli ruchy rewolucyjne, które „stopniowo przybrały formę terroryzmu i miały na celu zabójstwa ważnych urzędników, a nawet samego cara. [...] Walka terrorystów z policją stawała się coraz bardziej intensywna, a próby zamachów były coraz częstsze" [273]. Wreszcie 13 marca 1881 r. rewolucjoniści odnieśli ogromny sukces. Tego dnia w pobliżu Pałacu Zimowego w Petersburgu wybuchła bomba, śmiertelnie raniąc Aleksandra II, co stanowiło początek nowej i mrocznej ery w całej Rosji, a także przyniosło „burze na południu" dla Żydów.

Aleksander II i Żydzi

Aleksander II był rewolucjonistą w swoim podejściu do edukacji, wojska, gospodarki i prawa w Rosji i podobnie wyglądał jego stosunek do Żydów. Uznany historyk i laureat literackiej Nagrody Nobla z 1970 r. Aleksander Isajewicz Sołżenicyn pisze, że Aleksander II „wyraził zamiar rozwiązania kwestii żydowskiej - i to w jak najbardziej korzystny sposób. W tym celu drastycznie zmieniono podejście do tejże kwestii. O ile za panowania Mikołaja I rząd miał za zadanie najpierw zreformować żydowskie życie wewnętrzne, stopniowo oczyszczając je poprzez produktywną pracę i edukację z konsekwentnym zniesieniem ograniczeń administracyjnych, to za panowania Aleksandra II polityka działań była odwrotna: zacząć od zamiaru zintegrowania tej populacji z rdzennymi mieszkańcami kraju [Rosjanami/Ukraińcami]" [274].

Gdy ograniczenia nałożone przez jego ojca Mikołaja I zostały zniesione, Żydzi zaczęli wyprowadzać się poza granice osiedlania (ziemie rosyjskie, na których Żydom zezwolono na stałe osiedlenie się) i migrowali do dużych miast. „Pod rządami Aleksandra II […] żydowska populacja Moskwy zaczęła gwałtownie rosnąć", pisze Sołżenicyn. W rzeczywistości wszystko, co jego ojciec Mikołaj I i Aleksander I przed nim próbowali osiągnąć na siłę, a mianowicie integracji Żydów z populacją ogólną, Aleksander II osiągnął, po prostu znosząc ograniczenia i otwierając przed Żydami drzwi uniwersytetów oraz dając im możliwość pracy w zawodach, których wcześniej nie wolno im było wykonywać.

Żydzi przeciw Żydom

Kolejną korzyścią dla rosyjskich władz wynikającą z otwarcia drzwi środowisk akademickich Żydom było to, że nowi 'maskilim' [zwolennicy ruchu Haskala (oświecenie żydowskie)], którzy pragnęli zostać częścią społeczeństwa rosyjskiego, obecnie postrzegali jako wroga nie rząd rosyjski, a establishment ortodoksyjnego żydostwa. Aleksandrowi II udało się rozdzielić Żydów właśnie dlatego, że przestał z nimi walczyć i pozwolił im robić, co chcieli. Od czasu upadku Świątyni - kiedy nienawiść zwyciężyła naród i spowodowała, iż Żydzi sami zgotowali sobie piekło ludobójstwa (zob. Rozdział 3) - większość Żydów chciała zintegrować się z kulturą gospodarza (a czasami nawet całkowicie znikali jako odrębna tradycja wiary). Właśnie tego typu zachowanie można było zaobserwować w XIX-wiecznej Rosji. Ten sam proces, który miał miejsce przed zniszczeniem Drugiej Świątyni, przed wydaleniem z Hiszpanii, przed Holokaustem w Niemczech i obecnie ma miejsce w Ameryce, wydarzył się również w XIX-wiecznej Rosji i zakończył się serią pogromów, które teraz nazywamy „Burzami na południu".

Przez pewien czas 'maskilim' z radością integrowali się ze społeczeństwem Rosjan, brali udział, a nawet odgrywali wiodącą rolę na rosyjskiej arenie politycznej. W przeciwieństwie do hiszpańskich Żydów z XV wieku, którzy nie mieli innej możliwości integracji jak przez nawrócenie, Żydzi rosyjscy w czasach Aleksandra II mogli pozostać Żydami, ale w wersji zmodernizowanej i dostosowanej do kultury rosyjskiej. Dlatego też, jak wyjaśnia profesor Bartal: „Maskilimowie nie chcieli, aby społeczeństwo żydowskie zniknęło, ani też nie dążyli do zaginięcia Żydów jako jednostek. Pragnęli jedynie 'zreformować' Żydów. Obraz przyszłego społeczeństwa, które chciała ukształtować Haskala, miał przedstawiać społeczność 'zreformowanych Żydów', a nie grupę 'nie-Żydów' zintegrowanych ze społeczeństwem powszechnym" [275].

Niestety, tolerancja wśród Żydów nigdy nie była jedną z naszych mocnych stron. Staliśmy się narodem, kiedy nauczyliśmy się jednoczyć ponad naszymi różnicami, nie umniejszając ich. Kiedy więc straciliśmy zdolność wznoszenia się ponad nasze spory w zjednoczeniu, pozostały nam już tylko spory, ale bez jedności. W rezultacie tego, chociaż „maskilimowie nie bardzo różnili się od Żydów ortodoksyjnych, te dwie grupy nienawidziły się wzajemnie" [276] i nie były w stanie tolerować siebie nawzajem, a tym bardziej stworzyć jakiegokolwiek związku.

„Stosunek 'maskilimów' do chasydyzmu stanowi wymowny przykład różnicy pomiędzy jednym obszarem a drugim", kontynuuje Bartal. „Galicyjska haskala, która miała wyraźnie racjonalny charakter, położyła nacisk na swoją walkę z chasydyzmem. Nic więc dziwnego, że czołowi maskilimowie w Galicji, autorzy Józef Perl i Izaak Erter, poświęcili znaczną część swoich tekstów na zjadliwe parodie i satyry wymierzone przeciw ruchowi chasydzkiemu. W tym sensie haskala na Litwie miała zupełnie odmienny charakter. Chociaż litewscy maskilimowie opowiadali się za programem podobnym do galicyjskiego, ich działalność nie koncentrowała się na silnej opozycji wobec chasydyzmu. Zamiast tego skupili się na argumencie, iż tradycyjne społeczeństwo żydowskie jako całość, a nie tylko jego część, jest niedoskonałe i wymaga reform" [277].

Innym przejawem opozycji ruchu haskali wobec żydowskich korzeni była „[...] postawa członków ruchu haskali w stosunku do jidysz. Od drugiej połowy XVIII wieku uważali go za zepsuty, zdegenerowany język, który należało wyrugować z kultury żydowskiej" [278].

Bywało także, iż nienawiść ortodoksyjnego żydostwa do maskilimów przybierała bardzo osobisty ton. Jeśli jakiś czołowy 'maskil' [zwolennik haskali] otwarcie wyrażał się pochlebnie o reformach, ortodoksyjny establishment surowo go za to karał. Tak było w przypadku Mojżesza Leiba Lilienbluma, który „odważył się zasugerować rabinom litewskim, że powinni dostosować wymagania Halachy [prawa żydowskiego] do warunków współczesnej epoki. Lilienblum napisał: «Doczekaliśmy dobrych czasów i żyjemy życiem tego kraju, chcemy żyć jak wszyscy inni ludzie, a będzie to wymagało wielu zmian w naszym życiu, a wy stajecie przeciwko nam, jakby nic się nie wydarzyło. Dlaczego nie uwolnicie nas od niektórych ograniczeń, tych dodanych przez nowych rabinów, które ciążą na nas niczym piasek na brzegu?» Nie trzeba było czekać długo na odpowiedź. Dzielny młody człowiek, który odważył się publicznie wyrazić swoją opinię na temat potrzeby dostosowania religii żydowskiej do czasów reform w

Rosji, był wykluczony ze środowiska w swoim mieście i eksko-munikowany. W liście do przyjaciela, poety J. Gordona, opisał on swoje wstrząsające doświadczenie: «W święto Szawuot zwo-łano spotkanie w domu rabina gminy w celu pozbawienia mnie środków do życia i wypędzenia z miasta. Wyznaczony przez rząd rabin poinformował mnie dzień po święcie, iż przywódcy miasta postanowili napisać list z oszczerstwami na mnie do gubernatora prowincji w Wilnie. [...] Wszyscy moi znajomi odsunęli się ode mnie. Nie mogę wejść do ich domów, ani też oni nie mogą odwie-dzić mnie ze strachu przed swoimi rodzicami. Jeśli przyszedłbym do domu modlitwy, uważano by mnie za jednego z wyklętych przez Boga; nikt by mnie nie witał, ani nie mógłbym też dołączyć do minjanu w modlitwie. Kiedy idę ulicami miasta, otacza mnie tłum chłopców krzyczących: 'Heretyk! Odstępca!'»" [279].

Z kolei maskilimowie nie byli wcale lepsi. „W oczach maski-limów chasydyzm nie tylko ucieleśniał zło irracjonalności, ale także hamował wszelki postęp. Robili wszystko, co mogli, aby przekonać władze Rosji, Austrii i autonomicznych regionów Polski, iż rozprzestrzenianie się chasydyzmu powinno zostać zahamowane, ponieważ stwarza zagrożenie polityczne, a nawet groźbę buntu przeciwko królestwu" [280].

Rzeczywiście, dla wielu asymilujących się rosyjskich Żydów „ich rodzima społeczność", a mianowicie ortodoksyjny judaizm, a nawet bardziej łagodna żydowska społeczność burżuazyjna, była „światem hipokryzji, ucisku, ignorancji i fanatyzmu reli-gijnego", pisze profesor historii Erich Haberer [281]. „Byliśmy [...]" Haberer cytuje Gregora Gurewicza, lidera jednego z krę-gów wyemancypowanych Żydów, „asymilantami zdetermino-wanymi do walki z ortodoksją i ciemiężcami społeczności. Stary kahał [kierownictwo wspólnoty ortodoksyjnej] stanowił dla nas okropny obraz, który przedstawiał przywódców wspólnoty [...] zarabiających na żydowskiej nędzy" [282]. W mniemaniu asymilantów ortodoksyjny judaizm „tłumaczył duchową i intelektualną stagnację oraz izolację ich ludu od 'reszty ludzkości' jako takiej, a w szczególności od społeczeństwa rosyjskiego" [283]. Wiele lat później takie nastawienie wobec żydowskich korzeni miało odegrać kluczową rolę, kiedy to ruch syjonistyczny w mandatowej Palestynie określił swoją politykę wobec swoich współwyznawców uciskanych w nazistowskich Niemczech i antysemickiej Polsce.

Z powodu tendencji asymilacyjnych wśród Żydów wielu z nich nie tolerowało swoich współwyznawców, którzy dążyli do utrzymania tradycyjnego stylu życia. Chcieli oni rozbić wszystkie pozostałości religijnych aspektów życia i czuli się bardziej komfortowo pośród antysemitów aniżeli wśród Żydów. „Z pewnością istniały uprzedzenia antyżydowskie [w rosyjskich kołach rewolucyjnych], ale były również rozpowszechnione wśród żydowskich socjalistów" - podsumowuje Haberer [284].

Rzeczywiście, w wojnie pomiędzy walczącymi frakcjami Żydów w Rosji nie było sprawiedliwych. „Przez cały dziewiętnasty wiek dwa rywalizujące ze sobą ruchy były zamknięte w bezkompromisowej walce, w której żadna ze stron nie wahała się angażować w prześladowania, informowanie władz, a nawet przemoc fizyczną. [...] To była wyjątkowo brutalna walka [...] pomiędzy dwoma duchowymi nurtami, z których każdy domagał się monopolu na definicję 'prawdziwego judaizmu'" [285].

Siejąc wewnętrzną nienawiść, zbiera się rosnący antysemityzm

Tak jak było to kiedyś i jest obecnie, kiedy Żydzi okazują sobie nienawiść, narody manifestują swoją nienawiść wobec nich. Naród rosyjski nie był tutaj wyjątkiem. Jak zostało wspomniane wcześniej, kiedy Aleksander II wstąpił na tron, starał się jak najlepiej adaptować kulturowo Żydów w rosyjskim społeczeństwie na swoich własnych warunkach, a nie siłowo narzucać im rosyjską edukację, tak jak bezskutecznie próbowali robić jego dwaj poprzednicy. Za panowania Aleksandra II - zdaniem Aleksandra Sołżenicyna - Rosja zachowywała się wobec Żydów jak „wszechpotężne, odosobnione źródło wsparcia postępowego społeczeństwa. Być może miało to miejsce na tle ucisku i pogromów, ale jednak w żadnym innym kraju [...] nie było to takie pełne. Nasza wszechstronna, kochająca wolność inteligencja wystawiła poza granice społeczeństwa i ludzkości nie tylko antysemityzm, ale nawet [ten], który nie popierał ich głośno i wyraźnie, a zwłaszcza [...] walki o równe prawa Żydów, był już uważany za 'nieuczciwego antysemitę'. Burżuazja - sumienna, wyjątkowo przewrażliwiona rosyjska inteligencja - starała się w pełni słuchać i skrupulatnie nauczyć się żydowskiego rozumienia priorytetów całego życia politycznego. Rosyjskie społeczeństwo nie tylko stanowczo broniło Żydów przed rządem, ale wręcz zakazywało sobie i innym okazywania choćby cienia krytyki odnośnie zachowania poszczególnych Żydów" [286].

Niemniej jednak kiedy Żydzi zwrócili się przeciwko sobie, błyskawicznie pojawił się antysemityzm. Początkowo objawiał się on głównie w formie pisemnej. Profesor Bartal pisze, że „prasa żydowska w Rosji [...] musiała stawić czoła pismom antysemickim, które stały się liczniejsze i bardziej ostre w latach siedemdziesiątych XIX wieku, i bronić społeczeństwa żydowskiego, które od czasu do czasu było zaciekle atakowane" [287].

Żydowscy maskilinowie zmagali się ze sprzecznymi uczuciami: z jednej strony byli Żydami i dlatego obawiali się niebezpieczeństw antysemityzmu, z drugiej zaś strony „wielu członków nowej żydowskiej inteligencji zgadzało się z ostrą krytyką antysemitów dotyczącą roli Żydów w gospodarce Europy Wschodniej" [288]. Rozwiązaniem, które wielu żydowskich maskilimów rozważało, było dążenie do „reformacji Żydów poza granicami imperium, w zagranicznych koloniach rolniczych" [289]. Pomysł reformowania Żydów poprzez rolnictwo zbiegł się z rosnącą świadomością wśród żydowskich maskilimów, iż ich własne plemię potrzebuje suwerennego państwa, co przedstawimy w dalszej części tego rozdziału.

Od asymilantów poprzez rewolucjonistów aż do terrorystów

Innym czynnikiem, który przyczynił się do wzrostu antysemityzmu, był fakt, że kiedy Żydzi uzyskali wolność wtapiania się w miejscową ludność, wielu z nich nie tylko unikało ortodoksyjnego społeczeństwa swojej młodości, ale także rzucało się w szeregi socjalistów i komunistów, stając się zagorzałymi rewolucjonistami. Jak wcześniej wspomniano, wielu zasymilowanych Żydów stało się liberałami i opowiadało się za ruchem haskali [oświecenia]. Erich Haberer wspomina o tym, co profesor Norman Naimark z Uniwersytetu Stanforda nazwał „pierwszą poważną książką, która systematycznie analizuje najważniejsze

kwestie związane z udziałem Żydów w rosyjskim radykalizmie"
[290]. Haberer twierdzi, że rosyjscy Żydzi przekształcili „starą
maskilimową [odnoszącą się do haskali] inteligencję w wykształ-
coną w Rosji elitę intelektualną, której poglądy i aspiracje były
ściśle powiązane z współczesnymi liberalnymi i radykalnymi
elementami rosyjskiego społeczeństwa" [291].

Haberer analizuje również integrację i rosnącą fascynację Żydów
radykalizmem i kręgami rewolucyjnymi. Według niego w 1872
r. proces ten już się rozpoczął, chociaż „dopiero pod koniec roku
1873 ich działalność przybrała rewolucyjne zabarwienie" [292].

Faktem jest, że u szczytu swojej emancypacji w carskiej Rosji
wielu Żydów uległo tak głębokiej radykalizacji, iż niektórzy z
nich stali się wręcz terrorystami. Na przykład Leizer Ioselevich
Zukerman dołączył do organizacji terrorystycznej 'Narodnaja
Wola' [Wola ludu] w 1879 r. i działał jako główny drukarz publikacji podziemnych [293]. Organizacja ta konsekwentnie atakowała najwyższe szczeble władzy w Rosji, a ostatecznie w marcu
1881 r. dokonała zamachu na samego cara Aleksandra II, który
był tak życzliwy i otwarty wobec Żydów.

Jednakże Zuckerman nie był ani pierwszym, ani nawet najbardziej zagorzałym żydowskim bojownikiem. Mark Andrejewicz
Natanson, student pierwszego roku na uniwersytecie w
Petersburgu, „szybko został zaabsorbowany przez zajęcia poza-
lekcyjne" [294]. „Zasługi Natansona jako rewolucjonisty i założyciela koła 'Czajkowców' w 1871 r. oraz tajnego stowarzyszenia
'Zemia i wolność' w 1876 roku są nieporównywalne z działalno-
ścią nikogo innego w tym czasie. Tworząc tajne stowarzyszenie
'Ziemia i wolność', z najwyższą zręcznością i jasnością widzenia dobrał pierwotną grupę członków i, żeby tak rzec, nasycił

ich własnym duchem działania i spisku. [...] Jego dzieło może być jedynie porównywane z tą niewielką grupą innowatorów: Morozowem, Kwiatkowskim i Aleksandrem Michajłowem, którzy w roku 1879 [...] [zapoczątkowali] 'Narodnaja Wola'" [295]. Gdy czternaście lat później grupa ta dokonała zamachu na cara, zapoczątkowało to 'Burze na południu', które przyniosły straszne cierpienia wszystkim Żydom w południowej Rosji i części Polski, co z kolei dało początek ruchowi syjonistycznemu.

Rosjanie często okazywali dezaprobatę wobec radykalnych tendencji Żydów i ich aspiracji asymilacyjnych. Według Sołżenicyna rosyjski filozof i teolog Władimir Sołowiow sprzeciwiał się całkowitemu włączeniu Żydów do społeczeństwa nieżydowskiego. Sołowiow uważał, że do tej pory „wyciszaliśmy osobliwości [...] narodu rosyjskiego, a podkreślanie ich nie jest antysemityzmem ani tłumieniem innych narodowości, takich jak narodowość żydowska" [296]. Zdaniem Sołowiowa „Między narodowościami powinna istnieć harmonia, a nie synteza" [297].

Jednak dla wielu rosyjskich Żydów nawet harmonia między Rosjanami a Żydami nie była wystarczająca. Dążyli oni do całkowitego połączenia. Co więcej, wielu z nich dążyło do całkowitego zniesienia wszystkich narodowości, całkowitego kosmopolityzmu. Aron Samuel Liberman, wiodący członek rewolucyjnego koła wileńskiego, „nie pragnął niczego więcej poza tym, że pod presją powszechnej rewolucji socjalistycznej robotników wszystkie podziały narodowe miały zniknąć wraz z [kapitalistycznym] monopolem we wszystkich jego przejawach w życiu ludzkości. Podobnie jak wszyscy jego towarzysze - socjalistyczni Żydzi, cieszył się on na myśl, że Żydzi ze względu na ich kosmopolityczny charakter i stale rosnącą tendencję asymilacyjną będą pionierami integracji całej ludzkości, tworząc ogólnoświatową, beznarodową republikę robotniczą". Ponadto Liberman uważał, iż „do tego czasu, szczególnie w Rosji, koniecznym było przyspieszenie tego procesu, ponieważ «propaganda musi rozpocząć się od wykorzenienia dumy narodowej i poczucia odrębności»" [298].

Żyd jest Żydem i nim będzie

Podczas gdy socjalistyczni i komunistyczni Żydzi dążyli do tego, aby wszyscy Rosjanie byli tacy sami, środowiska rewolucyjne w Rosji postrzegały te sprawy zupełnie inaczej. Ponieważ Żydzi nie są tacy jak wszystkie inne narody, zawsze zostają wykluczeni. Podobnie jak dzisiejsze ruchy postępowe w Ameryce, takie jak Dyke March [299], które wykluczyły Żydów, rewolucyjne ruchy w XIX-wiecznej Rosji nie chciały mieć ich w swoich szeregach. Żydzi, którzy w wielu przypadkach byli jednymi z założycieli organizacji rewolucyjnych, nauczyli się na własnej skórze, że chociaż uważają się za Rosjan, to dla Rosjan Żyd jest Żydem i będzie Żydem. Dla wielu rewolucyjnych Żydów była to gorzka pigułka do przełknięcia.

Według Haberera „Historycy [...] zgadzają się, że utrata lub utrzymanie «wiary w socjalistycznym kosmopolityzmie» było kluczowym czynnikiem decydującym o tym, czy żydowski populista pozostawał lojalny wobec rosyjskiego ruchu rewolucyjnego. Wiara ta, jak wskazuje ten argument, została poważnie podważona przez masowe antyżydowskie zamieszki [...], co dalej wzmacnia fakt, iż dwie duże partie rewolucyjne wskazywały wyraźne oznaki sympatii do pogromów [z 1881 r.]. Innymi słowy, popularny antysemityzm i wynikające z niego nastroje w głównych rewolucyjnych ugrupowaniach rosyjskiego populizmu

– 'Narodnaja Wola' i 'Czernyj Peredel' – zmusiły żydowskich socjalistów do ponownego rozważania ich lojalności wobec rewolucyjnego populizmu, ponieważ partie te nie zdołały sprostać głoszonemu internacjonalizmowi w obliczu brutalnych prześladowań antyżydowskich" [300].

Co więcej, o ile ruchy rewolucyjne zawiodły Żydów, także i władze obwiniały ich o zakładanie rewolucyjnych organizacji, co do pewnego stopnia było prawdą. Faktem jest, iż - według Haberera - „obwinianie Żydów za podważanie istniejącej władzy poprzez propagowanie socjalizmu i terroryzmu miało już miejsce pod koniec lat siedemdziesiątych XIX wieku" [301].

Podobnie jak w piętnastowiecznej Hiszpanii przed wypędzeniem stamtąd Żydów, rosnąca obecność Żydów na stanowiskach władzy miała niekorzystny wpływ na nich samych. Jeszcze gorszy był fakt, że w XIX-wiecznej Rosji Żydzi nie tylko wspinali się po szczeblach drabiny kariery rządowej, ale wręcz starali się całkowicie obalić rząd i zastąpić go socjalistycznym reżimem komunistycznym. „Coraz większy udział Żydów w ruchu rewolucyjnym oraz ich rosnąca widoczność, w miarę jak Żydzi coraz częściej byli powiązani z głośnymi aktami terroryzmu", podkreśla Haberer, „został należycie zauważony przez tych, którzy najmniej mogli na tym zyskać - urzędników rządowych. [...] Ogólne wrażenie było wtedy takie, że od niepamiętnych czasów 'rasa hebrajska' była elementem obcym i wywrotowym w społeczeństwie, a jej destrukcyjne cechy [będące odbiciem wzajemnego wyobcowania] osiągnęły rozmiary epidemii w związku z napływem Żydów do rosyjskiego społeczeństwa za pośrednictwem kanałów edukacyjnych, zawodowych i handlowych. Uczucie to nabierało na sile, kiedy coraz więcej żydowskich nazwisk pojawiało się na stronach raportów rządowych i artykułów prasowych dotyczących przewrotu politycznego jako takiego, a zwłaszcza spisków terrorystycznych. [...] Doprowadziło to do powstania nowego antysemickiego mitu, który przypisał ludowi żydowskiemu rewolucyjne niepokoje w latach osiemdziesiątych XIX wieku, a także w kolejnych dziesięcioleciach. [...] Zarówno te fakty, jak i inne uprzedzenia umożliwiły [rosyjskim myślicielom antysemickim] uzasadnienie wyjaśnienia 'rewolucyjnego raka'", czyli judaizmu [302].

Egzekucja Ippolita Mlodeckiego była rażącym przypadkiem antysemityzmu, który został wywołany zaangażowaniem się Żydów w politykę. Dnia 22 lutego 1880 r. „Ippolit Osipowicz Mlodecki został publicznie stracony w Petersburgu za próbę zamachu na hrabiego Lorisa-Melikova, nowo mianowanego 'szefa sztabu kryzysowego' imperium. Chociaż motywy antysemickie wydawały się nie odgrywać w tym przypadku żadnej roli, spowodowało to niespotykany dotąd pokaz antysemickiej retoryki w rosyjskiej prasie konserwatywnej. Ogromny tłum, składający się z około 40 000 widzów obserwujących spektakularną egzekucję Mlodeckiego, wiedział oczywiście, że 'zbrodniarz' był Żydem, a ci, którzy jeszcze wtedy nie wiedzieli, iż był on jedynym z reprezentantów ogólnego żydowskiego spisku, zostali poinformowani na łamach gazety 'Nowoje Wremja' o tym, że «[...] ci Żydzi, którzy od niepamiętnych czasów byli przedstawicielami ducha rewolucyjnego, stoją teraz na czele rosyjskich nihilistów»" [303].

Po zabójstwie cara antyżydowskie sentymenty stały się tak intensywne, że wybuch pogromów stał się jedynie kwestią czasu. „Pogromy [...] rozpoczęły się kilka tygodni po zabójstwie cara", pisze profesor Bartal. „Przez cały rok wielokrotnie napadano na ludność żydowską w miastach, miasteczkach i wsiach. Podczas większych pogromów miało miejsce kilka przypadków morderstw, a w niektórych ukraińskich miastach zgwałcono kilka Żydówek". Ataki „[...] miały miejsce w kilku falach trwających przez cały rok. Niektórzy twierdzą, że pogromy trwały do 1884 r., jednakże główne, silne ataki na Żydów miały miejsce między kwietniem roku 1881 a kwietniem kolejnego roku. Okres 'burz południa' rozpoczął się trzema falami pogromów na wiosnę roku 1881, w kwietniu i na początku maja w sześciu prowincjach środkowej i południowej Ukrainy. Jeden z największych pogromów miał miejsce w Odessie w pierwszych dniach maja. [...] Pod koniec 1881 r. w okresie świąt Bożego Narodzenia miał miejsce duży pogrom Żydów w Warszawie, znacznie oddalonej od Ukrainy". Później „nastąpiła przerwa trwająca kilka miesięcy aż do końca marca 1882 r., kiedy podczas święta Paschy straszny pogrom – być może największy pod względem liczby ofiar – zaczął się nagle w Bałcie na Ukrainie" [304].

Panujący w Izraelu pogląd dotyczący 'burz na południu' jest taki, że wybuchły one nagle bez widocznego ostrzeżenia lub procesu, który do tego doprowadził. Bartal wyraźnie nie zgadza się z taką prezentacją wydarzeń. „W niektórych źródłach historycznych, a także w kilku podręcznikach używanych w izraelskich szkołach", pisze profesor, „rok 1881 jest opisywany jako rok, w którym maskilimowie, żywiący tak optymistyczne nadzieje, zostali nagle rozczarowani reakcją rosyjskiego rządu na antysemityzm. [...] Ale sprawy wyglądały zupełnie inaczej. Jak już mówiliśmy wcześniej, proces ten trwał w Rosji nieprzerwanie przez prawie dziesięć lat, zanim pojawiły się pogromy. W związku z tym pogromy, które wybuchły w 1881 r., były kulminacją tego procesu, a nie nagłym, zaskakującym wydarzeniem, którego maskilimowie nie mogli przewidzieć" [305]. Rzeczywiście, jakkolwiek traumatyczne, pogromy nie wzięły się znikąd. Ich nadejście było poprzedzone odpowiednio długim okresem czasu. O ile Żydzi nie są winowajcami ani też sprawcami zbrodni przeciwko nim, związek między ich pogardą wobec siebie nawzajem a niechęcią narodów do nich jest wyraźnie widoczny nie tylko w przypadku wydarzeń w Rosji, ale w całej historii Żydów. W Niemczech stanie się to jeszcze bardziej oczywiste i nieskończenie bardziej katastrofalne.

Ciągła nieświadomość Żydów co do roli dawania przykładu jedności dla innych narodów oraz ich nieustanne zaangażowanie w działania podziałowe niosą ze sobą ciężkie konsekwencje i zawsze prowadzą do tragedii. My, Żydzi, musimy uznać naszą odpowiedzialność i zachowywać się w taki sposób, który wytworzy do nas sympatię ze strony innych aniżeli wrogość. A możemy to osiągnąć, *jedynie* starając się zjednoczyć między sobą, a nie poprzez wywyższanie się, wyśmiewanie i nienawiść do innych Żydów jedynie z tego powodu, iż się z nami nie zgadzają.

Szczere słowa wspomnianego wcześniej ukraińskiego wybitnego posła do rosyjskiego parlamentu na początku XX wieku Vasily'a Shulgina, który oświadczył, że jest zdeklarowanym antysemitą, wyraźnie pokazują, czego Rosjanie szukali w emancypacji Żydów, a czego nie znaleźli: „Aby podporządkować się Żydom jako przywódcom, aby spokojnie i z radością spojrzeć na Żydów zdobywających najwyższe szczyty psychiki, potrzeba czegoś więcej. Trzeba poczuć ich moralną wyższość nad sobą. Musimy czuć, że są oni nie tylko silniejsi, ale także lepsi od nas. Musimy czuć, że [...] są nasyceni mądrością, która zawsze prowadzi do

Miłości. [...] W takim czy innym aspekcie muszą się znajdować ponad nami. Nie poszczególni Żydzi, ale ogólnie jako naród, Żydzi jako cała rasa" [306].

Świt syjonizmu

W ostatnim rozdziale swojej książki Bartal opisuje pojawienie się świadomości narodowej u rosyjskiego żydostwa w następstwie 'burz na południu'. On również zauważa związek pomiędzy 'integracją', odnosząc się do asymilacji, a wzrostem antysemityzmu. Poniżej znajduje się jego opis następstwa pogromów i procesu, który doprowadził do narodzin syjonizmu: „Rok 1881 był kamieniem milowym we współczesnej historii Żydów. Przyniósł on największą zmianę, która zaowocowała pojawieniem się współczesnych ruchów mających wpływ na ten rozdział w historii Żydów. W wyniku otwartej antyżydowskiej polityki przyjętej przez rząd nowego cara Aleksandra III członkowie ruchu haskala już rzadko dążyli do współpracy z państwem. Klasa społeczna [żydowska], która zaakceptowała kulturę i utożsamiła się z rosyjskim środowiskiem miejskim, doznała silnego ciosu w wyniku rażącej zmiany polityki rządu wobec Żydów. Ich rozczarowanie zimną i wrogą reakcją rosyjskich intelektualistów podczas pogromów i w następnych latach doprowadziło wielu radykałów wśród żydowskiej inteligencji do rozwinięcia narodowej świadomości żydowskiej. W nowym żydowskim myśleniu nacjonalistycznym ukształtował się pewnego rodzaju model historyczny, który usiłował wyjaśnić powstanie żydowskiego ruchu nacjonalistycznego. Ten model, który pojawiał się wielokrotnie w XX wieku przy każdej próbie radzenia sobie przez Żydów z wrogością wobec nich, składał się z trzech etapów: rozpoczynał się od nadziei na integrację, jego kontynuacją było całkowite odrzucenie przez stronę nie-żydowską, natomiast kulminacją było ponowne przebudzenie się starej żydowskiej tożsamości w nowej postaci narodowej. [...] Przez wiele lat model ten odgrywał kluczową rolę w historiografii syjonistycznej i bezpośrednio łączył okres pogromów w Rosji z początkiem nowego osadnictwa w Palestynie" [307].

Jeśli spojrzymy wstecz na wydarzenia prowadzące do wydalenia z Hiszpanii, podobieństwa w tej kwestii stają się oczywiste. Pierwsze dwa etapy są identyczne: 1) nadzieja na integrację i 2) całkowite odrzucenie przez stronę nie-żydowską. Trzeci etap - nadejście aspiracji ku suwerenności narodowej - jest nieobecny w przypadku wydalenia z Hiszpanii. W tamtym czasie, przed Napoleonem i przed „Wiosną Ludów", koncepcja narodowego samostanowienia nie była popularna, a Żydzi uważali Hiszpanię za swoją ojczyznę. Ale teraz, gdy ponownie dostawali razy od tych samych ludzi, z którymi chcieli się połączyć, socjalistyczni rosyjscy Żydzi zdali sobie sprawę, iż muszą znaleźć miejsce, w którym mogliby się czuć suwerenni, gdzie mogliby zrealizować swoje marzenia o stworzeniu społeczeństwa socjalistycznego.

Przyglądając się tej kwestii, powinniśmy wziąć pod uwagę wnikliwe słowa prof. Haberera dotyczące 'burz na południu': „Żydowska reakcja na pogromy z początku lat osiemdziesiątych XIX wieku była bardzo interesująca dla historyków zainteresowanych wzrostem narodowej świadomości Żydów i jej polityczno-kulturowym wyrazem - syjonizmem. Dla niektórych ta reakcja nosiła znamiona rewolucji, była gwałtownym zerwaniem z poprzednimi tendencjami asymilacyjnymi, co podważało autorytet grup wyraźnie utożsamianych z żydowską adaptacją do życia w Rosji" [308]. Rzeczywiście, jak już wspomniano wcześniej, żydowska „[...] wiara w socjalistyczny kosmopolityzm została poważnie zakwestionowana przez masowe zamieszki antyżydowskie", co z kolei „zmusiło żydowskich socjalistów do ponownego rozważania ich lojalności wobec rewolucyjnego populizmu" [309].

Tak jak dzieje się to obecnie w Stanach Zjednoczonych, gdzie Żydzi są wykluczani z grup postępowych, które często sami stworzyli, partie rosyjskie „nie zdołały zrealizować swoich deklarowanych obietnic internacjonalistycznych w obliczu brutalnych prześladowań antyżydowskich. Tak więc zgodnie z konwencjonalnymi interpretacjami antysemityzm - szczególnie wśród chrześcijańskich rewolucjonistów - podważył kosmopolityczny światopogląd żydowskiego socjalisty i zmusił go do wyrzeczenia się rewolucyjnych przekonań o rosyjskim rodowodzie lub, paradoksalnie, do potwierdzenia ich na nowo w sposób kosmopolityczno-asymilacyjny" [310].

„To wyrzeczenie się, a nie ponowne potwierdzenie 'wiary' było dominującą reakcją żydowskich radykałów", kontynuuje Haberer [311]. Historyk Louis Greenberg zwięźle wyraził ten pogląd, stwierdzając: „Większość żydowskich narodników [członków ruchu socjalistycznego w Rosji] była oszołomiona otwartym antysemityzmem ujawnionym w szeregach rosyjskich towarzyszy, skierowanym nawet przeciw żydowskim socjalistom. Z powodu tej wrogości żydowscy rewolucjoniści opuszczali szeregi narodników, a niektórzy z nich nawet przyłączali się do nowo powstałych grup syjonistycznych. Jasnym jest", dla Greenberga, „że 'rewolucyjny antysemityzm' był decydującą wartością zmienną w całym szeregu okoliczności, które skłoniły wielu, jeśli nie większość Żydów, do porzucenia ruchu rewolucyjnego" [312].

Rzeczywiście, syjonizm udzielił odpowiedzi wielu socjalistycznym i radykalnym Żydom. Stworzył on nową wizję, w której Żydzi byli panami własnego losu i mogli budować idealne społeczeństwo we własnym państwie, bez obawy przed prześladowaniami.

Początek syjonizmu nie był jednak łatwy. Żydowska społeczność ortodoksyjna była już całkowicie wyobcowana od socjalistycznych Żydów. Ponadto cała idea syjonizmu była sprzeczna z poglądem, że powrót do ziemi Izraela powinien być aktem mesjanistycznej interwencji, a nie dziełem zwykłych śmiertelników.

Na niwie świeckiej idea syjonizmu również brzmiała dziwnie dla wielu intelektualistów. Według Sołżenicyna austriacki filozof żydowskiego pochodzenia Otto Weininger, który później przeszedł na protestantyzm, polemizował z Teodorem Herzlem na temat możliwości spełnienia się syjonistycznego snu. Zdaniem Weiningera „Syjonizm i Żydzi są niekompatybilni, ponieważ syjonizm stara się zmusić Żydów do wzięcia odpowiedzialności za własne państwo, co jest sprzeczne z istotą bycia Żydem" [313].

„W Rosji w 1899 r.", kontynuuje Sołżenicyn, „[dziennikarz i pisarz] Iosif Menassievicz Bikerman energicznie sprzeciwiał się syjonizmowi", opisując całą ideę jako pomysł „upiorny, zrodzony z antysemityzmu, reakcyjny duchowo, szkodliwy w swojej istocie". Koniecznym jest „[...] odrzucić złudzenia syjonistów i w żadnym wypadku nie rezygnować z duchowej indywidualności [żydowskiej], walczyć ramię w ramię z kulturalnymi i postępowymi elementami Rosji w imię odrodzenia wspólnej ojczyzny"

[314]. Najwyraźniej niektórym Żydom trudno było porzucić ideę asymilacji i akulturacji nawet w obliczu brutalnego antysemityzmu.

Rzeczywiście, w pierwszych swoich dziesięcioleciach istnienia syjonizm był niechcianym dzieckiem prześladowanego judaizmu. Ortodoksyjne żydostwo nie cierpiało go i, jak zobaczymy w dalszej części książki, asymilujące się społeczeństwa zachodnie, takie jak w Anglii i Niemczech, szydziły z niego.

Jasnym zatem jest, że kiedy pojawiła się kwestia sprowadzenia polskich Żydów do Palestyny, ratując ich w ten sposób przed zagrożeniem w Europie, syjoniści byli zdecydowanie temu niechętni. W końcu byli to ci sami ortodoksyjni Żydzi, którzy tak oczerniali żydowskich socjalistycznych świeckich radykałów na początku istnienia ruchu w Rosji. Chaim Weizmann, który miał później zostać pierwszym prezydentem Izraela, miał siedem lat, kiedy wybuchły 'Burze na południu', ale dorastał w socjalistycznym, syjonistycznym domu. Według profesora studiów żydowskich Chimena Abramskiego ojciec Weizmanna był „wczesnym zwolennikiem 'Chowewej Syjon' ['Miłośników Syjonu', ruchu syjonistycznego w Rosji] i od dzieciństwa przepojony był ciepłymi uczuciami do Palestyny" [315]. Weizmann wychowywał się na pismach takich Żydów asymilatorów, jak Pinsker, Lilienblum, a zwłaszcza Ahad Ha'am. Bardzo jasno stwierdził on, iż „celem [...] było przyciągnięcie do syjonizmu sił twórczych w judaizmie" [316].

W świetle dziesięcioleci wrogości i walk między ortodoksyjnym żydostwem a asymilantami, a później syjonistycznymi Żydami można powiedzieć, iż nic dziwnego, że nawet w obliczu ludobójstwa, doskonale zdając sobie sprawę z nadchodzącego niebezpieczeństwa, Chaim Weizmann okazywał bardzo niewiele współczucia wobec swoich współwyznawców. Dnia 4 sierpnia 1937 r. w przemówieniu podczas XX kongresu syjonistycznego wypowiedział on następujące, mrożące krew w żyłach słowa na temat europejskiego żydostwa, głównie ortodoksyjnego: „Starzy przeminą, stawią czoła przeznaczeniu albo nie. Są oni prochem, ekonomicznym i moralnym pyłem w okrutnym świecie". Po przyznaniu, że w Europie żyje sześć milionów Żydów, dodał: „Dwa miliony, a może mniej: She'erit Hapleita [ocalonych], tylko garstka przetrwa. Musimy to zaakceptować" [317].

Uznani historycy Jehuda Reinharz i Jaakow Szawit w swojej książce *The Road to September 1939* (Droga do września 1939 r.) cytują poetę Uriego Zvi Greenberga, który urodził się na Ukrainie w ortodoksyjnej rodzinie, ale został syjonistą i przybył do Palestyny w 1923 r. W swoim wierszu Greenberg pisał o ortodoksyjnym polskim żydostwie z wielką pogardą: „Teraz, gdy bramy do wszystkich krajów są zamknięte, nadeszła czarna godzina; polscy handlarze w końcu przypomnieli sobie o Palestynie, końcu wszystkich wygnań. To znak, że nie ma już żadnej nadziei" [318].

„Takie wyrażenia odrazy nie były rzadkie w latach dwudziestych" - dodają autorzy -„nawet w drugiej połowie lat trzydziestych XX wieku wciąż można było usłyszeć ludzi popierających zasadę selekcji, czyli preferujących 'pionierów' i 'robotników', a wciąż obowiązujący wizerunek polskiego Żyda z niższej klasy średniej, przedstawiał 'po części swata, po części naciągacza oraz odrobinę handlarza'" [319].

Religijni Żydzi w Palestynie zrazili się do syjonistycznych socjalistów. W swoim eseju *The Religious Motifs of the Labor Movement*

(Religijne motywy ruchu robotniczego) profesor Anita Szapira pisze, że „głęboko religijni koloniści w Petach Tikwie zażądali, aby wszyscy Żydzi prowadzili religijny styl życia. Nie chcieli zatrudniać młodych socjalistycznych robotników ze względów religijnych, kulturowych i ekonomicznych, zatrudniając arabskich robotników na swoich polach" [320]. Jak można sobie wyobrazić, „[…] młodzi socjaliści z kolei uważali tych ortodoksyjnych Żydów za uosobienie hipokryzji, skrywający interesy klasowe i uprzedzenia pod płaszczykiem świętej pobożności" [321].

Nawet najwybitniejszy przywódca syjonistyczny Dawid Ben-Gurion był skażony urazą do ortodoksyjnych Żydów. „Opisał on rolników z Petach Tikwy jako tych, którzy umieścili bożka w swojej świątyni i bezcześcili ziemię przez bałwochwalstwo". Jego obrazy przedstawiają młody socjalistyczny pogląd na tradycyjne społeczeństwo, a religię zaczęto utożsamiać ze wszystkim, co było wstrętne. Walki w społeczności żydowskiej w Palestynie o takie kwestie, jak szmita (rok sabatowy) czy skutki decyzji rabina Abrahama Izaaka Kuka, aby zmusić robotników do przestrzegania przykazań religijnych, zwiększyły napięcie i zaostrzyły antyreligijne przekonania młodzieży w ruchu robotniczym" [322].

Oczywiście, im bardziej zbliżamy się do naszych czasów, tym bardziej zdecydowanie musimy zadać sobie pytanie, czy i jak nasze relacje z członkami naszego plemienia wpływają na nasze życie, a nawet na nasze przetrwanie. Jak zobaczymy w kolejnych rozdziałach, niemieccy Żydzi przeszli podobny proces asymilacji i odrzucenia mniej więcej w tym samym czasie. Jednakże w Niemczech konsekwencje tego były straszniejsze niż to, co może się przyśnić w najgorszym koszmarze.

Rozdział 6
Zjednoczenie Niemiec i rozpad niemieckiego żydostwa

Podobnie jak wszystkie 'złote okresy' w historii Żydów - Pierwsza Świątynia, Druga Świątynia, hiszpańska *convivencia*, a nawet (w mniejszym stopniu) integracja żydowskiej inteligencji w Rosji - emancypacja narodu żydowskiego w Europie i jego integracja z ogółem społeczeństwa zaczęła się z wielkimi nadziejami, natomiast zakończyła się kataklizmem.

W przypadku Żydów niemieckich tragedia ta pociągnęła za sobą niemal całkowitą zagładę nie tylko niemieckiego żydostwa, ale także Żydów w całej Europie. W ciągu sześciu lat podczas II wojny światowej (1939–1945), choć tak naprawdę głównie w latach 1942–1945, podczas realizacji planu ostatecznego rozwiązania europejskie żydostwo zostało albo zagazowane na śmierć, zastrzelone, albo uduszone w zwierzęcych wagonach aż do momentu niemalże całkowitego unicestwienia. Holokaust, który zniweczył prawie 150 lat żydowskich wysiłków zmierzających do asymilacji w społeczeństwie i kulturze europejskiej, dokonał prawie całkowitej zagłady samych Żydów.

Od czasu upadku stanu miłości do innych w Izraelu, co doprowadziło do zniszczenia Drugiej Świątyni, cechą charakterystyczną oddzielenia i wyobcowania była chęć asymilacji i stopienia się z narodem i kulturą kraju gospodarzy. Jak zostało to opisane w poprzednim rozdziale, tendencja ta zwykle towarzyszy fali odrzucenia tradycyjnego judaizmu, rozłamom między Żydami oraz gniewowi rodzącym się wśród społeczności żydowskich. Dążenie do wyrzeczenia się własnego żydostwa, a czasem judaizmu w ogóle, posiada wiele różnych aspektów, ale jego sedno jest takie, że asymilacja zawsze pociąga za sobą odejście od źródła judaizmu, czyli miłości do bliźniego. W konsekwencji tego Żydzi przyjmują lokalne wartości i obyczaje, starają się nawracać lub „reformować" judaizm, aby dostosować go do otaczającego środowiska, i pielęgnują lokalny patriotyzm, czyniąc z kraju gospodarzy swoje „nowe Jeruzalem".

Ponieważ Żydzi nie są zwyczajnym narodem, lecz takim z powołaniem, które nie daje zapomnieć o sobie jego członkom i domaga się swojego spełnienia - jak to elokwentnie ujęli antysemici cytowani w tej książce - nasze wysiłki, aby zasymilować się i rozpuścić w kulturze gospodarza, nigdy nie kończą się sukcesem. Przeciwnie, wysiłki te boleśnie zwracają się przeciw nam samym.

Rozdział niniejszy koncentruje się na tendencjach prowadzących do powstania nazizmu w Niemczech, ilustrując zmieniające się postawy wobec Żydów od czasu „Wiosny Ludów" poprzez zjednoczenie Niemiec, późniejszą oficjalną emancypację Żydów, rozpad społeczności żydowskiej, a ostatecznie bolesny zawód, jako że najbardziej cywilizowany naród w Europie odwrócił się z arogancką pogardą od desperacko pragnących akceptacji niemieckich Żydów asymilantów.

Wczesne przejawy nietolerancji

Dziewiętnastowieczne żydostwo niemieckie po raz kolejny zademonstrowało znajomy wzorzec narastającego odejścia od połączenia, które jest korzeniem judaizmu, i w konsekwencji nasilającego się antysemityzmu. Różnica pomiędzy Holokaustem a wcześniejszymi nieszczęściami, które spotykały naród żydowski, polega na tym, iż Holokaust był celową, fizyczną eksterminacją Żydów. Inne katastrofy, nawet najbardziej śmiercionośne, takie jak zniszczenie Drugiej Świątyni, nie były zaplanowanymi próbami eksterminacji narodu żydowskiego (chociaż Tytus wyraził życzenie, aby tak się stało – patrz Rozdział 3). Niemniej były to raczej próby wydalenia lub nawrócenia Żydów.

Aby zrozumieć, w jaki sposób Niemcy, najbardziej wykształcony, cywilizowany i kulturalny naród w Europie w tym czasie, dopuściły się najbardziej ohydnego okrucieństwa, musimy wrócić do początku XIX wieku, wkrótce po oswobodzeniu Niemiec spod rządów Napoleona. W ślad za rewolucją francuską i duchem liberalizmu, który przyniosła ona ze sobą, Żydzi, którzy od wieków byli wykluczeni ze społeczeństwa chrześcijańskiego w Europie, entuzjastycznie przyjęli nowego ducha czasu. „Żydzi w całej

Europie domagali się od swoich rządów ogłoszenia emancypacji" – donosi artykuł zamieszczony w Wirtualnej Bibliotece Żydowskiej [323]. „Ponieważ przez wieki nie byli uważani za obywateli i nie posiadali żadnych praw, Żydzi [...] zaczęli domagać się od swoich władców obywatelstwa i traktowania na równi z innymi mieszkańcami" – czytamy dalej w tym samym artykule.

Jak można się było spodziewać, „Kwestia emancypacji, która zaczęła być realizowana na stałych zasadach w połowie i pod koniec XIX wieku, doznała ogromnego uszczerbku w roku 1819 w wyniku serii antyżydowskich zamieszek znanych jako 'Rozruchy hep-hep' [324]. W każdym razie slogan ten stał się powszechny w 1819 r., kiedy Żydzi niemieccy stali się celem powszechnych zamieszek. Bezpośrednią przyczyną tych zamieszek były prawdopodobnie żydowskie żądania nadania im praw obywatelskich". Jest to ważny punkt, na który należy zwrócić uwagę, czyli oczywisty, wciąż pojawiający się związek między próbami zatarcia, a nawet odwrócenia się od własnych korzeni, a reakcją państwa-gospodarza. „Przedstawiciele żydowscy, którzy brali udział w Kongresie Wiedeńskim w 1815 roku, oficjalnie domagali się emancypacji", kontynuuje artykuł, „natomiast niemieccy naukowcy i politycy odpowiedzieli na to zajadłym sprzeciwem" [325]. Innymi słowy, opozycja ta nie była skierowana przeciw samym Żydom, ale przeciw ich próbom asymilacji.

Urodzony w Austrii żydowski dziennikarz i pisarz Amos Elon opisuje ,Rozruchy hep-hep' w swojej książce „Bez wzajemności: Żydzi-Niemcy 1743-1933" („The Pity of It All: A Portrait of the German Jewish Epoch, 1743-1933" – Żal tego wszystkiego. Portret epoki Żydów niemieckich, 1743-1933). Chociaż nie określa on bezpośredniego związku pomiędzy asymilacją Żydów a zamieszkami antyżydowskimi, jest na tyle szczery, aby wyrazić swoje zakłopotanie. „Na początku sierpnia 1819 r. nagła fala zamieszek nawiedziła bawarskie miasto Würzburg" - pisze Elon. „Przez dwa lub trzy dni rozwścieczone tłumy biegały ulicami miasta, rabując i niszcząc żydowskie domy oraz sklepy, krzycząc: 'Hep! Hep! Jude verreck!' (Śmierć wszystkim Żydom!). Zamieszki rozpoczęły się na miejscowym uniwersytecie. Podczas ceremonii akademickiej starzejący się profesor, który niedawno opowiedział się za prawami obywatelskimi dla Żydów, musiał ratować się ucieczką, gdy napadli na niego wściekli studenci. Zamieszki rozprzestrzeniły się na ulice miasta, a do studentów dołączyli sklepikarze, rzemieślnicy i bezrobotni. Dwie osoby zginęły podczas zamieszek, a około dwudziestu zostało rannych. Szkody materialne były znaczące. Z okrzykami 'Hep! Hep!'- akronim łacińskiej sentencji: 'Hierosolyma est perdita' (Jerozolima jest stracona) - motłoch włamywał się do sklepów i domów, niszcząc drzwi oraz meble. Wezwano armię, co zapobiegło prawdziwej masakrze. Ludność żydowska uciekła z miasta i następne kilka dni spędziła w namiotach na wsi" [326].

Niestety był to dopiero początek: „Po Würzburgu zamieszki przetoczyły się przez inne bawarskie miasta i wsie, a stamtąd do środkowych i południowo-zachodnich Niemiec - do Bamberg, Bayreuth, Darmstadt, Karlsruhe, Mannheim, Frankfurtu, Koblencji, Kolonii i innych miast wzdłuż Renu, osiągając tereny na północy, takie jak Brema, Hamburg i Lubeka" - wyjaśnia Elon. „We Frankonii Żydów wypędzono z domów, a w Hamburgu setki z nich uciekły z miasta, szukając schronienia po drugiej stronie pobliskiej granicy z Danią. Te zamieszki wydawały się całkowicie spontaniczne, chociaż niektórzy sądzili, iż wywołał je kryzys gospodarczy. Rok 1816 był czasem suszy i głodu, rosnących

cen chleba i powszechnego bezrobocia. Inni natomiast twierdzili, że Żydzi byli kozłami ofiarnymi dla represyjnych reżimów
reakcyjnych epoki post-napoleońskiej. To, dlaczego żydowscy
mieszkańcy Würzburga czy Koblencji zostali pociągnięci do
odpowiedzialności za bezrobocie lub aresztowania liberalnych
bojowników, było jednak niejasne. Poszukiwanie „racjonalnych"
powodów zamieszek było powszechne i oczywiście skazane na
niepowodzenie. Około 90 procent niemieckich Żydów należało
do ludzi biednych bądź bardzo biednych, z których dziesięć
procent było rzekomo żebrakami. W Prusach mieszkało więcej
bogatych Żydów niż gdziekolwiek indziej, jednakże w Prusach w
ogóle nie doszło do zamieszek" [327].

Podobnie jak w przypadku przymusowego nawrócenia w
Hiszpanii lub dobrowolnej asymilacji w Rosji, „Zamieszki miały
dwuaspektowy wpływ na niemieckich Żydów. W wielu przypadkach przemoc przyspieszała próby asymilacji i integracji Żydów
w świeckim społeczeństwie. Zwolennicy emancypacji nie dali się
zniechęcić i wierzyli, że tylko w przypadku, kiedy Żydzi staną się
w pełni 'niemieccy', będą traktowani jak inni obywatele".

Z drugiej zaś strony „...zamieszki także zmobilizowały niektórych Żydów do utworzenia jeszcze bardziej hermetycznych grup
w odpowiedzi na wrogość z zewnątrz" [328].

Ponieważ wysiłki asymilacyjne Żydów z początku XIX wieku
były w dużej mierze nieskuteczne, zamieszki były względnie łagodne - choć dość znaczące - i szybko ustały. Jednak
aspiracje niemieckich Żydów do asymilacji i stania się raczej
Europejczykami, a nie Żydami ciągle były obecne w ich sercach.
„Ostatecznie", jak można przeczytać w artykule zamieszczo-
nym w Żydowskiej Bibliotece Wirtualnej, „emancypacja została

osiągnięta". Jakkolwiek wynik jej był taki, iż „…powszechne stały się jeszcze bardziej zajadłe przejawy antysemityzmu" [329]. Podczas gdy Żydzi świętowali swoje „zwycięstwo", ziarna ich upadku były już zasiane i podlewane przez szybki awans społeczny, który przypominał szybką karierę hiszpańskich Żydów w kołach kościelnych i rządowych.

Asymilacja pomimo znaków ostrzegawczych

Rozruchy hep-hep nie zniechęciły na długo Żydów. Rewolucje w Europie w 1848 r. znane również jako „Wiosna Ludów" przyniosły ze sobą nowego ducha wolności oraz odrodzenie liberalnych ideałów. Artykuł opublikowany w Stanowym Uniwersytecie Minnesoty zwięźle stwierdza, że „W zamian za większe prawa i większą akceptację w społeczeństwie Żydzi we Francji, Wielkiej Brytanii, Niemczech i gdzie indziej odrzucili wiele ze swoich poprzednich zwyczajów. Jak na ironię ", czytamy dalej w samym źródle, „ta 'asymilacja' przyczyniła się do powstania nowej formy antyżydowskich uprzedzeń. Jak zauważył historyk judaistyczny Robert Seltzer, te nowe uprzedzenia 'stanowiły reakcję na sukces Żydów po wejściu do głównego nurtu społeczeństwa europejskiego, a tym samym [podobnie jak w przypadku hiszpańskich konwertytów] to zasymilowany, a nie ortodoksyjny Żyd stanowił źródło niepokoju'" [330].

Historycy Jonathan Frankel i Steven Zipperstein przedstawiają ekspresyjny opis nie tylko stopnia asymilacji Żydów w połowie XIX wieku, ale także pragnienia wielu Żydów, aby całkowicie zdystansować się od swoich związków z judaizmem. „Chociaż legalna emancypacja nie była jeszcze zakończona przed 1871 r., gromadny i narodowy charakter żydowskiego życia chylił się w tamtym czasie już ku upadkowi. Niemieccy Żydzi przyjęli nie-żydowskie wzorce myślenia i zachowania, a także porzucili tradycyjne obyczaje religijne. Stare poczucie lojalności i posłuszeństwa osłabło, a jego miejsce zajęła nowa tożsamość", piszą Frankel i Zipperstein [331]. W rezultacie tego, kiedy niemieccy Żydzi wyemigrowali do Wielkiej Brytanii, byli już „przyzwyczajeni do uczestnictwa w obszarach działalności poza granicami żydowskich sieci społecznych i biznesowych. Niewielu z nich otrzymało tradycyjne wykształcenie lub dorastało w domach, w których regularne uczęszczanie do synagogi i przestrzeganie nakazów dietetycznych było normą. [...] Wcześniejsza akulturacja imigrantów do gojowskich standardów i nawyków oraz całkowite lub częściowe oderwanie się od żydowskich wierzeń i zwyczajów, a także narażenie na wszechobecny antysemityzm w ich ojczyźnie [ze względu na wspomniany wcześniej sprzeciw wobec asymilacji] głęboko wpłynęły na ich zachowanie społeczne i religijne po osiedleniu się w Anglii. Wielu z nich trzymało się z dala od jakiegokolwiek formalnego utożsamiania się z judaizmem, podczas gdy ci, którzy utrzymywali jakiś związek z synagogami, nie byli zbyt gorliwi, jeśli chodzi o udział w nabożeństwach, i pozostawali obojętni na przestrzeganie domowych rytuałów. Większość albo całkowicie wyszła ze społeczności żydowskiej poprzez nawrócenie się lub małżeństwo, albo nawiązała z nią tak słabe relacje, że ich dzieci lub wnuki dokończyły dzieła emancypacji" [332]. Podsumowując, Frankel i Zipperstein twierdzą, iż „jest całkowicie jasne, że większość imigrantów z Europy Środkowej [głównie Niemiec] w okresie wiktoriańskim [do połowy XIX wieku w Anglii] wykorzystała nowe otoczenie, aby pozbyć się lub osłabić swoją żydowskość" [333].

We wstępie do niniejszej książki wspomniałem uznanego profesora prawa Alana Dershowitz'a, który twierdził, iż ci, którzy nie dostrzegają „rzeczywistości upadającego antysemityzmu", cierpią z powodu „luki w postrzeganiu" [334] i że on teraz widzi już zupełnie inny obraz. Dershowitz nie jest pierwszym, drugim ani trzecim człowiekiem, który popełnił ten błąd. W XIX i XX wieku większość niemieckich Żydów myliła się w tym względzie, ponosząc niesamowite koszty wraz z całym żydostwem europejskim.

W swojej książce *Hitler, Germans, and the Jewish Question* (Hitler, Niemcy i kwestia żydowska) Sarah Ann Gordon pisze, że „Podczas rewolucji 1848 r. zarówno Żydzi, jak i liberalni chrześcijanie opowiadali się za emancypacją Żydów. Chociaż rewolucja się nie udała, a zatem nie zrealizowała swoich celów", pisze autorka, „niemieccy liberałowie utrzymali swoje zaangażowanie na rzecz ustanowienia równości wszystkich obywateli" [335]. Aby osiągnąć swoje cele, Żydzi byli gotowi i chętni porzucić swoją „żydowskość", nieświadomi nauki z przeszłości, iż asymilacja niesie ze sobą nasilenie antysemityzmu. Nawiązując do słów Frankela i Zippersteina, Gordon pisze, iż „Wielu niemieckich i żydowskich liberałów wierzyło, że Żydzi nigdy nie mogą stać się prawdziwymi obywatelami państwa, dopóki nie porzucą charakterystycznych zwyczajów" [336]. Wielu Żydów podjęło wysiłek, aby stać się Niemcami, i byli zdecydowani porzucić swoją żydowskość natychmiast i ostatecznie. Według profesora historii Glenna R. Sharfmana „Pewien żydowski liberał tak zafascynował się obietnicą emancypacji, iż napisał: ‚Mesjasz, o którego modliliśmy się przez te tysiące lat, nadszedł i nasza ojczyzna została nam dana. Mesjaszem jest wolność, naszą ojczyzną są Niemcy'" [337]. W końcu Sarah Gordon podsumowuje: „Ich aspiracje zostały spełnione wraz z oficjalną emancypacją z

1869 r., która objęła później całe Niemcy na mocy niemieckiej konstytucji z roku 1871" [338].

Niestety, nienawiść do Żydów rządzi się swoimi prawami. Jak pokazuje historia naszego ludu, reakcja na emancypację musi zawsze nadejść. Wkrótce po legalnej emancypacji Żydów w Niemczech nadzieje liberałów zderzyły się z falą złowrogiego antysemityzmu. „Kiedy już liberalni myśliciele zaczęli wierzyć, że tendencje antyżydowskie stopniowo zanikają, ponownie pojawiły się one we Francji, Wielkiej Brytanii i innych krajach…" [339], takich jak Niemcy.

W marcu 1879 r. Wilhelm Marr, który w latach dwudziestych opowiadał się za komunistycznymi ideałami, napisał antysemicki esej zatytułowany „Zwycięstwo judaizmu nad niemieckością", w którym wprowadził określenie „antysemityzm" [340]. W swojej pracy „Marr argumentował, że zasymilowani Żydzi ostatecznie obalą tradycyjną niemiecką kulturę, zniszczą 'wszystkie [niemieckie] standardy […] zdominują handel [i] coraz bardziej będą się wciskać w struktury państwowe'" [341]. Takie właśnie stwierdzenia przytacza wcześniej wspomniany esej ze Stanowego Uniwersytetu w Minnesocie.

Antysemityzm Marra był nowym ucieleśnieniem nienawiści do Żydów. Prawdopodobnie najwybitniejszym badaczem niemieckiego antysemityzmu był zmarły profesor Robert S. Wistrich, były szef Międzynarodowego Centrum Studiów nad Antysemityzmem Vidal Sassoon na Uniwersytecie Hebrajskim w Jerozolimie. Zwrócił on uwagę na to, że Wilhelm Marr „zdecydowanie podkreślał, że jego antysemityzm *nie* był motywowany nienawiścią religijną [podkreślenie w źródle]. Stary radykalny demokrata z 1848 r. był przekonany o tym, […] że hebrajski monoteizm był 'chorobą ludzkiej świadomości' i źródłem wszelkiej tyranii i zła. Antysemityzm Wilhelma Marr'a był również zjadliwie antykatolicki", kontynuuje Wistrich, tłumacząc ideologię Marra. Co więcej, „Wilhelm Marr wierzył, że żaden chrześcijanin nie może być prawdziwym antysemitą, ponieważ samo chrześcijaństwo opiera się na żydowskiej tradycji rasowej", konkluduje Wistrich [342].

Rzeczywiście, idee Marr'a oznaczają nadejście rasowego antysemityzmu, najbardziej śmiercionośnego rodzaju tego uprzedzenia w całej historii nienawiści do Żydów. Właśnie wtedy zostały zasiane nasiona Holokaustu. Uznany historyk Francis Nicosia zwięźle sformułował ponury wniosek z okrucieństw, które ostatecznie się wydarzyły: „To, iż można być zarówno Niemcem, jak i Żydem [...], było podstawową przesłanką emancypacji Żydów, która ostatecznie okazała się nie do obrony we współczesnych Niemczech w latach 1871-1945" [343].

Niemniej antysemityzm zawsze był częścią życia Żydów w diasporze. Nie mogli wtedy wiedzieć, iż nienawiść w wydaniu Marr'a miała doprowadzić do bardziej barbarzyńskich wydarzeń, których nawet szczere nawrócenie nie mogło uspokoić i przed którym nie było ucieczki, ponieważ nie można było „anulować" rasy, w której ludzie się urodzili.

Staranina Żydów, aby stać się częścią nowej „ojczyzny", miały spodziewane negatywne konsekwencje. Niemcy zasadniczo nie pochwalali integracji Żydów, a wielu z nich stawało się coraz większymi antysemitami. Co gorsza, politycy nauczyli się wykorzystywać antysemityzm na swoją korzyść. „Hermann Ahlwardt [...] uosabiał ten nowy rodzaj [...] chuligańskiego antysemityzmu, który groził podważeniem hegemonii Junkrów w rolniczych Niemczech. Sukces Ahlwardta podczas wyborów w twierdzy konserwatystów - Friedeberg-Arnswalde - w dniu 24 listopada 1892 r. miał kluczowe znaczenie dla całego ruchu narodowego. Antysemici w wyborach do Reichstagu w 1893 roku otrzymali 263 000 głosów, co oznaczało pięciokrotny wzrost w stosunku do ich wyników kilka lat wcześniej. Ten wzrost poparcia zbiegł się z katastrofalnym spadkiem liczby posłów liberalno-postępowych z 67 do 37. W parlamencie niemieckim było już 16 posłów antysemickich. Co więcej, 8 grudnia 1892 r. konserwatyści po raz pierwszy przyjęli jawnie antysemicki punkt widzenia w swoim programie z Tivoli, aby powstrzymać narodową falę, która była im przeciwna" [344].

Otto Böckel był kolejnym politykiem, któremu udało się zręcznie stosować antysemityzm w polityce. „Jego wczesny nazistowski agrarny populizm idealizował chłopów jako kręgosłup narodu niemieckiego, skarbnicę jego 'rasowej' czystości i 'germańskich' cnót, takich jak ciężka praca, lojalność i silny charakter. Ta ideologia 'Blut und Boden' (krew i ziemia) czerpała wiele siły z negatywnych skutków liberalnych reform gospodarczych w II Rzeszy, szerzącej się wrogości wobec Prus, a także emancypacji Żydów w latach 1870-71" [345].

W ten właśnie sposób Żydzi stali się politycznym narzędziem dla osiągnięcia zysku wyborczego. Jakieś czterdzieści lat później Hitler doprowadził do perfekcji wykorzystanie antysemityzmu w polityce i sięgnął po władzę.

Jak zawsze, gdy nasila się antysemityzm, poprzedza go zintensyfikowany podział wewnątrz żydowskiej społeczności. W przypadku Niemiec jednym z najwybitniejszych orędowników żydowskiej wzajemnej nienawiści do siebie był znany poeta, dramatopisarz, dziennikarz i eseista Heinrich Heine, który urodził się w żydowskiej rodzinie, ale w wieku 28 lat przeszedł na luteranizm. Dziennikarz i pisarz Amos Elon, o którym wspominaliśmy wcześniej w tym rozdziale, opisuje wyraźną pogardę Heine wobec religii swoich przodków: „Latem roku 1823 Heine wrócił do Getyngi, w królestwie Hanoweru, aby przygotować się do egzaminów doktoranckich. Nadal utrzymywał żywą korespondencję ze swoimi przyjaciółmi ze społeczności. Rok uczestnictwa w pracach tej społeczności otrzeźwił go. 'Nie mamy już siły zapuszczać brody, pościć, nienawidzić, a poprzez nienawiść trwać' - napisał do Immanuela Wohlwill'a, kolegi ze społeczności, który to poparł reformę kultu synagogalnego" [346]. W rzeczywistości Heine miał bardzo negatywny stosunek nawet wobec rozwijającego się judaizmu reformowanego. W jego oczach zmiany dokonywane przez reformowanych rabinów w zwyczajach ortodoksyjnych „były jedynie naśladownictwem chrześcijaństwa i oferowały jedynie 'nową scenografię i wystrój'. Nowi rabini (Heine nazywał ich suflerami - podpowiadaczami) nosili na kołnierzykach 'białą opaskę' protestanckiego pastora. Judaizm reformowany przypominał zupę z żółwia, jak to określił, ale 'zupę z żółwia bez żółwia'" [347].

Być może najbardziej oczywistym przejawem wrażliwości nie-Żydów na żydowski brak jedności są słowa największego złoczyńcy wobec narodu żydowskiego wszechczasów - Adolfa Hitlera. W 'Mein Kampf' Hitler szczególnie wyraził swoją niechęć do Żydów za ich nienawiść do swoich braci, uznając to za przejaw braku kultury. Hitler wyraził to następująco: „Gdy tylko egoizm staje się władcą ludu, więzi porządku zostają rozluźnione i w pogoni za własnym szczęściem ludzie spadają z nieba do prawdziwego piekła. Tak, nawet potomstwo zapomina o ludziach, którzy służyli jedynie sobie samym. [...] W narodzie żydowskim

[…] gdy tylko wspólny wróg zostaje pokonany, niebezpieczeństwo zagrażające wszystkim zażegnane, a łupy ukryte, pozorna harmonia wśród Żydów ustaje, ponownie ustępując miejsca ich dawnym zwyczajowym tendencjom. Żydzi są zjednoczeni tylko wtedy, gdy zmusza ich do tego wspólne niebezpieczeństwo lub kusi ich wspólna zdobycz; jeśli brakuje tych dwóch podstaw, cechy najbardziej prymitywnego egoizmu stają się ich własnymi i w mgnieniu oka zjednoczony naród zamienia się w hordę szczurów, walczących krwawo pomiędzy sobą. Gdyby Żydzi byli sami na tym świecie, zadusiliby się w nieczystościach i odpadkach; próbowaliby prześcignąć się w przepełnionej nienawiścią walce i eksterminować się nawzajem" [348].

Pomimo gwałtownej reakcji wyrażonej w eskalacji antysemityzmu próby adaptacji niemieckich Żydów w społeczeństwie niemieckim nabrały na sile. Uznany badacz Steven M. Lowenstein opisał wysiłki Żydów, aby stać się częścią społeczeństwa niemieckiego nawet poprzez mieszane małżeństwa. Jego badania zawarte w pracy zatytułowanej „Żydowskie małżeństwa mieszane i nawrócenia w Niemczech oraz Austrii" stanowią pouczający raport, który rzuca światło na to samo odwieczne zjawisko, które zauważył Hitler - kiedy Żydzi nie jednoczą się ponad swoimi różnicami, wtedy starają się rozproszyć.

W przeciwieństwie do Hiszpanii, która zmusiła Żydów do wyboru między wygnaniem, śmiercią lub też nawróceniem na chrześcijaństwo, Niemcy zostały dotknięte ideą liberalizmu i dlatego pozwoliły Żydom, którzy zostali już wyemancypowani, na odejście od jakiejkolwiek religii. Co więcej, mogli oni mieszać się z gojami, jednocześnie zachowując swoją tożsamość, a nawet poślubić nie-Żydów, nie rezygnując z religii przodków.

W rezultacie, gdy tylko Żydzi zostali wyemancypowani, zaczęli zawierać mieszane związki małżeńskie, chociaż początkowo w bardzo niewielkiej liczbie. W pierwszych latach po emancypacji odsetek małżeństw mieszanych wśród Żydów, gdzie Żydzi żenili się z protestanckimi lub katolickimi Niemcami, wynosił mniej niż pięć procent [349]. Jednak do 1933 r., kiedy to naziści doszli do władzy, odsetek wynosił prawie trzydzieści procent, przy czym w niektórych latach osiągał jeszcze wyższy poziom [350].

Kolejnym interesującym faktem w odniesieniu do Żydów opuszczających społeczność poprzez małżeństwo było to, że kiedy liczba ślubów spadała, tak jak na przykład w czasie wojen, liczba ślubów z małżonkami spoza plemienia spadała już znacznie mniej. W rezultacie w 1915 r., u szczytu I wojny światowej, kiedy żydowskie wesela były znacznie rzadsze niż zwykle z powodu działań wojennych, małżeństwa mieszane były już znacznie mniej podatne na to zjawisko i stanowiły nie mniej niż 34,2 procent małżeństw, które dotyczyły Żydów [351]. Kiedy ponownie wzrosła liczba ślubów, wzrosła także liczba związków mieszanych, ale proporcjonalnie była mniejsza niż ogólna liczba ślubów. W rezultacie, chociaż odsetek małżeństw międzywyznaniowych spadł, bezwzględna liczba małżeństw mieszanych nadal rosła [352].

Co więcej, pośród mieszanych małżeństw, w których panna młoda nie była Żydówką, mniej niż osiem procent żon przeszło na judaizm. Ponieważ w judaizmie i chrześcijaństwie matka określa religię dziecka, oznaczało to, iż ponad 90 procent dzieci w związkach małżeńskich par, w których żona nie była Żydówką, również nie było Żydami. W odwrotnej sytuacji, kiedy żona była Żydówką, znowu liczby wskazywały na późniejsze nawrócemia. Pięćdziesiąt pięć procent żydowskich kobiet w małżeństwach mieszanych opuściło wiarę żydowską, a mniej niż pół procent chrześcijańskich mężów przeszło na judaizm [353]. To nie są zwykłe statystyki; te nigdy wcześniej nie spotykane liczby mieszanych małżeństw wskazują na dążenie Żydów do porzucenia swoich korzeni i ustanowienia kraju-gospodarza – którym w tym przypadku były Niemcy – jako ich „nowego Jeruzalem". Jak to ujął Lowenstein, odzwierciedlało to „[…] pragnienie Żydów do ucieczki przed społecznością żydowską" [354]. Jak zobaczymy, pragnienie to często było podkreślane przez nazistów, którzy rozróżniali Żydów syjonistycznych od Żydów zasymilowanych, preferując tych pierwszych.

Traktat wersalski i Republika Weimarska

Pierwsza wojna światowa spustoszyła większą część Europy. Dla Niemiec oznaczała ona jednak coś znacznie więcej niż jedynie przegraną. Według 'Internetowej encyklopedii pierwszej wojny światowej' liczba niemieckich ofiar wojennych i rannych była najwyższa ze wszystkich krajów uczestniczących w wojnie. Około dwóch milionów żołnierzy zginęło w walkach, kolejny milion to ofiary cywilne, a ponad cztery miliony żołnierzy zostało rannych [355].

Pomimo zniszczeń i faktu, że chociaż „[…] Niemcy żydowskiego pochodzenia ginęli w tym samym tempie co inni Niemcy", w pewnym sensie I wojna światowa była dobrodziejstwem dla niemieckiego żydostwa. „Przez większą część wojny", pisze profesor David Mikics z Uniwersytetu w Houston, „niemieccy Żydzi i goje stawali dumnie razem w obronie swojego kraju. Żydzi traktowali wojnę jako walkę o sprawiedliwość, wolność, a przede wszystkim kulturę niemiecką. Gertruda Kantorowicz napisała w sierpniu

1914 r., kiedy wybuchł konflikt, iż „[...] sama wojna jest czymś wielkim [...] moja istota odnosi się do Niemiec, tak jak oddech życia dotyczy ciała, z którego powstaje" [356].

Jednakże Niemcy poniosły klęskę podczas wojny, a traktat wersalski z 1919 r., w którym Niemcy oficjalnie skapitulowały przed aliantami, był druzgocącym ciosem dla niemieckiej dumy. Jak to zawsze bywa, w czasach kryzysu Żyd staje się domyślnym kozłem ofiarnym.

W konsekwencji dla wielu antysemickich Niemców wojna była doskonałą okazją do udowodnienia, iż zasymilowani Żydzi nie byli tak naprawdę zasymilowani, co było uderzająco podobne do oskarżeń ze strony antysemickich Hiszpanów poprzedzających inkwizycję, które to ostatecznie doprowadziły do licznych egzekucji i całkowitego wydalenia z Hiszpanii. Według Mikis Niemcy nie mogli zrozumieć, dlaczego ich kraj się poddał. W końcu przecież żadna armia nie dokonała inwazji, a tym bardziej nie podbiła Niemiec, a doniesienia z frontu nie świadczyły o trudnej sytuacji. W rezultacie „Istniało tylko jedno możliwe wytłumaczenie: Niemcy zostali zdradzeni przez socjalistów i (jak się domyślacie) Żydów" [357]. Po raz kolejny paradoks zasymilowanych Żydów, oskarżanych o niewystarczającą asymilację, usunął wiatr z żagli nieustającego wysiłku Żydów, aby stać się „normalnymi ludźmi", należącymi do narodu, w którym żyli.

Podobnie jak miało to miejsce w piętnastowiecznej Hiszpanii i dziewiętnastowiecznej Rosji, rosnący antysemityzm nie powstrzymał Żydów od działań w kierunku asymilacji. Jeśli już, to ich wysiłki się ożywiły. Lowenstein pisze, że po wojnie „wiele wskazywało na to, że antysemityzm w Weimarskich Niemczech był znacznie gorszy niż przed I wojną światową [...].

Przy założeniu, że [...] stroną inicjującą w małżeństwie był zwykle mężczyzna, rosnąca przepaść między mieszanymi małżeństwami mężczyzn i kobiet w Republice Weimarskiej wskazuje na to, że chociaż wielu żydowskich mężczyzn chciało poślubić nie-żydowskie kobiety, to już znacznie mniej mężczyzn nie będących Żydami chciało poślubić żydowskie kobiety. Wskazywałoby to na większe pragnienie Żydów, aby uciec ze społeczności żydowskiej, niż dążenie nie-Żydów do jej akceptacji" [358].

Niemcy po I wojnie światowej były w stanie rozbicia i wewnętrznego podziału. W Berlinie wybuchły gwałtowne starcia między prawicowymi organizacjami paramilitarnymi a lewicowymi agitatorami. Jakby straty wojenne nie były wystarczające, w marcu 1919 r. zostało zabitych 15 000 Niemców w ciągu zaledwie dziewięciu dni walk ulicznych.

Oprócz przemocy na ulicach niemiecka gospodarka była w rozsypce. Wysokie wypłaty odszkodowań i koszty wojny miały katastrofalne konsekwencje. Koszt życia w Niemczech wzrósł dwunastokrotnie między rokiem 1914 a 1922. Kiedy rząd usiłował spłacać reparacje wojenne, po prostu drukując więcej pieniędzy, wartość niemieckiej marki gwałtownie spadła, co z kolei doprowadziło do hiperinflacji. W styczniu 1920 r. kurs wymiany wyniósł 64,8 marek za jednego dolara, a w listopadzie roku 1923 było to już 4 200 000 000 (4,2 miliarda!) do jednego dolara [359].

Niemniej pośród tych wszystkich zawirowań Niemcy zdołały ustanowić prawdziwą –choć krótkotrwałą – demokrację. W ciągu tych kilku lat istnienia Republiki Weimarskiej istniała prawdziwa wolność słowa, wolność wykonywania zawodu oraz wolność wyznania. Dzięki temu liberalizmowi i pomimo nasilającego się antysemityzmu niemieckie żydostwo w powojennych demokratycznych Niemcach szybko wspinało się po drabinie społecznej. Po raz kolejny podobieństwa między wzrostem znaczenia zasymilowanego żydostwa w Niemczech a hiszpańskimi konwertytami są uderzające, nawet jeśli w przypadku Niemiec rozkwit ten trwał już znacznie krócej. Tak więc w ciągu zaledwie półtorej dekady niemieccy Żydzi myśleli, iż osiągnęli już wszystko.

Co więcej, nie wszystko było ponure w borykającej się z problemami republice. Na arenie kulturalnej Niemcy doświadczyły „Szalonych lat dwudziestych". Ośrodki miejskie, takie jak Berlin, stały się jednymi z najbardziej liberalnych społecznie miejsc w Europie. Berlin miał kwitnące życie nocne pełne barów, kabaretów, a nawet licznych barów dla gejów i lesbijek. Faktem jest, iż „Wyzwolenie seksualne było bardzo realnym zjawiskiem wraz z ruchem na rzecz praw gejów i lesbijek, na czele którego stał [Żyd] dr Magnus Hirschfeld – kierownik Instytutu Nauk Seksualnych" [360].

Również kobiety miały pełne prawo głosu, które uzyskały wcześniej niż ich koleżanki ze Stanów Zjednoczonych i Wielkiej Brytanii. Artyści otrzymali wolność słowa, a Niemcy stały się kulturalnym centrum Europy.

Zamordowanie żydowskiego ministra

Ponieważ już ich nic nie ograniczało, Żydzi zaczęli szybko wstępować w szeregi rządu i klasy przemysłowej. Ale nikt nie reprezentuje powstania i upadku niemieckiego żydostwa lepiej niż zamordowany minister spraw zagranicznych Walther Rathenau. W pracy zatytułowanej „Zabójstwo Walthera Rathenau" historyk

Nigel Jones opowiada historię człowieka, którego upadek zwiastował upadek całego jego wyznania.

„Rathenau był jedną z najpotężniejszych postaci na początku XX wieku w Niemczech. Żydowski przemysłowiec, myśliciel i dyplomata, stworzył ogromny kombinat przemysłu elektrycznego oraz inżynieryjnego po nazwie 'AEG', który stanowił ważny element potęgi niemieckiej gospodarki. Podczas pierwszej wojny światowej, kiedy brytyjska blokada morska pozbawiała Niemcy importu niezbędnych surowców, Rathenau stał się ekonomicznym władcą swojego kraju.

„[…] Rathenau zagospodarował malejące zasoby Niemiec i tak pokierował produkcją przemysłową, doskonale improwizując, aby wesprzeć słabnący wysiłek wojenny. Jego praca, według niektórych historyków, przedłużyła niemiecki opór o miesiące, a nawet lata. Zasiało to także nasiona nienawiści w umysłach antysemickich nacjonalistów niemieckich, którzy widzieli w Rathenau nie wielkiego patriotę, doskonale radzącego sobie z brakami, ale bogatego Żyda, zręcznie wykorzystującego sytuację rynku.

Po wojnie młoda Republika Weimarska skorzystała z umiejętności utalentowanego Rathenau, czyniąc go ministrem spraw zagranicznych. […] Rathenau naturalnie podsycił gniew prawicy w 1922 r., negocjując układ w Rapallo z rodzącym się Związkiem Radzieckim, jednocześnie upierając się przy tym, aby Niemcy wypełniały postanowienia bardzo niepopularnego traktatu wersalskiego. […] Oni [fanatyczni prawicowcy] przemierzali ulice, wykrzykując hymny nienawiści: 'Obalić Walthera Rathenau, który jest opuszczoną przez Boga żydowską lochą!' Niektórzy byli gotowi właśnie to zrobić. W dniu 24 czerwca 1922 r. zbuntowana prawicowa grupa terrorystyczna o nazwie Organizacja Konsul (OC) [...] zamordowała Rathenau, gdy jechał do swojego biura z domu w berlińskiej dzielnicy Grunewald" [361].

Zabójstwo Rathenau nie zniszczyło młodej republiki, niemniej był to wyraźny znak, że Niemcy nie zgodzą się na żydowską akulturację w ich społeczeństwie. Okazało się, iż pomimo całego swojego wysiłku Żydzi wciąż pozostawali pariasami.

Kiedy Wielki Kryzys uderzył w gospodarkę USA w 1929 roku, spowodował ogromne przerażenie w całej Ameryce. Jednakże dla nowo powstałej niemieckiej demokracji fale uderzeniowe tego kryzysu, które rozeszły się po całej Europie, były śmiertelnym ciosem. Rząd nie miał innego wyjścia, jak tylko zastosować „program oszczędnościowy, który ograniczał wydatki, oraz programy, które zostały zaprojektowane specjalnie w celu niesienia pomocy najbardziej potrzebującym. Trudności gospodarcze w połączeniu z ogólną nieufnością do systemu Weimarskiego doprowadziły do destabilizacji polityki parlamentarnej. [...] Koalicje w Reichstagu ciężko było utworzyć, tym bardziej przy rosnącej liczbie partii ekstremistycznych, zarówno lewicowych, jak i prawicowych. Wybory odbywały się coraz częściej", do czasu kiedy Republika Weimarska ostatecznie się rozpadła [362].

W ponurej atmosferze nieszczęsnej demokracji znalazł się jeden charyzmatyczny człowiek, który wiedział, jak połączyć ze sobą różne frakcje podzielonego narodu niemieckiego. Adolf Hitler zaczął przypisywać wszystkie problemy Żydom, a najbardziej cywilizowany, wykształcony i kulturalny naród na świecie wiwatował radośnie na jego cześć, krzycząc 'Sieg Heil!'

Rozdział 7
Nazizm, Holokaust i bardzo trudne pytania

Niemcy 8 maja 1945 r. poddały się bezwarunkowo siłom alianckim i w całej Europie zakończyła się oficjalnie druga wojna światowa. Do tego czasu dowody ludobójstwa popełnionego przez nazistów na europejskim żydostwie były wręcz przytłaczające, tak iż nawet schwytani naziści nie próbowali temu zaprzeczyć.

Ujawniono istnienie obozów śmierci, obozów koncentracyjnych, obozów pracy przymusowej oraz masowych grobów. Najbardziej obciążającymi dowodami były nie obozy, ale dokumenty, które sami naziści tak starannie opracowywali i przechowywali. Każdy pociąg wysłany do obozów śmierci został udokumentowany, łącznie z dokładną liczbą osób w każdym transporcie.

Każdy transport Żydów z miejsca na miejsce, każde zabójstwo – za pomocą gazu czy kul, było spisywane i wysyłane do Berlina w celu archiwizacji. Każda sztuka biżuteria, każdy but, złoty ząb, a nawet włos został zebrany, zmagazynowany i udokumentowany w celu późniejszego wykorzystania w wydajnej, demonicznej nazistowskiej maszynie do zabijania. W całej historii ludzkości nigdy nie było wcześniej bardziej zaplanowanej i starannie przeprowadzonej eksterminacji jednego narodu przez inny.

Większość mojej rodziny zginęła w Holokauście. Dorastałem wraz z widmem tego ludobójstwa, ale nigdy nie otrzymałem żadnych odpowiedzi. Po prostu nikt takich odpowiedzi nie miał.

Jak do tego wszystkiego doszli sami Niemcy? Czy taki był los, czy można było uniknąć Holokaustu? To dwa z wielu pytań, na które postaramy się odpowiedzieć w tym rozdziale. Być może nie ma tutaj jednoznacznych odpowiedzi, ale z pewnością istnieją fakty, które powszechna narracja często pomija, a które należy wziąć pod uwagę, abyśmy mogli zbadać nowe perspektywy na Holokaust i wyciągnąć nowe wnioski z tej tragedii, jeśli naprawdę chcemy, aby to się nigdy więcej nie powtórzyło.

Dwie grupy Żydów

Wybory w Niemczech w listopadzie 1932 r. nie przyniosły rozstrzygnięcia. Narodowosocjalistyczna Niemiecka Partia Robotnicza Adolfa Hitlera, NSDAP, lepiej znana jako partia nazistowska, zdobyła 230 z 608 miejsc w Reichstagu, niemieckim parlamencie, i stała się największą partią polityczną w Niemczech. Nie miała jednak większości, zatem nie mogła utworzyć rządu bez koalicji z inną partią. Niemniej jednak Hitler nie chciał dzielić się władzą z socjalistami, którzy uzyskali 20 procent głosów, ani też z komunistami, którzy otrzymali 17 procent. Wreszcie 30 stycznia 1933 r. poirytowany prezydent Paul von Hindenburg skorzystał ze swoich nadzwyczajnych uprawnień i mianował Adolfa Hitlera na stanowisko tymczasowego kanclerza.

„Naziści obiecali, że po objęciu władzy odbudują niemiecką gospodarkę, obalą jej demokrację, zniszczą niemieckie żydostwo i ustanowią Aryjczyków jako rasę panów – w tej właśnie kolejności", pisze Edwin Black w swojej przełomowej książce zatytułowanej „Umowa transferowa: dramatyczna historia paktu między III Rzeszą a żydowską Palestyną". „Jednak wielu zachodnich przywódców widziało jedynie ekonomiczną wartość nazizmu. Hitler wydawał się jedyną alternatywą dla państwa komunistycznego, człowiekiem, który mógłby odbudować niemiecką gospodarkę i spłacić niemieckie długi. Takie rozwiązanie byłoby dobre dla wszystkich zachodnich gospodarek. Jeśli chodzi o zagrożenie dla niemieckich Żydów, było to [uważane] za sprawę wewnętrzną samych Niemiec" [363].

Tak więc niezrażeni i praktycznie bez sprzeciwu – z wyjątkiem nieudanych prób bojkotu niemieckich towarów przez żydowskie organizacje – naziści przeszli od razu do realizacji swoich obietnic. Niemal natychmiast zaczęli wywierać presję na Żydów i eliminować wszelką opozycję. Pamiętnego dnia, 27 lutego 1933 r., budynek Reichstagu stanął w płomieniach. „Następnego dnia rano", pisze Black, „niemiecka opinia publiczna była już przekonana, że pożar [...] w rzeczywistości był już początkiem wspieranego przez Żydów powstania komunistycznego. Hitler zażądał i otrzymał tymczasowe uprawnienia zawieszające wszelkie wolności konstytucyjne" [364].

Nie wszystkim jednak wiadomo, że w oczach nazistów nie wszyscy Żydzi byli sobie równi. Nazistowskie Niemcy robiły wyraźne rozróżnienie pomiędzy Żydami asymilującymi się, którzy to postrzegali Niemcy jako swoją ojczyznę, a Żydami syjonistycznymi, których celem było wyprowadzenie jak największej liczby Żydów z Niemiec do Palestyny w ramach swoich wysiłków na rzecz ustanowienia narodowego domu dla Żydów. Już w roku 1920 „W monachijskiej piwnicy, kiedy Hitler wygłaszał swoją doktrynę na temat wypędzenia Żydów, ktoś z tłumu krzyknął coś o prawach człowieka. Hitler odpowiedział na to ostro: „Niech [Żyd] poszuka swoich praw człowieka tam, gdzie jest jego miejsce – w jego własnym państwie Palestyny" [365].

Alfred Rosenberg, jeden z głównych nazistowskich teoretyków, który nie był Żydem pomimo żydowskiego brzmienia jego nazwiska, również uważał Palestynę za dobre rozwiązanie. W 1920 roku napisał: „Syjonizm musi być aktywnie wspierany, aby umożliwić nam coroczny transport określonej liczby Żydów do Palestyny, a w każdym razie poza nasze granice" [366].

Stosownie do tego, kiedy naziści doszli do władzy, prowadzili dwie całkowicie przeciwne linie polityki wobec zasymilowanych Żydów oraz syjonistów. Oprócz prześladowań zasymilowanych Żydów, które nakreślono w ustawach norymberskich, naziści zachęcali do syjonizmu i działalności syjonistycznej z taką samą gorliwością, z jaką prześladowali asymilantów.

Uznany historyk i profesor badań nad holokaustem na Uniwersytecie w Vermont Francis R. Nicosia pisze, iż wewnętrzny dokument SS z czerwca 1934 r. „[...] proponował konkretne starania rządu i partii, aby zachęcić do syjonistycznych działań w Niemczech, mających na celu zaszczepienie poczucia żydowskiej świadomości i tożsamości Żydów niemieckich oraz promowanie emigracji do Palestyny. Żydowskie szkoły, grupy sportowe, instytucje i kultura – krótko mówiąc, wszystkie żydowskie organizacje i działania promujące żydowską samoświadomość – miały być wspierane. Wysiłki te wraz z ośrodkami przekwalifikowania zawodowego, ustanowionymi przez syjonistów w całych Niemczech dla emigrantów żydowskich udających się do Palestyny, miały być przychylnie traktowane przez SS" [367].

Nie tylko Żydzi, ale cały świat odniósłby korzyść

Kurt Tuchler, aktywny syjonista, znał kilku członków partii nazistowskiej, z których niektórzy byli na dość wysokich stanowiskach. Wśród nich był jego dobry przyjaciel, urodzony w Austrii oficer SS Baron Leopold von Mildenstein. Aby umocnić poparcie nazistów dla syjonizmu, Tuchler poprosił Mildensteina o napisanie pozytywnych artykułów w gazetach na temat syjonistycznego przedsięwzięcia w Palestynie. Mildenstein zgodził się, ale uzależnił swoje poparcie od wyników swojej wizyty w Palestynie, gdzie chciał sam przyjrzeć się syjonistycznym wysiłkom na rzecz budowy narodowego domu dla Żydów.

„Pod koniec kwietnia 1933 r.", pisze Black, „obaj mężczyźni z żonami weszli na pokład liniowca oceanicznego zmierzającego do Palestyny. Partia nazistowska i ZVfD [Zionistische Vereinigung für Deutschland (Federacja Syjonistyczna Niemiec)] wcześniej udzieliły zgody na tę wspólną podróż. Von Mildenstein pochwalił to, co zobaczył w kibucach oraz w Tel- Awiwie. Nauczył się nawet kilku hebrajskich słów. Wiele zdjęć zostało wykonanych podczas tej podróży, a także przywieziono liczne pamiątki do Niemiec. Dokładnie zilustrowany cykl artykułów został opublikowany około osiemnaście miesięcy później w Der Angriff (zdjęcia 1, 2) pod tytułem „Nazista jedzie do Palestyny". Gazeta Goebbelsa była tak dumna z tego cyklu, iż postanowiono wybić pamiątkową monetę na cześć tej podróży. Po jej jednej stronie znajdowała się swastyka, natomiast po drugiej – Gwiazda Dawida (zdjęcie 3)" [368].

Zdjęcie 1: Mikrofilmowy obraz nagłówka „Nazista podróżuje do Palestyny" reklamującego serię artykułów w prawym górnym rogu gazety Der Angriff Goebbelsa z dnia 3 października 1934 roku [369].

Zdjęcie 2: Artykuł zatytułowany „Nazista jedzie do Palestyny" opublikowany 27 września 1934 r. w gazecie Der Angriff. Zdjęcie po lewej: żydowski emigrant z Niemiec pracujący na traktorze (wzór „nowego Żyda"). Zdjęcie po prawej: Handel pomarańczami w porcie Jaffa w pobliżu Tel Awiwu. Źródło: fotoreportaż Harriet Scharnberg, Die »Judenfrage« w Bild („Kwestia żydowska" na zdjęciach) [370].

W roku 1980 historyk Jacob Boas opublikował esej o mało znanej, ale ważnej historii Mildensteina w prestiżowym magazynie „History Today". W eseju trafnie zatytułowanym „Nazista jedzie do Palestyny" czytamy: „Możliwość znacznego powrotu Żydów [do Palestyny] istniała pomimo słabo rozwiniętej bazy ekonomicznej Palestyny pod warunkiem, że, jak ostrzegał von Mildenstein, Żydzi 'stworzą własną ojczyznę, pracując na własnej ziemi'. Z takiego powrotu, podsumował von Mildenstein w swoim ostatnim artykule, nie tylko Żydzi, ale cały świat niewątpliwie by skorzystał w taki sposób, że mógłby 'wskazywać drogę do wyleczenia wielowiekowej rany na ciele świata – kwestii żydowskiej'" [371].

Zdjęcie 3: Medal wydany przez Der Angriff Goebbelsa upamiętniający sześciomiesięczną wizytę Mildensteina w Palestynie. Napis boczny Gwiazdy Dawida: „Nazista jedzie do Palestyny". Napis boczny Swastyki: „I opowiada o tym w Angriff". Źródło zdjęcia: aukcje internetowe Bidspirit.

„W Palestynie", pisze Boas, „von Mildenstein spotkał Żyda, który mu się spodobał, Żyda, który uprawiał własną ziemię - 'nowego Żyda'. [...] Zobaczył tam Żyda, który walczył z wielkimi przeciwnościami losu, aby przywrócić swoje korzenie w kraju przodków. Trzeba przyznać, że von Mildenstein namalował bardzo pochlebny portret tego palestyńskiego Żyda". Rzeczywiście, dodaje Boas: „Obraz 'nowego Żyda' przedstawiony przez von Mildensteina musiał sprawić, że zwykły czytelnik gazety Angriff potrząsał głową z niedowierzaniem" [372].

Jednak Boas ostrzega: „Von Mildenstein nie był przyjacielem Żydów” jako takim. Zgodnie z oficjalną polityką SS wyraźnie rozróżniał Żydów syjonistycznych i tych asymilacyjnych. Według Boasa „[…] sympatia [Mildensteina] dotyczyła tylko tego segmentu żydowskiego społeczeństwa, który określał siebie mianem syjonistów. W stosunku do tak zwanego zasymilowanego Żyda, który twierdził, iż najpierw jest Niemcem, a później dopiero Żydem, lub całkowicie zaprzeczał swojej żydowskości, czy też wobec Żyda, który porzucił wszelkie rasowe uczucia, Mildenstein nie żywił sympatii; jego poglądy na ich temat były bliskie oficjalnemu stanowisku partii” [373].

„Das Schwarze Korps” (Czarny Korpus) był oficjalną cotygodniową gazetą i medium propagandowym SS. Każdy członek tej formacji był zobowiązany do czytania jej i miał też nakłaniać innych do robienia tego samego. Gazeta była publikowana przez Reichsführung-SS (naczelne dowództwo SS) we własnym wydawnictwie NSDAP (partii nazistowskiej) w Monachium [374]. W dniu 15 maja 1935 r. gazeta opublikowała dwa artykuły, które wyraźnie wskazywały na różnice w traktowaniu asymilujących się Żydów i syjonistów przez III Rzeszę. Specjalny artykuł zatytułowany „Nie ma miejsca dla Żydów w armii!” (Zdjęcie 4) faktycznie rozpoczął się od bardzo pozytywnych słów skierowanych do syjonistycznych Żydów: „Nie minie dużo czasu, a ziemia palestyńska odzyska swoich synów, których straciła ponad tysiąc lat temu. Nasze dobre życzenia niech będą z nimi wraz z oficjalną dobrą wolą” [375].

Jednak w kolejnych słowach artykuł odnosi się już do zasymilowanych Żydów i całkowicie zmienia swój ton, kiedy mówi: „Wielu jest Żydów, którzy wciąż walczą wszelkimi środkami przeciwko oddaleniu społecznemu i politycznemu” i „uważają

Niemcy za swoją 'ojczyznę'". Do tych Żydów artykuł zwraca się następująco: „Kiedy Niemcy stały się placem zabaw dla zdrajców ojczyzny, organizacje, które działały jako strażnicy niezbywalnych praw, nie zrobiły nic, aby powstrzymać tę hańbę. [...] Zawsze wskazują na to, że niektórzy z nich także nosili szary mundur [armii niemieckiej podczas I wojny światowej]. Można jedynie odpowiedzieć, że nie chodzi o rolę Żydów w pierwszej wojnie światowej. Nie ma sensu zestawiać tego z ilością żydowskich bojowników frontowych. [...] Nie ma znaczenia, z jakim entuzjazmem Żydzi poszli wtedy na wojnę, [...] dyskusja na ten temat jest niepotrzebna. Pominęlibyśmy w ten sposób także kluczową kwestię: gdy nasz niemiecki naród był zagrożony utratą obywatelstwa, [...] prominentni Żydzi stali się rzecznikami wszystkiego, co politycznie i moralnie miało zrujnować naród niemiecki. [...] Nie uważa się za świadectwo pewnej postawy niemieckiej, że Żydzi w tym czasie mogli być niemieckimi żołnierzami. Jest to stwierdzenie banalne. [...] W przyszłości nie będzie już żadnych poważnych incydentów w armii niemieckiej, kiedy to dowódcy pułków będą zmuszeni przyjmować Żydów" [376].

Drugi artykuł z tego samego dnia zatytułowany „Widoczny wróg" powtórzył być może jeszcze wyraźniej stanowisko nazistowskich Niemiec wobec Żydów, pozbawiając ich wszelkich złudzeń, jakie mogli mieć w odniesieniu do Trzeciej Rzeszy: „Po przejęciu władzy przez partię nazistowską nasze prawa rasowe w rzeczywistości znacznie ograniczyły bezpośredni wpływ Żydów. Ale Żyd w swojej wytrwałości postrzega to jedynie jako tymczasowe ograniczenie. Pytanie, z którym się on zmaga, jest następujące: jak odzyskać dawną pozycję i znów działać na szkodę Niemiec?" [377].

W tym miejscu artykuł ponownie dzieli niemieckie żydostwo na dwa oddzielne podmioty: „Musimy jednak podzielić żydostwo na dwie odrębne kategorie zgodnie ze sposobem, w jaki działają: jedna grupa to ci, którzy działają otwarcie jako Żydzi, natomiast druga to ci, którzy ukrywają się za międzynarodowymi żydowskimi agencjami społecznymi i podobnymi instytucjami. Żydzi w Niemczech dzielą się na dwie grupy: syjonistów i tych, którzy opowiadają się za asymilacją. Syjoniści trzymają się surowej postawy rasowej i, emigrując do Palestyny, pomagają budować własne państwo żydowskie. Żydzi nastawieni na asymilację wypierają się swojej rasy i upierają się przy lojalności wobec Niemiec lub [sugerując, że nawrócenie jest również nie do przyjęcia z punktu widzenia SS] twierdzą, że są chrześcijanami, ponieważ zostali ochrzczeni w celu obalenia zasad narodowo-socjalistycznych" [378].

Zdjęcie 4: „Das Schwarze Korps" (Czarny Korpus) 15 maja 1935, strona główna z artykułem „Für Juden ist kein Platz im Heer!" („Nie ma miejsca dla Żydów w wojsku!") [379]

Różnicowanie w praktyce

Naziści nie tylko podkreślali różnicę pomiędzy syjonistycznymi i asymilacyjnymi Żydami, ale też zawarli to rozróżnienie w zapisach swojego prawa, które przestrzegali! Na przykład artykuł czwarty słynnych ustaw norymberskich zawierał dwa podpunkty. Pierwszy, który dotyczył Żydów jako całości, stwierdzał: „Żydom nie wolno posługiwać się flagą Rzeszy, flagą narodową ani też barwami Rzeszy". Drugi podpunkt nadawał Żydom syjonistycznym przywilej, którego nie otrzymała żadna inna grupa mniejszościowa w Niemczech, a nawet przyznano temu przywilejowi oficjalną ochronę państwa: „Im [Żydom] wolno jednak demonstrować żydowskie barwy. Korzystanie z tego prawa jest chronione przez państwo" [380] (zdjęcie 5). Te żydowskie barwy stały się później flagą Gwiazdy Dawida, która obecnie jest sztandarem państwa Izrael.

§ 4

(1) Juden ist das Hissen der Reichs- und Nationalflagge und das Zeigen der Reichsfarben verboten.

(2) Dagegen ist ihnen das Zeigen der jüdischen Farben gestattet. Die Ausübung dieser Befugnis steht unter staatlichem Schutz.

Zdjęcie 5: Artykuł 4 w Ustawach norymberskich. Źródło: Reichsgesetzblatt (Dziennik Ustaw Rzeszy, RGBI) I, 1935, s. 1146

Niemniej jednak naziści nie tylko pozwalali Żydom „machać żydowską flagą". „Jüdische Rundschau" (Przegląd Żydowski), największy i najważniejszy tygodnik syjonistyczny w Niemczech w tamtym czasie, „był zasadniczo zwolniony z zasady tzw. Gleichschaltung, czyli 'jednolitości', wymaganej przez partię nazistowską w stosunku do wszystkich aspektów społeczeństwa niemieckiego. 'Jüdische Rundschau' miał prawo głosić syjonizm jako całkowicie odrębną filozofię polityczną - w rzeczywistości jedyną oddzielną filozofię polityczną zatwierdzoną [zaaprobowaną] przez Trzecią Rzeszę. W 1933 r. język hebrajski stał się promowanym przedmiotem we wszystkich szkołach żydowskich. W 1935 r. dopuszczono mundury dla syjonistycznego korpusu młodzieżowego i był to jedyny mundur nie-nazistowski dozwolony w Niemczech,", pisze profesor Black [381].

Przeprowadzka czy bojkot - oto jest pytanie

Kiedy naziści doszli do władzy, Żydzi spoza Niemiec byli tak samo bezradni, jak Żydzi mieszkający w tym kraju. Poczucie wyjątkowej sytuacji i kryzysu ogarnęło cały świat żydowski, którego przywódcy byli oszołomieni i nie mieli pewności, jak odnosić się do rażącej antysemickiej retoryki wychodzącej z Niemiec, czy też jak ocenić niebezpieczeństwo stwarzane przez rząd niemiecki dla niemieckiego żydostwa w szczególności, a także dla światowego żydostwa jako całości.

Po początkowym szoku powstały dwa sprzeczne ze sobą podejścia. Jedno z nich utrzymywało, iż światowe żydostwo nie może po prostu milczeć i musi bojkotować wszystkie niemieckie towary, a także wzywać rządy swoich krajów - przede wszystkim USA, Wielkiej Brytanii i Francji - do zrobienia tego samego. Traktat wersalski po I wojnie światowej miał gwarantować, że Niemcy nie będą w stanie przywrócić swojej potęgi przemysłowej i militarnej, stąd zwolennicy bojkotu mieli nadzieję, iż zdestabilizuje on wrażliwą gospodarkę Niemiec, a chaos, który z tego wyniknie, obali rząd nazistowski [382].

Drugie podejście reprezentowało zupełnie przeciwny kierunek i opierało się na współpracy i wykorzystaniu sytuacji. Rezultatem tego drugiego podejścia była Umowa transferowa - najbardziej nieprawdopodobna, niedopuszczalna, a niektórzy powiedzieliby nawet, iż „niemoralna" umowa, kiedykolwiek podpisana, a jednocześnie była ona jedynym działaniem, jakie podjęli Żydzi w odpowiedzi na nazizm i które faktycznie uratowało wiele żydowskich istnień. Faktem jest, że Umowa transferowa uratowała około 50 000 Żydów niemieckich i austriackich. Izolacja ekonomiczna narzucona Niemcom po wybuchu II wojny światowej zakończyła to porozumienie pod koniec 1939 r., kilka miesięcy po wybuchu wojny. Gdyby umowa ta nie została wtedy zakończona, trudno jest powiedzieć, ilu Żydów zostałoby jeszcze uratowanych.

Umowa transferowa była jednak nie tylko ratunkiem dla dziesiątek tysięcy żydowskich istnień; przyniosła boom gospodarczy i wzbogaciła Jiszuw [osadnictwo żydowskie w Palestynie] o 14 milionów funtów szterlingów, czyli ponad 1,1 miliarda dolarów według wartości z roku 2019. Ten ogromny wkład w raczkujące państwo żydowskie pobudził jego gospodarkę i miał zasadnicze znaczenie dla wsparcia żydowskich sił zbrojnych, innych infrastruktur państwowych, a także zagwarantował nowe miejsca pracy dla znacznie większej liczby żydowskich emigrantów, oprócz tych 50 000 przybyłych z Niemiec.

Od maja do sierpnia 1933 r. Umowa transferowa przeszła trzy etapy rozwoju, zanim osiągnęła swoją ostateczną strukturę. Jej celem było umożliwienie niemieckim Żydom opuszczenie Niemiec przy jednoczesnym zachowaniu części majątku i ominięciu surowych niemieckich ograniczeń dotyczących transferu pieniędzy. W opracowaniu dotyczącym umowy transferowej, które znajduje się w Bibliotece Narodowej Izraela, można przeczytać: „W 1931 r., w czasie globalnego kryzysu gospodarczego [który niemalże doprowadził gospodarkę Niemieckiej Republiki Weimarskiej do bankructwa], ci, którzy emigrowali z Niemiec, byli zmuszeni płacić wyjątkowo wysokie podatki za przeniesienie swojej własności do miejsc docelowych za granicą; polityka ta obowiązywała w całym okresie nazistowskim" [383].

Krótko mówiąc, Umowa transferowa została przeprowadzona w następujący sposób: w celu jej wdrożenia powołano dwie firmy - w Niemczech była to 'Palästina Treuhandstelle Zur Beratung Deutscher' (PALTREU), spółka partnerska Banku Anglo-Palestyńskiego oraz Max Warburg i Oscar Wasserman Bank. Natomiast w Tel Awiwie była to spółka 'Haavara' (hebr. transfer), spółka-córka Banku Anglo-Palestyńskiego. Firma PALTREU otrzymywała pieniądze od Żydów, którzy chcieli wyemigrować do Palestyny, i kupowała za nie niemieckie towary na eksport do Palestyny. W Palestynie firma 'Haavara' odbierała importowane towary z Niemiec, sprzedawała je, a następnie przekazywała nowym imigrantom ich udział [384].

Biuletyn informacyjny Żydowskiej Agencji Telegraficznej (JTA) z 25 maja 1936 r. szczegółowo określa podział sum przekazywanych do Palestyny na mocy umowy o transferze. Z ponad 26 milionów marek przetransferowanych do Palestyny „do końca 1935 r." około 43 procent trafiło do nowych imigrantów. Resztę środków zainwestowano w publiczną i prywatną infrastrukturę, obiekty użyteczności publicznej i jednostki przemysłowe, takie jak Żydowski Fundusz Narodowy, Nir, Ltd. oraz Rasco [385]. Czterdzieści trzy procent przekazanych pieniędzy może wydawać się mało, ale biorąc pod uwagę sytuację Żydów w Niemczech, a także pamiętając o tym, że gdyby wyemigrowali na własną rękę, byliby w stanie odzyskać znacznie mniej ze swojego majątku, jeśli w ogóle coś, czterdzieści trzy procent stanowiło niezły interes! Co więcej, reszta funduszy zmieniła warunki funkcjonowania gospodarki 'Jiszuwa' i pomogła w założeniu własnego przemysłu wojskowego i cywilnego, a także umożliwiła zakup bardzo potrzebnej broni na nadchodzące czasy bitew. Black podsumowuje to wszystko słowami: „Teraz, gdy świat stanął w obliczu problemu zagrabionych zasobów z czasów Holokaustu - żydowskiego złota, żydowskiej sztuki, żydowskich obligacji oraz żydowskiej niewolniczej pracy - Umowa transferowa wyróżnia się jako jedyny przykład ratowania mienia żydowskiego, który miał miejsce przed okresem ludobójstwa. Był to jedyny sukces - i odważny w swoim zakresie" [386].

Jednak w tamtym czasie sprawy wydawały się znacznie mniej oczywiste. Nieskrywana sympatia Niemiec do syjonizmu była przyjmowana podejrzliwie przez większość świata żydowskiego. Gdyby Niemcy zawarły układ z syjonistycznym przywództwem w Palestynie, podważyłoby to próby bojkotu niemieckich towarów przez światowe żydostwo.

Ifaat Weiss, dyrektor Instytutu Dubnowa i profesor historii Żydów na Uniwersytecie w Lipsku, dobrze podsumowuje złożoność żydowskiego podejścia do bojkotu odnośnie kwestii transferowej [387]. Według Weissa było wielu rywali w walce między zwolennikami umowy transferowej a zwolennikami bojkotu. „Ruch [bojkotujących] [...] rozpoczął się od słynnego wiecu sponsorowanego przez Amerykański Kongres Żydowski pod przewodnictwem Stephena Wise'a w Madison Square Garden w Nowym Jorku w dniu 27 marca 1933 r.". Jednak w Ameryce bojkot ten „[...] wzbudził największe zrozumienie wśród małych

kupców i ludzi o niskich dochodach, aniżeli wśród ludzi wielkiego biznesu" [388]. „Niemcy nie przegapili tego braku jedności", jak wyraził to sekretarz stanu Kancelarii Rzeszy: 'Mimo
pozornego sukcesu, także dla Żydów w Ameryce, bojkot to
miecz obosieczny. [...] Co więcej, ze względu na interesy gospodarcze czołowi przedsiębiorcy, którzy dysponują niemieckimi
aktywami, wyłamali się z niego, co spowodowało już rozłam w
amerykańskim żydostwie ('biali' Żydzi przeciwko tak zwanym
'kikes' - Żydom wschodnioeuropejskim)'" [389].

Ogólnie rzecz biorąc, kontynuuje Weiss, „Żydowski ruch bojko-
tujący niemieckie towary był największym z wysiłków międzynarodowych organizacji żydowskich w sprawie niemieckiego
żydostwa, a społeczności żydowskie na całym świecie - zwłaszcza w Stanach Zjednoczonych, Francji i Wielkiej Brytanii -
uczestniczyły w tym bojkocie. Ruch bojkotowy w Polsce był
szczególnie silny i przeważał w żydowskich akcjach przeciwko
nazistowskim Niemcom" [390]. Jednocześnie ludzie najbardziej
narażeni na skutki nazizmu do tamtego czasu, a mianowicie
żydostwo niemieckie, ogólnie sprzeciwiali się całej idei bojkotu.
„Ruch bojkotu był powszechnie postrzegany jako zagrożenie dla
interesów niemieckich Żydów, ponieważ mógł spowodować, iż
Niemcy zaostrzą swój własny antyżydowski bojkot gospodarczy.
Uznano to również za potencjalną przeszkodę dla umowy transferowej, która służyła podstawowym interesom niemieckiego
żydostwa w sferze ekonomicznej oraz emigracyjnej", utrzymuje
Weiss. Inny historyk, Yoav Gerber, pisze w odniesieniu do sprzeciwu niemieckiego żydostwa wobec bojkotu, iż na początku
kwietnia 1933 r. w Londynie postanowiono wraz z niemiecką
delegacją syjonistyczną unikać przyłączania się do rodzącego się

antyniemieckiego ruchu bojkotowego, aby móc kontynuować działalność syjonistyczną w Niemczech [391].

Głęboko zakorzeniona alienacja

Spór w sprawie umowy transferowej i bojkotu towarów był zawzięty i zajadły. Odzwierciedlał coś więcej aniżeli brak porozumienia co do właściwego sposobu odnoszenia się do nazizmu, co samo w sobie było dość poważnym problemem. Pod tym wszystkim znajdowały się warstwy pogardy i wrogości wśród skłóconych ze sobą społeczności.

Wśród Żydów istniały trzy główne obozy: 1) ortodoksi - głównie żydostwo polskie, 2) syjoniści - z których większość mieszkała w Palestynie, oraz 3) asymilanci - głównie niemieccy i austriaccy Żydzi. Amerykańskie żydostwo było podzielone pomiędzy grupy ortodoksyjne, asymilacyjne, których wielu członków było pochodzenia niemieckiego, a niektórzy z nich nadal mieli majątek i interesy w Niemczech, oraz syjonistów, którzy byli w większości członkami ruchu Syjonizmu Rewizjonistycznego prowadzonego przez Żabotyńskiego.

Relacje między tymi trzema społecznościami były pełne napięcia i wyobcowania od początku emancypacji we wczesnych latach XIX wieku, natomiast pojawienie się syjonizmu pod koniec XIX wieku tylko pogorszyło ten brak jedności, ponieważ był sprzeczny z religijnymi poglądami Żydów ortodoksyjnych, którzy twierdzili, że powrót do Syjonu musi nastąpić dopiero po przybyciu Mesjasza. Według niemieckiego historyka Tobiasza Grilla innym aspektem podziałów w świecie żydowskim było to, że niemieccy Żydzi traktowali w sposób protekcjonalny polskich Żydów ortodoksyjnych. Podczas I wojny światowej mieli nadzieję, że „ich bracia z Europy Wschodniej zostaną wyzwoleni z jarzma carskiego i zostaną przywróceni na wyższy poziom kulturowy. Około dwa miesiące po wybuchu wojny profesor Ludwig Stein (1859-1930) wygłosił odczyt w Stowarzyszeniu Historii i Literatury Żydowskiej, stwierdzając, iż „Jeśli uda się poprowadzić Rosję tam, gdzie jest jej miejsce, do Azji, to nie jest wykluczone, że sprowadzimy rosyjskich Żydów z powrotem do niemieckiej kultury i cywilizacji" [392].

Zarozumiałość niemieckiego żydostwa nie ograniczała się do terytorium Niemiec. Kiedy niemieccy Żydzi wyemigrowali do Ameryki, zabrali ze sobą swój stosunek do polskiego żydostwa. Edwin Black pisze, iż „Zarówno Amerykański Komitet Żydowski, jak i B'nai B'rith (Synowie Przymierza) zostały założone przez zamożnych niemieckich Żydów reprezentujących szczególne poglądy. W przeciwieństwie do swoich wschodnioeuropejskich współwyznawców Niemcy przywiązali się do swojej pierwotnej tożsamości narodowej i byli bardziej niezależni ekonomicznie. Co więcej, wielu niemieckich Żydów uważało się za tak zwanych 'Hofjuden', czyli Żydów dworskich, podczas gdy Żydzi z Polski i Rosji byli dla nich ludźmi 'niecywilizowanymi' i przynoszącymi wstyd. Tego typu uprzedzenia są najlepiej podsumowane w niemiecko-amerykańskiej gazecie żydowskiej z czerwca 1894 r. pod nazwą 'Hebrew Standard', gdzie można było przeczytać, iż całkowicie zaaklimatyzowany Żyd amerykański jest bliższy 'nastrojom chrześcijańskim, które go otaczają, aniżeli judaizmowi tych nieszczęsnych, ponurych [noszących czarne płaszcze] Hebrajczyków'" [393].

Jednocześnie syjoniści nie mogli znieść Żydów asymilujących się. „Dnia 31 stycznia 1933 r.", pisze Black, „w ciągu dwudziestu czterech godzin od mianowania Hitlera gazeta ZVfD [Syjonistycznej Federacji Niemiec] 'Jüdische Rundschau' [Przegląd Żydowski] stwierdziła, że obrona praw Żydów może być prowadzona tylko przez syjonistów, a nie żydostwo głównego nurtu. Po nazistowskiej akcji palenia książek z 10 maja 'Jüdische Rundschau' opłakiwała stratę, podobnie jak wszyscy Żydzi, ale nie mogła się oprzeć publicznemu przylepieniu łatek 'renegatów' wielu żydowskim autorom, którzy zdradzili swoje korzenie. Walka z asymilacją trwała z tygodnia na tydzień, a syjonistyczne oszczerstwa brzmiały boleśnie podobnie do linii polityki nazistowskiej dyskredytującej niemieckie obywatelstwo Żydów" [394].

Podczas gdy syjoniści nie przepadali za zasymilowanymi Żydami, nadal jednak dostrzegali w nich pewne korzyści. W końcu Żydzi w Ameryce i Wielkiej Brytanii byli w stanie wspierać syjonizm zarówno finansowo, jak i politycznie. Jednakże jeśli chodzi o polskie ortodoksyjne żydostwo, syjoniści byli już znacznie bardziej zgryźliwi w swojej ekspresji i postawie. W poprzednim rozdziale przytoczyliśmy szokujące słowa wypowiedziane przez Chaima Weizmanna podczas XX Kongresu Syjonistycznego w 1937 r. dotyczące losu polskich Żydów będących „prochem, gospodarczym i moralnym pyłem", według których „tylko resztka przetrwa" i „musimy to zaakceptować"; czy też nienawistne słowa poety Uri Zvi Greenberga o polskich handlarzach, którzy w końcu przypomnieli sobie o Palestynie, teraz, gdy bramy do wszystkich krajów zostały zamknięte.

Jednak liderzy ci nie byli odosobnieni w swoich poglądach. Wyrażali raczej powszechny nastrój panujący w Palestynie.

Icchak Gruenbaum, który do roku 1931 był przywódcą ruchu syjonistycznego w Polsce, ostrzegał, że polskie żydostwo jest w poważnym niebezpieczeństwie. Według wcześniej wspomnianych już historyków Reinharza i Shavita (rozdział „Świt syjonizmu") w marcu 1936 r. Gruenbaum przestrzegał: „'Zmierzamy ku nowej katastrofie w życiu naszego narodu, katastrofie, która będzie większa niż katastrofa niemieckich Żydów'. W tym samym miesiącu poinformował on Nahuma Goldmanna, przedstawiciela Organizacji Syjonistycznej przy Lidze Narodów i założyciela Światowego Kongresu Żydów, iż niebezpieczeństwo w Polsce jest 'wielkie. [...] Jeśli nie uda nam się odwrócić tej sytuacji, dojdzie do katastrofy podobnej do tej w Niemczech, ale różnica polega na tym, że w Niemczech było 600 000 Żydów, a w Polsce 3 miliony'" [395].

Pomimo ponurego raportu Gruenbauma ten sam Nahum Goldmann spotkał się w dniu 2 października 1936 r. z polskim ministrem spraw zagranicznych Józefem Beckiem, aby zniechęcić go do pomocy Żabotyńskiemu - jedynemu syjonistycznemu przywódcy, który próbował pomóc polskiemu żydostwu, nakreślając plan wysłania miliona Żydów z Polski do Palestyny. „Ruch syjonistyczny – powiedział Goldmann – 'przyznaje, iż sama Palestyna nie jest w stanie wchłonąć wszystkich żydowskich emigrantów i dlatego należy znaleźć inne kraje docelowe'. Co więcej, w polityce imigracyjnej kierowano się założeniem, że nie wszyscy pragnący emigrować nadawali się do zamieszkania w Palestynie, dlatego też ta polityka opierała się na zasadzie imigracji selektywnej" [396].

Nawet sam Gruenbaum działał przeciw własnemu raportowi. „Gdyby ruch syjonistyczny zachęcał do masowego exodusu

Żydów z Polski [...] 'My, którzy budujemy ten kraj, mogliby-śmy się spodziewać potoków, które przyniosłyby szkody nam samym'" [397].

„To ostrzeżenie, iż 'potok imigrantów' zagroziłby syjonistycz-nemu projektowi w Palestynie - kontynuują Reinharz i Shavit - nie było odosobnioną opinią [i] pochodziło od kogoś, kto dobrze wiedział i rozumiał, w którą stronę wieje wiatr w polskim rządzie i społeczeństwie" [398].

Trzy lata wcześniej, w październiku roku 1933, po powrocie z podróży do Polski David Ben-Gurion napisał do Weizmanna: „Judaizm jest niszczony i tłamszony. [...] Widziałem sytuację Żydów w Polsce, na Litwie i na Łotwie. Nie może to tak trwać dalej. Niemcy to tylko preludium. Nie tylko bieda, brak moż-liwości utrzymania się, presja polityczna, nasilający się antyse-mityzm, lecz straszny jest całkowity brak nadziei" [399]. Mimo to Ben-Gurion „[...] nie przewidywał imigracji milionów lub setek tysięcy - raczej dziesiątek tysięcy [...], ponieważ 'oczywi-stym jest, że Palestyna nie może jeszcze zaoferować rozwiąza-nia dla wszystkich polskich Żydów. Imigracja do Palestyny jest z konieczności ograniczona, dlatego też istnieje potrzeba selek-tywnej imigracji'" [400].

Podsumowując, można powiedzieć, że „przywódcy ruchu syjo-nistycznego dokonali rozróżnienia pomiędzy zagrożeniem, jakie niosła ze sobą wojna dla Żydów Europy, a zagrożeniem dla Jiszuw [żydowskiego osadnictwa w Palestynie]. [...] Ich głównym celem było utrzymanie syjonistycznego planu w Palestynie" [401].

Jak szczegółowo opisano w rozdziale 5, wrogość między syjo-nizmem a ortodoksyjnym żydostwem była mocno i głęboko zakorzeniona. Zaczęło się to w połowie XIX wieku, kiedy car Aleksander II wyemancypował rosyjskie żydostwo, a młodzi ortodoksyjni Żydzi gromadzili się tłumnie na świeckich uniwersytetach, gdzie sami stawali się ludźmi świeckimi, socjalistami, komunistami, a często nawet rewolucjonistami. Kiedy w roku 1881 wybuchły pogromy zwane „Burzami na południu" wielu żydowskich socjalistów opuściło Rosję i udało się do Palestyny, aby stworzyć ojczyznę dla Żydów. Jednakże wyobrażali ją sobie jako świeckie, socjalistyczne państwo, a nie jako ortodoksyjny, żydowski, suwerenny sztetl [żydowskie miasteczko w Europie Wschodniej]. David Ben-Gurion, Chaim Weizmann, Berl Katznelson i praktycznie wszyscy przywódcy ruchu syjonistycznego pochodzili ze sztetli Europy Wschodniej i nie chcieli sprowadzać ich do Palestyny. Nie chcieli pozwolić na to, aby ortodoksyjni Żydzi stali się dominującą siłą w nowej ojczyźnie, którą budowali w Palestynie. Dlatego też ortodoksyjni Żydzi w Europie Wschodniej nie mieli powodu, aby żywić nadzieję, że syjoniści będą walczyć o ratunek dla nich. Faktem jest, że ortodoksyjne żydostwo też nie chciało wcale emigrować do Palestyny.

Profesor Weiss wyjaśnia, że ruch robotniczy w Palestynie kierowany przez Dawida Ben-Guriona i Berl'a Katznelsona „oparł swoje stanowisko [przeciw bojkotowi] na dychotomii między budowaniem kraju a diasporą, pomiędzy działaniem a dumą. Mosze Shertok, następca Arlosoroffa na stanowisku szefa Departamentu Politycznego Agencji Żydowskiej, nie liczył się bardzo ze słowami, mówiąc: 'Od samego początku sprzeciwiałem się bojkotowi, ponieważ uważałem go za gest w stylu diaspory, balsam dla zranionej duszy. Żydowskie serce żywi takie uczucia, ale ruch polityczny nie może działać wyłącznie na podstawie uczuć'. [Josef Aharonowitz odpowiedzialny za finanse w Agencji Żydowskiej] nazwał bojkot 'nabrzmiałą skórą tykwy'" [402].

Faktem jest, jak twierdzi Black, że nawet Umowa transferowa, której oficjalnym celem było uratowanie niemieckiego żydostwa, miała zostać wykorzystana na rzecz pomocy 'chalucim' [pionierom syjonistycznym w Palestynie]. „Do roku 1933", pisze Black, „ponad połowa żydowskiej siły roboczej w Palestynie i około 80 procent kibuczników [członków kibuców - osad rolniczych w Palestynie] było 'chalucami'. Ogromna większość tej syjonistycznej awangardy była przesycona europejską myślą socjalistyczną, a także byli oni aktywnymi członkami [partii Ben-Guriona] Mapai. Jednak w Niemczech było mniej niż 3000 chaluców, a wielu z nich mieszkało w Rzeszy, nie mając niemieckiego obywatelstwa. Oczywistym jest, że zubożałe masy niemieckich Żydów [...] miałyby duże trudności z zakwalifikowaniem się do wjazdu do Palestyny. Członkowie partii Mapai chcieli jednak, aby kontyngenty dla imigrantów robotniczych były zarezerwowane nie tyle dla chaluców niemieckich, ile dla Żydów z Polski, Czechosłowacji, Rumunii i innych narodów. Dr Ruppin [jeden z liderów Organizacji Syjonistycznej i jeden z architektów Umowy transferowej] miał nawet zasugerować, iż wielki palestyński układ zrodzony przez niemiecki kryzys miałby służyć potrzebom społeczności żydowskich w całej Europie, a nie tylko w samych Niemczech" [403].

Tymczasem w Polsce ortodoksyjni Żydzi odnosili się tak samo pogardliwie wobec syjonizmu i Palestyny, jak syjoniści wobec nich. Wysiłki Żabotyńskiego, aby pomóc Żydom w opuszczeniu Polski, nie były pierwszą taką próbą. Profesor Weiss pisze, że „Umowa podobna do umowy transferowej, znana jako Umowa rozliczeniowa, została opracowana pomiędzy Agencją Żydowską a rządem polskim w drugiej połowie 1936 r. i została podpisana w marcu 1937 r. Jej celem było umożliwienie żydowskim emigrantom z Polski przeniesienie swoich aktywów do Palestyny, pomimo przepisów dotyczących polskiej waluty, poprzez zakup polskich towarów" [404].

Porozumienie to odniosło jednak bardzo niewielki sukces, który, jak można się było spodziewać, „wynikał z wewnętrznych walk po stronie żydowskiej. Rewizjoniści po stworzeniu szerokiego frontu opozycji wobec Umowy transferowej podczas jej opracowania wykazali duże zainteresowanie Umową rozliczeniową i próbowali zawrzeć odrębne układy, które omijałyby Agencję Żydowską, od której już wcześniej się odłączyli. Umowa rozliczeniowa zaczęła nabierać kształtu, kiedy stan polskiego żydostwa pogorszył się, a debaty na temat 'ewakuacji' stały się częstsze. Gruenbaum przewodniczył negocjacjom w imieniu Agencji Żydowskiej, realizując w ten sposób swoją ponurą przepowiednię w kwestii 'ucieczki i zorganizowanego exodusu'. Późniejsze wydarzenia w Polsce dowiodły niezbicie bolesnej niemocy ruchu bojkotującego w przeciwieństwie do praktyczności formuły syjonistycznej" [405], czyli Umowy transferowej.

Reinharz i Shavit również opisują żałosny los Umowy rozliczeniowej. Ich zdaniem „Porozumienie miało umożliwić wyprowadzenie kapitału żydowskiego z Polski, co było warunkiem koniecznym dla absorpcji dużej imigracji w Palestynie. [...] Porozumienie weszło w życie 1 marca 1937 r., jednakże tylko niewielu żydowskich 'kapitalistów' wykazywało jakiekolwiek zainteresowanie nim, a w sierpniu 1938 r. zostało ono zakończone"

[406]. Faktem jest, że „W drugiej połowie lat trzydziestych XX wieku duża liczba Żydów pukała do drzwi palestyńskich biur w Polsce, aby otrzymać stosowne certyfikaty. Niemniej jednak" z pychy, która ostatecznie przyniosła tragiczne konsekwencje, „wielu z tych, którzy wyrazili swoje zainteresowanie, zdecydowało się jednak pozostać w Polsce lub szukało innych, lepszych dla siebie miejsc emigracji" [407].

Dobry Wysoki Komisarz

Spośród 600 000 Żydów, którzy mieszkali w Niemczech i Austrii, mniej niż dziesięć procent skorzystało z umowy transferowej i wyemigrowało do Palestyny. Jednym z częściej słyszanych argumentów dotyczących imigracji Żydów do Palestyny jest to, że nawet gdyby chcieli przyjechać do Palestyny, restrykcyjna polityka imigracyjna brytyjskiego mandatu i tak ograniczyłaby tę imigrację. Jeśli tak faktycznie było, to jaki sens miałoby podpisywanie Umowy transferowej? Z jakiegokolwiek powodu wspólna narracja dotycząca polityki brytyjskiego mandatu wobec imigracji Żydów do Palestyny w czasach nazistowskich często pomija krytyczne fakty, które po dodaniu do całej historii przedstawiają rozwój wydarzeń w zupełnie nowym świetle.

W roku 1929 Arabowie palestyńscy rozpoczęli serię ataków na Żydów. W ciągu tygodnia, między 23 sierpnia a 29 sierpnia 1929 r., zamordowano 133 Żydów, a około dwudziestu tysięcy zostało rannych. Wiele ofiar było torturowanych i wykorzystanych fizycznie oraz seksualnie. Podczas zamieszek siedemnaście żydowskich osad, w większości małych i słabo chronionych, zostało ewakuowanych lub opuszczonych.

Israel Amikam, prawnik i pisarz, który przeprowadził wywiady z niektórymi ofiarami tych zamieszek i dokumentował reakcje brytyjskiego mandatu w Palestynie w tym czasie, opublikował książkę pod tytułem: „Atak na osadę żydowską w Izraelu, 1929 r." (tytuł przetłumaczony z hebrajskiego). W swojej książce Amikam opisuje liczne przypadki tortur, rzezi, gwałtów, palenia i innych aktów niewymownego okrucieństwa wobec bezbronnych kobiet, dzieci i osób starszych [408].

Traumatyczne wydarzenia lata 1929 roku wywołały fale wstrząsów nie tylko w całej żydowskiej osadzie w Palestynie, ale także w Wielkiej Brytanii. Po tych wydarzeniach rząd brytyjski wyznaczył sir Johna Hope'a Simsona do zbadania okoliczności zamieszek i wyciągnięcia praktycznych wniosków, aby zaradzić tej sytuacji. Rezultatem tych działań był raport Hope'a Simsona, który okazał się, jak to ujął uznany historyk prof. Norman Rose, „wyjątkowo krytyczny wobec metod syjonistycznych w Palestynie" [409].

Zgodnie z wnioskami i zaleceniami raportu sekretarz kolonialny Lord Passfield wydał oficjalny dokument dotyczący polityki brytyjskiej w Palestynie, który stał się znany jako 'Biała księga Passfielda'. W swojej książce zatytułowanej „A Senseless, Squalid War" (Bezsensowna, brudna wojna) profesor Rose pisze, że ogólny ton Białej księgi Passfielda „był niezwykle krytyczny wobec metod syjonistycznych w Palestynie, szczególnie w odniesieniu do polityki imigracyjnej i zakupów ziemi. Tylko w jednym konkretnym punkcie syjoniści mogli odnaleźć nieco satysfakcji: przemoc, jak twierdzono, była wynikiem ataków Arabów na Żydów i nie było dla niej żadnego wytłumaczenia" [410]. Passfield podsumował swoje ustalenia w oświadczeniu na temat polityki działań, która opowiadała się za „drastycznymi ograniczeniami w skali żydowskiej imigracji i zakupów ziemi, a także daleko idącymi propozycjami konstytucyjnymi, wrogimi Domowi Narodowemu. Nawet Beatrice Webb, żona Passfielda, nie będąca zwolenniczką syjonizmu, uważała, iż dokument był 'źle opracowany [i] nietaktowny'" [411].

Nic dziwnego, że Biała Księga nie spotkała się z ciepłym przyjęciem wśród samych syjonistów. Weizmann oraz inni przywódcy Agencji Żydowskiej zrezygnowali w proteście przeciwko temu, co nazwali próbą „zdławienia Żydowskiego Domu Narodowego" [412]. Chociaż oficjalnie złożył swoją rezygnację, Weizmann nie pozostawał jednak bierny, gdyż wraz z innymi syjonistami odpowiedzieli na Białą Księgę, rozpoczynając kampanię przeciwko niej. W rezultacie tych działań „W liście do Weizmanna, który został przedstawiony Radzie Ligi Narodów jako oficjalny dokument rządowy, wysłany do Wysokiego Komisarza jako instrukcja gabinetu oraz przedstawiony i odnotowany w postępowaniu Parlamentu, Ramsey MacDonald, premier [brytyjski], częściowo naprawił poczynione szkody. Co prawda, nie uchylił Białej Księgi Passfielda, ale jej styl i treść zmodyfikowano do takiego stopnia, że praktycznie nie miała już żadnego znaczenia. [...]

List MacDonalda zwiastował okres bezprecensowego rozwoju i ekspansji żydowskiego osadnictwa. Oczywistym jest, że Arabowie postrzegali to zupełnie inaczej [...]. Lekceważąco nazwali dokument 'Czarnym listem'" [413].

Po wyborach parlamentarnych w październiku 1931 r. całkowicie zmieniła się mapa polityczna w Anglii, a Partia Pracy doznała wtedy poważnej porażki. MacDonald, który do tego czasu odszedł już z partii, został ponownie wybrany na stanowisko premiera, ale utworzył zupełnie inny gabinet, który odnosił się już dużo przyjaźniej do kwestii żydowskiej. Wkrótce po wyborach MacDonald usunął ze stanowiska poprzedniego Wysokiego Komisarza i na jego miejsce mianował generała Sir Arthura Grenfell Wauchope'a. „Dla syjonistów", pisze Rose, „Wauchope był prawdopodobnie najlepszym Wysokim Komisarzem w Palestynie. Daję ci 'dobrego człowieka, Szkota' – zapewniał MacDonald w liście do Bena Guriona" [414]. Wauchope niezwłocznie postanowił wprowadzić w życie ducha listu MacDonalda. Administracja nowego Wysokiego Komisarza była świadkiem gwałtownego wzrostu imigracji Żydów. W latach 1933–1935 do Palestyny wjechało 134 540 legalnych imigrantów, co stanowiło naprawdę dramatyczny wzrost w porównaniu z liczbą 247 404 osób w okresie 1921–35. Dojście Hitlera do władzy w styczniu 1933 r. dało impuls do wzrostu żydowskiej imigracji, która, jeśli miałaby trwać na takim poziomie, groziła zmianą struktury demograficznej kraju" [415]. Niestety, jak wspomniano wcześniej, tylko 26 000 Żydów przybyło z Niemiec, natomiast cała reszta pochodziła głównie z Europy Wschodniej.

W rzeczywistości nie tylko Wauchope był przychylny sprawie żydowskiej w Palestynie, W ramach przygotowań do Umowy transferowej Chaim Weizmann oraz Chaim Arlosoroff przeprowadzili spotkanie w dniu 14 kwietnia 1933 r. z Wysokim Komisarzem Wauchope i Sir Phillipem Cunliffe-Listerem, brytyjskim sekretarzem kolonialnym, w eksperymentalnej placówce rolniczej pod Tel Awiwem. „Cunliffe-Lister był urzędnikiem gabinetu mającym bezpośredni nadzór nad angielskimi koloniami oraz mandatem palestyńskim", pisze prof. Black. „Wauchope i Cunliffe-Lister wspólnie dysponowali niezbędną siłą do radykalnej zmiany kursu żydowskiego nacjonalizmu w

Palestynie. Cunliffe-Lister rozmawiał już z [żydowskim przemysłowcem Pinhasem] Rutenbergiem w Londynie o przesiedleniu niemieckich Żydów do Palestyny za pośrednictwem spółki likwidacyjnej. Zasadniczo sekretarz kolonialny zatwierdził ten plan" [416].

Sfrustrowani Arabowie rozpoczęli swój pierwszy i jedyny bunt skierowany bezpośrednio przeciwko mandatowi brytyjskiemu. W piątek 27 października 1933 r. Arabski Komitet Wykonawczy przeprowadził szereg jednoczesnych i gwałtownych demonstracji przeciwko funkcjonariuszom policji mandatu brytyjskiego w całej Palestynie. Zamieszki te były kontynuacją arabskich demonstracji, które miały miejsce dwa tygodnie wcześniej w Jerozolimie. Według dziennika 'The Sunday Times' w zamieszkach zginęło dwudziestu arabskich uczestników tych protestów [417].

Niemniej jednak żydowska imigracja trwała wówczas praktycznie bez zakłóceń. Do tamtego czasu relacje między przywódcami Organizacji Syjonistycznej [ZO] a ówczesnym rządem brytyjskim były więcej niż serdeczne; były one wręcz oparte na solidarności. Prawdą jest, iż wiele lat wcześniej Chaim Weizmann spotkał się już z Herbertem Samuelem, który był aktualnie ministrem spraw wewnętrznych w rządzie MacDonalda. Na tym spotkaniu Samuel, praktykujący liberalny Żyd, był jeszcze bardziej entuzjastycznie nastawiony do idei ojczyzny żydowskiej niż sam Weizmann. W liście, który napisał Weizmann, opisując swoje spotkanie z Herbertem Samuelem, zauważa ze zdziwieniem: „On [Samuel] wierzył, że moje żądania są zbyt skromne, że w Palestynie trzeba będzie zrobić wielkie rzeczy; on sam się przeprowadzi i spodziewa się, że Żydzi pojadą natychmiast, [kiedy już] sytuacja militarna zostanie rozstrzygnięta. Był przekonany, iż zostanie ona rozstrzygnięta pozytywnie" [418]. Jednak najbardziej zadziwiające były ostatnie słowa Weizmanna na temat tego spotkania: „[Samuel] uważa, że być może świątynię także będzie można odbudować jako symbol żydowskiej jedności" [419].

Okno stopniowo zamyka się dla niemieckiego żydostwa

Kiedy Mildenstein założył Departament Żydowski w SD (agencja wywiadu SS), jego celem było ułatwienie imigracji Żydów do Palestyny. Nie tylko on sam był entuzjastą syjonizmu, ale także zaszczepił swoją pasję reszcie pracowników swojego urzędu. Jeden z zastępców Mildensteina, który był niejako jego „protegowanym", był nikomu nie znanym Austriakiem, który przystąpił do partii nazistowskiej kilka miesięcy po objęciu przez Hitlera władzy w Niemczech. Nazywał się on Adolf Eichmann. Według uznanej powieściopisarki i wydawcy Anny Porter „Eichmann kazał uszyć swój mundur, kiedy narodowy socjalizm był wciąż zakazany w Austrii" [420].

W roku 1934 nastąpił „wielki przełom" dla Eichmanna, jak to później określił, „gdy kazano mu zgłosić się do podporucznika Leopolda von Mildensteina przy ulicy Wilhelmstrasse 102 w Berlinie. [...] Sam będąc Austriakiem o przyjaznym usposobieniu, von Mildenstein zadał sobie trud nauczenia Eichmanna podstaw pracy swojego wydziału. Powiedział mu, że jego pierwszym zadaniem będzie przeczytanie pozycji 'Państwo żydowskie' Theodora Herzla. Eichmannowi niezmiernie spodobała się ta książka. Myślał, że dzięki niej uzyskał pewien wgląd w umysł żydowski, a także przedstawiała ona możliwe rozwiązanie 'problemu żydowskiego', czyli emigrację do Palestyny. Eichmann w końcu znalazł swój cel. Postanowił, że zostanie autorytetem w sprawie Żydów. Po książce Hertla przeczytał dzieła Maxa Nordaua i Mojżesza Hessa. Napisał później artykuł o ideach Herzla i organizacjach syjonistycznych. Nauczył się hebrajskiego alfabetu i w ciągu kilku miesięcy był w stanie przeczytać, choć powoli, gazetę w języku jidysz. Zaprenumerował także żydowskie czasopismo Haint (Dzisiaj). Chciał zobaczyć, kto pisze i jakie aspekty porusza na temat życia Żydów w Rzeszy. Bardzo chciał zrozumieć, kim naprawdę byli Żydzi" [421].

Pomimo umowy transferowej, która oferowała Żydom migrującym do Palestyny korzyści, których nie oferował im żaden inny kraj, i pomimo łagodnej polityki brytyjskiego mandatu wobec żydowskiej imigracji do Palestyny, która spowodowała napływ Żydów z innych krajów, żydostwo niemieckie wciąż stanowiło bardzo niewielką część wszystkich imigrantów. Najwyraźniej środki te wciąż nie dawały wystarczającego impulsu dla Żydów niemieckich do przeniesienia się do Palestyny, tak że większość z nich zdecydowała się pozostać na swoim miejscu.

Jak podkreślono wcześniej w rozdziale „Dwie grupy Żydów" (ostatni akapit), aby promować imigrację Żydów do Palestyny, nazistowskie Niemcy wspierały organizacje syjonistyczne w samych Niemczech. Profesor Black wyjaśnia, jak kompleksowe było to wsparcie. „Nazistowskie uznanie syjonizmu, które miało początek w kwietniu 1933 r., było oczywiste, ponieważ syjoniści mieli wyraźnie chroniony status polityczny w Niemczech. Natychmiast po pożarze Reichstagu z 27 lutego [1933 r.] naziści zdławili praktycznie całą opozycję polityczną. Poprzez nadzwyczajne rozporządzenia większość nienazistowskich organizacji politycznych zostało rozwiązanych, a redakcje podejrzanych gazet zamknięto. W efekcie tych działań oficjalnie zakazano wydawania około 600 gazet w 1933 r. Inne zostały w nieoficjalny sposób uciszone za pomocą 'metod ulicznych'. Do wyjątków należały: Jüdische Rundschau [Przegląd Żydowski], tygodnik ZVfD [Syjonistycznej Federacji Niemiec] oraz kilka innych żydowskich publikacji. Tygodnik niemieckich syjonistów był kolportowany na ulicach i w kioskach. [...] Chociaż wiele wpływowych aryjskich publikacji było zmuszonych do ograniczenia rozmiaru swojej strony w celu oszczędności papieru gazetowego, jednak nie dotyczyło to 'Jüdische Rundschau' aż do okresu obowiązkowego racjonowania papieru gazetowego w 1937 r." [422].

Pomimo tych wszystkich wysiłków bardzo niewielu Żydów zdecydowało się na opuszczenie Niemiec i wyjazd do Palestyny. Von Mildenstein, który pisał życzliwe artykuły o syjonizmie w Der Angriff, założył Departament Żydowski w SD (agencja wywiadu SS), zostając szefem Eichmanna. Stawał się on coraz bardziej niecierpliwy w stosunku do Żydów, a co gorsza, podobnie było w przypadku jego przełożonych.

W czerwcu roku 1936 Mildenstein zrezygnował (lub został usunięty) ze swojego urzędu, najprawdopodobniej w wyniku tego, iż nie zdołał zachęcić Żydów do opuszczenia Niemiec i wyjazdu do Palestyny. Nadal był zainteresowany Palestyną, ale już z innej strony. W 1938 r. „Mildenstein [...] stał się pracownikiem Ministerstwa Propagandy [za Goebbelsa], gdzie jako szef propagandy sekcji bliskowschodniej pracował nad osłabieniem swojej poprzedniej polityki i podżegał wręcz do aktów arabskiej przemocy wobec Żydów w Palestynie" [423].

Odejście Mildensteina pociągnęło za sobą zmianę nastawienia Departamentu Żydowskiego do samych Żydów, natomiast Adolf Eichmann został w końcu szefem tego departamentu. „Na początku lat czterdziestych", pisze Black, „priorytety Eichmanna zmieniły się z emigracji i syjonizmu na deportację i ludobójstwo, kiedy to organizował transport milionów Żydów do komór gazowych w Europie" [424].

Plan B: wypędzić Żydów siłą

Omówiliśmy już to, jak bardzo naziści starali się zachęcić Żydów do imigracji do Palestyny, co miało stanowić sposób rozwiązania „kwestii żydowskiej". Nie tylko wspierali organizacje syjonistyczne, ale także silnie tłumili te niesyjonistyczne, a szczególnie żydowskie organizacje asymilacyjne. Francis Nicosia i David Scrase w swojej książce *Jewish Life in Nazi Germany* (Życie Żydów w nazistowskich Niemczech) piszą, że „między rokiem 1933 a 1935 ruch syjonistyczny szybko stał się jedyną opcją polityczną dla Żydów w Niemczech, a jego rozwój szybko przerósł rozwój organizacji niesyjonistycznych i zdominował dyskurs polityczny wśród niemiecko-żydowskich przywódców w Berlinie. W listopadzie 1935 r. Verband nationaldeutscher Juden (VnJ) [Stowarzyszenie Niemieckich Żydów Narodowych] został rozwiązany, a 'CV' [Centralny Związek Obywateli Niemieckich Wyznania Mojżeszowego] został zmuszony do zmiany nazwy na 'Centralverein der Juden in Deutschland' (Centralny Związek Żydów w Niemczech) i zaprzestania wszelkich działań 'asymilacyjnych'. Organizacja żydowskich weteranów wojennych była przez następne trzy lata powoli eliminowana. Ponieważ CV i RjF [Związek Żydowskich Żołnierzy Frontowych] stawały się coraz bardziej nieistotne, dwie organizacje syjonistyczne były jedynymi organizacjami żydowskimi o charakterze politycznym, które nadal funkcjonowały i się rozrastały...

Gwałtowny wzrost aktywności publicznej różnych organizacji związanych z ruchem syjonistycznym w Niemczech jest wskaźnikiem jego coraz bardziej dominującej roli w życiu Żydów w Niemczech lat trzydziestych XX wieku. [...] Podczas różnych wydarzeń, które były prawie na porządku dziennym, [...] omawiane tematy obejmowały bezskuteczność emancypacji i asymilacji jako rozwiązań kwestii żydowskiej, zasadność syjonizmu oraz zagadnienia i problemy związane z osadnictwem w Palestynie. [...] Kursy języka hebrajskiego cieszyły się coraz większą popularnością, ponieważ coraz więcej młodych ludzi rozważało emigrację z Niemiec do Palestyny. Wybitni syjoniści berlińscy, tacy jak rabin Joachim Prinz, Kurt Blumenfeld, Georg Landauer, Siegfried Moses i inni, często przemawiali w Berlinie i sporo podróżowali do innych niemieckich miast, gdzie organizowano syjonistyczne wystąpienia. Niektórym z nich, takim jak Blumenfeld, Landauer i inni, pozwolono od czasu do czasu przyjechać do Niemiec po emigracji do Palestyny w 1933 r., aby mogli zabrać głos podczas imprez syjonistycznych. Wszystkie tego typu spotkania były rejestrowane przez władze, a policyjni obserwatorzy zawsze byli na nich obecni. Według raportów policyjnych frekwencja, szczególnie w Berlinie, była prawie zawsze bardzo wysoka i wynosiła od stu do tysiąca lub więcej uczestników. Te same raporty policyjne zawsze wyrażały zadowolenie z przebiegu wydarzeń, a szczególnie z programu tych spotkań, który kładł nacisk na promowanie emigracji do Palestyny" [425].

Pomimo wszystkich tych wysiłków rzeczywiste tempo emigracji Żydów do Palestyny wcale nie zadawalało nazistów. Po początkowym (ledwo) znośnym tempie z liczbą ponad 26600 żydowskich emigrantów, przesiedlonych z Niemiec do Palestyny w latach 1933-1935, w kolejnych latach przyrost liczby emigrantów osłabł jeszcze bardziej.

Po tym jak Mildenstein opuścił urząd ds. Żydów, Niemcy nadal naciskały na żydowską emigrację, choć stawało się to coraz bardziej oczywiste, że celem tych działań bardziej było wygnanie Żydów z Niemiec, aniżeli popieranie syjonizmu jako takiego. „Chociaż los [umowy transferowej] nie został rozstrzygnięty, [...] a umowa ta funkcjonowała do grudnia 1939 r. [dwa miesiące po wybuchu II wojny światowej], polityka wspierania emigracji Żydów z Niemiec do Palestyny została utrzymana, a nawet zintensyfikowana w roku 1938", pisze Francis Nicosia w pracy zatytułowanej *Zionism and Anti-Semitism in Nazi Germany* (Syjonizm i antysemityzm w nazistowskich Niemczech) [426].

Pomimo wysiłków Niemców, aby zmusić Żydów do emigracji do Palestyny, przeszkody polityczne pozostające poza ich kontrolą zaczęły się stopniowo nasilać. „Pierwsze cztery lata kadencji [Wauchope'a jako Wysokiego Komisarza] były okresem świetności syjonistycznej historii w Palestynie", pisze historyk Martin Connolly [427]. Jednakże 3 marca 1938 r. Wauchope stracił zaufanie swoich przełożonych w związku z nieadekwatnymi działaniami podczas arabskich zamieszek w latach 1936-39 i został zastąpiony przez Sir Harolda Alfreda MacMichaela. MacMichael, jak ujął to historyk Jehuda Bauer, „nie był wielkim przyjacielem Żydów, syjonizmu ani Agencji Żydowskiej" [428].

Sprawił on, iż imigracja do Palestyny była coraz trudniejsza dla Żydów, co z kolei utrudniało Niemcom wysyłanie ich tam.

W obliczu praktycznie zamkniętych drzwi w Palestynie, nie licząc oczywiście imigracji nielegalnej, co wciąż stanowiło ułamek tego, na co liczyli naziści, Niemcy zaczęli szukać innych alternatyw. Z perspektywy czasu jest całkiem jasne, że odejście Wauchope'a oznaczało początek zamykania drzwi Żydom w Europie.

Fikcja w Evian

Zaledwie dziewięć dni po zastąpieniu Wauchope'a w Palestynie przez nieprzychylnego Żydom Wysokiego Komisarza miał miejsce kolejny niekorzystny rozwój wydarzeń. W dniu 12 marca 1938 r., po serii zastraszeń rządu austriackiego ze strony nazistowskich Niemiec, przywódcy tego kraju podali się do dymisji, a armia niemiecka wkroczyła do Austrii, ogłaszając tym samym „Anschluss" [„związek"] Austrii z Niemcami [429].

Dla austriackich Żydów oczywiście oznaczało to kłopoty, a naciski na ich emigrację z Austrii znacznie wzrosły. W opracowaniu pod tytułem "Obserwatorzy – wybawcy czy oprawcy?" („Bystanders, Rescuers or Perpetrators?") redaktorzy i historycy z International Holocaust Remembrance Alliance - Corry Guttstadt, Thomas Lutz, Bernd Rother i Yessica San Román - wyjaśniają, iż „W wyniku rosnącej liczby uchodźców po aneksji Austrii prezydent USA Franklin D. Roosevelt podjął nowe starania, aby rozwiązać problem uchodźców. Zaprosił on wszystkie zainteresowane państwa na międzynarodową konferencję, która odbyła się w lipcu 1938 r. w Évian-les-Bains we Francji, niedaleko szwajcarskiej granicy. Jak dobrze wiadomo, przedstawicielom 32 krajów nie udało się znaleźć pilnie potrzebnego rozwiązania problemu, z powodu którego zorganizowano to spotkanie. Chociaż większość uczestników wyraziła ubolewanie z powodu tragicznej sytuacji uchodźców, poinformowali również, że ich kraje faktycznie nie są w stanie przyjąć większej liczby przybyszów. Stało się oczywiste, że administracja USA i kilka państw europejskich spodziewało się, iż to Ameryka Łacińska i Afryka będą odpowiednim miejscem do osiedlania się dla Żydów uciekających przed dominacją niemiecką. Jednak żaden z uczestników reprezentujących Amerykę Łacińską nie zadeklarował pomocy, z wyjątkiem Dominikany pod rządami Rafaela Trujillo. Co więcej, [...] deklaracja końcowa konferencji nawet nie skrytykowała niemieckiej polityki antyżydowskiej odpowiedzialnej za spowodowanie całego kryzysu" [430].

W rzeczywistości „Jedynym konkretnym rezultatem konferencji [w Evian] było powołanie Międzyrządowego Komitetu ds. Uchodźców (IGCR), który faktycznie podjął te same zadania, których Wysoka Komisja Ligi nie zdołała zrealizować, czyli zorganizować transfer żydowskich aktywów z Niemiec i określić nowe możliwości osiedlania się żydowskich uchodźców. ... [Do czasu], kiedy wybuchła wojna, Międzyrządowy Komitet nie był w stanie przedstawić listy krajów gotowych przyjąć Żydów opuszczających Niemcy; wydawało się to uzasadniać propagandę Josepha Goebbelsa, który twierdził, że państwa krytykujące Niemcy za antysemityzm także nie chcą Żydów" [431]. Z uprzejmą obojętnością kraj po kraju zwalniał się z obowiązku przyjmowania Żydów. Australijski delegat T.W. White sarkastycznie zauważył: „Ponieważ nie mamy prawdziwego problemu rasowego, nie chcemy takiego importować" [432].

Hańbę Konferencji w Evian dopełnił aktywny udział niektórych z najwybitniejszych Żydów Ameryki w zniechęcaniu do exodusu Żydów austriackich i niemieckich. Sol Bloom, ortodoksyjny Żyd, który był przewodniczącym Izby w kwestii Spraw Zagranicznych, został wybrany przez „administrację Roosevelta [...] jako delegat USA na tą fikcyjną konferencję dotyczącą uchodźców w Evian w 1938 r., a także pięć lat później na równie groteskową konferencję w sprawie uchodźców na Bermudach [co zostanie omówione w dalszej części tego rozdziału]" [433].

Po konferencji dyrektor Międzyrządowego Biura ds. Uchodźców George Rublee, powołany przez delegatów Konferencji w Evian do negocjacji z nazistami w sprawie warunków emigracji, był w bardzo pesymistycznym nastroju. Rublee „powiedział delegacji żydowskich przywódców religijnych [...], że zadanie biura okazało się mieć „bezprecedensowe trudności" [434]. Bloom jednakże nigdy nie wyraził niezadowolenia z wyników Konferencji w Evian.

Jednym z dowodów na to, że USA nigdy nie zamierzały przyjmować uchodźców z Niemiec, jest memorandum napisane przez ówczesnego podsekretarza stanu Benjamina Wellesa z dnia 17 listopada 1938 r., zaledwie cztery miesiące po konferencji Evian i zaledwie tydzień po wydarzeniach „Nocy kryształowej" (*Kristallnacht*), kiedy to nazistowskie oddziały paramilitarne SA przeprowadziły serię skoordynowanych ataków na Żydów w całych Niemczech i części Austrii. Memorandum nie tylko pokazuje niechęć USA do pomocy niemieckim i austriackim Żydom, ale także potwierdza, że czyni to przy wsparciu żydostwa amerykańskiego: „Ambasador Wielkiej Brytanii zadzwonił do mnie dziś rano. [...] Powiedział, że rząd brytyjski pragnie, aby rząd

Stanów Zjednoczonych" zezwolił „niemieckim uchodźcom na wjazd do Stanów Zjednoczonych. [...] Przypomniałem ambasadorowi, iż prezydent oficjalnie stwierdził jeszcze dwa dni temu, że ten rząd nie ma zamiaru zwiększać kwot już ustalonych dla obywateli niemieckich. Dodałem, że mam bardzo silne wrażenie, że zaangażowani w sprawę przywódcy amerykańskich Żydów nalegaliby jako pierwsi, aby nie wprowadzać żadnych zmian do aktualnej kwoty dla niemieckich Żydów" [435].

Kolejny dowód na to, że cała konferencja była jedną wielką blagą, pojawił się w dniu 12 czerwca 1939 r., kiedy sekretarz stanu Cordell Hull napisał telegram [436] do Josepha Kennedy'ego Seniora, ambasadora USA w Wielkiej Brytanii. Hull odniósł się do planu zaproponowanego przez Herberta Williama Emersona, następcę Rublee'a jako szefa Międzyrządowego Komitetu ds. Uchodźców. W planie zasugerowano, że kraje docelowe, do których zamierzali przybyć imigranci, wyasygnowałyby jednego dolara za każdego dolara, ofiarowanego przez prywatne organizacje w celu sfinansowania emigracji uchodźców. Telegram Hulla informował w dość bezpośredni sposób, że USA nie chcą przeznaczać żadnych środków na ratowanie uchodźców z Europy. „Uważamy, że najważniejszym jest, abyście zniechęcali w każdy możliwy sposób do wprowadzenia jakiegokolwiek oficjalnego planu, który uzależnia finansowanie emigracji uchodźców od udziału rządu". W dalszej części telegramu Hull przyznaje, że „Rząd ten postawił sprawę jasno już od czasu, kiedy po raz pierwszy wystosował zaproszenie na Konferencję w Evian, że chociaż chce pomóc w uporządkowanym rozwiązaniu problemu uchodźców [nie wyjaśnił jednak znaczenia słowa 'uporządkowany'], odpowiedzialność za finansowanie projektu spoczywa na prywatnych [mianowicie żydowskich] grupach. Takie zniechęcenie z twojej strony niewątpliwie doprowadzi do rezygnacji z planu Emersona", a tego właśnie naprawdę chciał Hull.

Sol Bloom nie był jednak jedynym Żydem, który unikał jakichkolwiek działań na rzecz żydowskich uchodźców z Niemiec i Austrii, czy też wychwalał politykę bezczynności rządu USA. Rabin Jonah B. Wise, przewodniczący Wspólnego Komitetu Dystrybucyjnego, uczestniczył w Konferencji Evian jako nieoficjalny obserwator. Po zakończeniu konferencji jedyną rzeczą, którą zaoferował, były wyrazy uznania dla szefa delegacji USA Myrona C. Taylora. Według Jewish Telegraphic Agency (JTA) (Żydowska Agencja Telegraficzna) Wise „przypisywał sukces konferencji [jak to ujął] osobistym wysiłkom Myrona C. Taylora [...] Pochwalił pana Taylora za wykonanie 'wspaniałej pracy polegającej na utrzymaniu konferencji na kursie jej zadania i uniknięciu niepowodzenia, przewidywanego przez cynicznych obserwatorów'. W wyniku przywództwa Stanów Zjednoczonych, które rabin Wise określił jako 'mannę z nieba dla demokracji w Europie i Ameryce Południowej' oraz dzięki osobistym staraniom pana Taylora konferencja przyniosła 'początek nowej ery odwrotu demokracji od upokarzającej uległości wobec światowych tyranów', powiedział rabin Wise. 'Służyła ona przede wszystkim wzbudzeniu nuty człowieczeństwa i protestowi przeciw problemowi wynikającemu z działań rządu totalitarnego. Znaczącym było to, że 30 narodów zebrało się razem i praktycznie zgodziło się, iż problem ten dotyczy całej ludzkości, a nie jedynie kilku grup ludzi'" [437].

Czytając te pochwały, łatwo można zapomnieć, że konferencja ta faktycznie nie zrobiła nic dla Żydów. Aby ukryć swoją bezczynność, wyznaczono George'a Rublee do podjęcia negocjacji z Niemcami. Niemniej, aby zagwarantować, że jego misja się nie powiedzie, zawczasu zawiązano mu ręce w działaniu, decydując jeszcze przed rozpoczęciem konferencji, iż nie otworzą swoich granic dla uchodźców. W duchu takiej właśnie bezczynności „rabin Wise oświadczył: 'Nie można oczekiwać dalszej masowej emigracji z Niemiec. Rozstrzygnięcia konferencji wskazują raczej na to, iż Niemcy powinny zrozumieć, że nie mogą oczekiwać od narodów świata przyjęcia masowego exodusu z tego kraju'" [438].

Najwyraźniej podsekretarz Wells miał dobry powód, aby „odnieść bardzo silnie wrażenie", że Żydzi poprą jego odmowę udzielenia pomocy niemieckim i austriackim Żydom. Według źródeł znajdujących się w posiadaniu Biblioteki i Muzeum Abrahama Lincolna innym „odpowiedzialnym" przywódcą żydowskim był sędzia, działacz Partii Demokratycznej i twórca przemówień prezydenckich Sam [Samuel] Rosenman, który „wysłał [prezydentowi] Rooseveltowi memorandum mówiące, że 'zwiększenia kwot jest całkowicie niewskazane, gdyż spowoduje to 'problem żydowski' w krajach, które tak uczynią'" [439].

Jednakże prawdopodobnie najbardziej nieskrępowany przejaw braku współczucia Żydów wobec ich współwyznawców pojawił się w trakcie samej dyskusji w Evian. Według JTA dnia 11 lipca 1938 r. w trakcie dyskusji „pięć wiodących organizacji żydowskich delegowanych na konferencję uchodźców w Evian" wysłało „wspólne memorandum [...] postrzegające masową emigrację jako żadne rozwiązanie dla problemów Żydów w Europie Środkowej" [440]. Obawiając się, że „spowoduje to 'problem żydowski' w krajach zwiększających kwoty", jak to ujął Sam Rosenman, Żydzi w potencjalnych przyjmujących krajach próbowali wykorzystać machinę biurokracji, aby upewnić się, że 'mżawka' imigrantów nie stanie się istnym 'potokiem'. Dlatego też ich memorandum „sugerowało powołanie przez uczestników konferencji niewielkiego organu wykonawczego w celu kierowania i nadzorowania emigracji oraz podjęcia negocjacji z Niemcami i krajami przyszłej imigracji" [441]. Sygnatariuszami memorandum były: Rada ds. Żydów Niemieckich, która wyraźnie nie chciała uznać faktu, że Żydzi nie mieli przyszłości w nazistowskich Niemczech, Żydowski Związek Kolonizacyjny, [Amerykańskie] Stowarzyszenie Emigracyjne HIAS-ICA, Agudath Israel i Wspólny Komitet Zagraniczny reprezentujący zarówno Stowarzyszenie Anglo-Żydowskie, jak i Radę Deputowanych.

Aby dolać oliwy do ognia, w roku 1939 tygodnik „American Hebrew" przyznał prezydentowi Rooseveltowi „Amerykański Medal Hebrajski za wybitną pracę w promowaniu lepszego zrozumienia między chrześcijanami i Żydami oraz za jego wysiłki na rzecz humanitarnego rozwiązania kryzysów żydowskich" [442]. Według komitetu sędziowskiego, który postanowił przyznać Prezydentowi nagrodę, przynajmniej jednym z powodów jego wyboru była „organizacja Konferencji w Evian". Według słów członków komisji Roosevelt zasłużył na to wyróżnienie, „[...] ponieważ w ciągu minionego roku wykazywał inicjatywę podczas każdego kryzysu w sprawach żydowskich i robił wszystko, co w jego mocy, aby doprowadzić do humanitarnego rozwiązania; a także ponieważ był odpowiedzialny za konferencję w Evian w kwestii pomocy uchodźcom z Europy Środkowej" [443].

Staje się więc oczywistym, że w obliczu tak skonsolidowanego wysiłku żydowskiego, aby utrudnić emigrację niemieckiego i austriackiego żydostwa, oraz w świetle stałej niechęci krajów do przyjmowania Żydów, konferencja w Evian nie miała szans na przedstawienie jakichkolwiek realnych rozwiązań. Izraelski historyk z UCLA Saul Friedlander pisze: „Żadne drzwi nie otworzyły się na konferencji w Evian, a uchodźcom nie dano żadnej nadziei". Zamiast tego „[...] powołano Międzyrządowy Komitet ds. Uchodźców pod przewodnictwem amerykańskiego prawnika George Rublee'a". Jednak zgodnie z oczekiwaniami „działania Rublee'a [...] ostatecznie nie przyniosły żadnego rezultatu" [444].

Działania Rublee'a zostaną omówione w dalszej części tego rozdziału, ale aby zakończyć dyskusję na temat klęski konferencji w Evian, Friedlander przedstawia prawdopodobnie najbardziej bolesny punkt ze wszystkich: „sarkazm nazistowski miał uroczysty dzień", pisze. „Dla SD wynikiem konferencji było 'pokazanie całemu światu, że problem żydowski w żaden sposób nie został sprowokowany jedynie przez Niemcy, ale był kwestią o jak najbardziej bezpośrednim znaczeniu dla całej polityki światowej. Pomimo ogólnego odrzucenia przez uczestników konferencji sposobu, w jaki kwestia żydowska była rozwiązywana w Niemczech, żaden kraj, Ameryka również, nie oświadczył, że jest gotów bezwarunkowo przyjąć dowolną liczbę Żydów. [...] Nie było zasadniczej różnicy między niemiecką oceną konferencji a zjadliwym jej podsumowaniem przez korespondenta Newsweeka: 'Przewodniczący Myron C. Taylor [...] otworzył postępowanie: 'Nadszedł czas, kiedy rządy [...] muszą działać, i to działać szybko'. Większość reprezentowanych rządów zareagowała natychmiast, trzaskając drzwiami przed żydowskimi uchodźcami'. Volkischer Beobachter [gazeta partii nazistowskiej] triumfalnie zamieściła nagłówek: 'Nikt ich nie chce'" [445].

Hitler także nie przegapił okazji, aby zarzucić narodom ich dwulicowość. W przemówieniu, które wygłosił 12 września 1938 r., powiedział: „Skarżą się w tych demokracjach na niezgłębione okrucieństwo, które Niemcy [...] stosują, próbując pozbyć się swoich Żydów. [...] Ale to nie znaczy, że te kraje demokratyczne są teraz gotowe zastąpić swoje obłudne uwagi aktami pomocy. Przeciwnie, z całkowitą obojętnością twierdzą, że tam oczywiście nie ma dla nich miejsca! Oczekują więc, że Niemcy [...] bez problemu będą nadal utrzymywać swoich Żydów, podczas gdy światowe imperia demokratyczne [...] nie mogą w żaden sposób wziąć na siebie takiego ciężaru. Krótko mówiąc, żadnej pomocy, ale z pewnością głoszenie kazań!” [446].

Dla nazistowskich Niemiec odmowa przyjęcia Żydów przez narody była czymś więcej aniżeli tylko oznaką światowej hipokryzji. Udowodniło to im, że gdyby chcieli pozbyć się Żydów w Niemczech, skoro świat ich nie chce, a Żydzi nie chcą emigrować do Palestyny, musieliby wtedy sami poradzić sobie z „kwestią żydowską”, nawet jeśli oznaczałoby to znacznie ostrzejsze kroki niż dotychczas podejmowane. Artykuł opublikowany w gazecie Das Schwarze Korps w dniu 24 listopada 1938 r. bardzo wyraźnie informował o tego typu krokach: „Po ogłoszeniu konieczności całkowitej segregacji Żydów niemieckich w specjalnych obszarach i specjalnych domach organ SS poszedł o krok dalej: Żydzi nie mogli dalej żyć w Niemczech na dłuższą metę. 'Ten etap rozwoju [sytuacji dla Żydów] narzuci nam zasadniczą konieczność eksterminacji tej żydowskiej grupy podludzi, tak jak eksterminujemy wszystkich przestępców w naszym uporządkowanym kraju - ogniem i mieczem! Rezultatem tego będzie ostateczna katastrofa dla żydostwa w Niemczech, jego całkowita zagłada'” [447].

Cudowna umowa „Rublee-Wohlthat", której nie chciał żaden kraj

Mimo porażki konferencji w Evian Niemcy nadal byli daleko od rezygnacji z wypędzenia Żydów. Po zakończeniu konferencji Hjalmar Schacht, prezes Reichsbank (Bank Federalny Rzeszy), negocjował pewną umowę z George'em Rublee, szefem Międzyrządowego Komitetu ds. Uchodźców. Negocjacje te przebiegały jednak bardzo powoli.

Ostatecznie Schacht został zwolniony – z powodów całkowicie niezwiązanych z negocjacjami z Rublee'm – a także Rublee zrezygnował ze swojego urzędniczego stanowiska, chociaż pozostał zaangażowany w dalsze negocjacje. „Helmut Wohlthat, jeden z najwyższych urzędników administracji 'planu czteroletniego', przejął działania strony niemieckiej", pisze prof. Friedlander, a „porozumienie, w zasadzie tylko między Wohlthatem i Rublee'm, zostało w końcu podpisane w dniu 2 lutego [1939 r.]" [448].

Z grubsza rzecz biorąc, umowa przewidywała, iż około 150 000 Żydów wraz z osobami pozostającymi na ich utrzymaniu wyjedzie do krajów gotowych ich przyjąć (za pokaźną sumę pieniędzy) w okresie trzech lat, podczas gdy reszta, głównie starsi Żydzi i niezdolni do pracy, pozostanie w Niemczech i Austrii. Według memorandum rządu USA zatytułowanego „Chargé w Niemczech (Gilbert) do Sekretarza Stanu" [449], znalezionym w internetowym „Biurze Historyka" (Office of the Historian), umowa Rublee-Wohlthat stanowiła dla Żydów szansę, która – gdyby została zaakceptowana – uratowałaby europejskie żydostwo przed anihilacją, a cały świat przed wojną. Poniżej znajduje się kilka niezwykłych punktów i fragmentów tej umowy:

„Ustalono, że Niemcy są skłonne przyjąć politykę, która pod każdym względem ułatwi i zachęci do zorganizowanej emigracji Żydów. Program zgodny z poniższymi zasadami zostanie wprowadzony w życie, gdy Niemcy będą miały pewność, że kraje docelowe skłonne są obecnie przyjąć Żydów z Niemiec zgodnie z tym programem.

2. Obecnie w Niemczech pozostaje około sześciuset tysięcy Żydów, łącznie z tymi mieszkającymi w Austrii i Sudetach. Z tej liczby sto pięćdziesiąt tysięcy zalicza się do grupy zarobkującej; około dwieście pięćdziesiąt tysięcy uważa się za osoby pozostające na ich utrzymaniu; reszta to przede wszystkim starzy i chorzy, którzy z tego powodu nie są objęci programem emigracji" i dlatego pozostaną w Niemczech.

3. Kategoria osób zarabiających obejmie wszystkich mężczyzn i samotne kobiety w wieku od 15 do 45 lat, które indywidualnie są w stanie zarabiać na życie i nadają się do emigracji.

4. Kategoria zależna obejmie najbliższe rodziny osób zarabiających z wyłączeniem osób starszych (osoby powyżej 45 roku życia) i niezdolnych do pracy.

5. Kategoria zarabiających emigruje jako pierwsza w rocznych kontyngentach przez okres 3 lat, nie przekraczając jednak maksymalnego okresu 5 lat.

6. Wszystkie osoby należące do kategorii zarabiających, jak określono powyżej, zostaną zaakceptowane przez rządy przyjmujące zgodnie z ich ustalonymi przepisami i praktykami imigracyjnymi".

Niemcy były nawet skłonne szkolić Żydów należących do kategorii pracowników zarabiających, aby w ten sposób ułatwić im emigrację: „11. Wprowadza się udogodnienia w celu przekwalifikowania pracowników zakwalifikowanych na emigrację, zwłaszcza w rolniczych ośrodkach przekwalifikowania, ale także w szkołach rzemieślniczych. Należy zachęcać do tego typu przekwalifikowań".

Jeśli chodzi o większość Żydów niezdolnych do emigracji oraz starszych i chorych, Niemcy zobowiązały się do spełnienia następujących niewiarygodnych warunków:

„13. [Odnośnie] opieki nad osobami starszymi i osobami niezdolnymi do emigracji, które nie są objęte tym programem i które będą mogły dożyć swoich dni w Niemczech, Niemcy zapewniają, że osoby te, jak i osoby oczekujące na emigrację, mogą żyć w spokoju, chyba że wystąpią jakieś nadzwyczajne okoliczności. Nie ma żadnego planu segregacji Żydów. Mogą się oni swobodnie poruszać. Osoby zdolne do pracy będą miały możliwość zatrudnienia, aby zarabiać na życie. Żydzi zatrudnieni w tych samych zakładach co Aryjczycy zostaną jednak oddzieleni od robotników aryjskich.

14. Wsparcie i utrzymanie osób, o których mowa w ust. 13 powyżej, które nie są w stanie zarabiać na własne utrzymanie, będzie finansowane w pierwszej kolejności z mienia żydowskiego w Niemczech. [...] Jeżeli powyższe środki nie będą wystarczające, osobom tym zostaną zapewnione godne warunki egzystencji z materialnego punktu widzenia zgodnie z powszechnymi praktykami odnoszącymi się do publicznej pomocy osobom bez środków do życia" [450].

Pomimo tych nadzwyczajnych ustępstw ze strony Niemiec żaden rząd nie był skłonny przyjmować Żydów „zgodnie z ustalonymi przepisami i praktykami imigracyjnymi", jak wspomniano w punkcie 6 powyżej. W rezultacie tego porozumienie nigdy nie zostało wdrożone i nastąpił Holokaust.

St. Louis - rejs z piekła i z powrotem

„Kristallnacht" („Noc kryształowa"), wspomniany wcześniej pogrom z 9-10 listopada 1938 r., nie był odosobnionym wydarzeniem. Był to raczej początek starannie zaplanowanej kampanii mającej na celu wypędzenie Żydów z Niemiec, a umowa Rublee-Wohlthat była jej częścią, chociaż z pewnością nie jedyną. Jeszcze inną jej częścią może być smutna historia liniowca SS St. Louis.

„Dnia 13 maja 1939 r. niemiecki liniowiec transatlantycki „St. Louis" odpłynął z Hamburga w Niemczech w kierunku Hawany na Kubie. W podróży tej brało udział 937 pasażerów. Niemal wszyscy byli Żydami uciekającymi z Trzeciej Rzeszy. [...] Większość żydowskich pasażerów złożyła wniosek o wizę USA i planowała pozostać na Kubie tylko do momentu, kiedy będą w stanie wjechać do Stanów Zjednoczonych" [451].

Niemiecki kapitan statku Gustav Schröder, którego Yad Vashem, oficjalne izraelskie centrum pamięci ofiar Holocaustu, nagrodziło po wojnie tytułem „Sprawiedliwy wśród Narodów Świata", starał się, jak mógł, aby pasażerowie czuli się jak najbardziej komfortowo. Mimo iż „wielu członków załogi nosiło nazistowskie symbole na swoich mundurach" [452], uchodźcy żydowscy czuli się bardziej gośćmi na statku wycieczkowym niż uciekinierami.

„Na pierwszy rzut oka", piszą Sarah Ogilvie i Scott Miller, dyrektorzy Muzeum Holokaustu w Stanach Zjednoczonych, „odpłynięcie nosiło wszelkie oznaki normalności. Grała orkiestra.

Powiewały flagi. Przyjaciele i rodziny pasażerów statku machali z molo na pożegnanie" [453].

„'Pamiętam tylko bieganie po statku', wspomina Clark Blatteis, 'i ogólnie miło spędzony czas. W końcu był to przecież luksusowy statek'. 'Bardzo mi się podobało'– wspomina Sol Messinger, który podczas podróży świętował swoje siódme urodziny. 'Uciekłem spod bacznej kontroli matki' – coś, czego wcześniej nie był on w stanie robić jako żydowskie dziecko dorastające wśród niebezpieczeństw hitlerowskich Niemiec. 'Och, byliśmy tak dobrze traktowani' – wspomina Alice Oster będąca młodą damą w czasie tej podróży. 'Spacerowaliśmy, słuchaliśmy muzyki Straussa, chociaż wcześniej już od dłuższego czasu nie słyszeliśmy Straussa'" [454].

Jednak rejs ten daleki był od normalnego. Większość pasażerów nie zamierzała pozostać na Kubie na stałe, ale tylko do momentu, gdy przyjdzie ich kolej na liście oczekujących na imigrację do Stanów Zjednoczonych. Niemniej jednak pomimo wstępnej zgody rządu kubańskiego na to, aby pasażerowie mogli poczekać na Kubie, kiedy statek zadokował w Hawanie, pasażerowie odkryli gorzką prawdę. „Całkiem nagle zbieżność różnych czynników – w tym chciwość, walki polityczne, publiczna agitacja przeciwko imigracji, wpływy faszystowskie i antysemityzm – sprawiły, że większość osób na pokładzie St. Louis nie była mile widziana na kubańskiej ziemi.

Niedługo potem niemiecki liniowiec znalazł się w pobliżu Miami, gdzie kapitanowi Schröderowi odmówiono wejścia do portu. Kilka kutrów amerykańskiej straży przybrzeżnej otoczyło statek, aby upewnić się, iż żaden z potencjalnych emigrantów nie będzie próbował dopłynąć do brzegu. [...] Apele do prezydenta i pani

Franklin Delano Roosevelt, które odnosiły się do prześladowań, jakie napotkaliby uchodźcy, gdyby wrócili do Niemiec, pozostały bez odpowiedzi. […] Wreszcie 12 czerwca, po wielu dniach negocjacji, Amerykańsko-Żydowski Połączony Komitet Rozdzielczy (JDC) wynegocjował pewne rozwiązanie. Kilka krajów europejskich, wyłączając Niemcy, zgodziło się przyjąć 908 pasażerów zmuszonych do powrotu do Europy. Chociaż 288 uchodźców znalazło się w Wielkiej Brytanii, to jednak cała reszta trafiła do Holandii, Belgii i Francji, oczekując niepewnego losu w Europie, która wkrótce miała zostać opanowana przez Hitlera" [455].

Friedlander pisze, że podróż statku St. Louis z powrotem do Europy stała się żywą ilustracją ogólnej sytuacji żydowskich uchodźców z Niemiec. Po tym, jak Belgia, Francja i Anglia ostatecznie zgodziły się na udzielenie azylu pasażerom, brytyjski dziennik „London Daily Express" powtórzył dominującą wtedy opinię w sposób bardzo bezpośredni: „Przykład ten nie może stanowić precedensu. W tym kraju nie ma już miejsca dla uchodźców […] Stają się oni ciężarem i krzywdą" [456].

Jednakże prawdopodobnie najsilniejszym przejawem niedoli i beznadziei pasażerów na pokładzie St. Louis było praktycznie całkowite milczenie ze strony amerykańskiego żydostwa w sprawie kryzysu, a zwłaszcza brak reakcji ze strony rabina Stephena Samuela Wise'a. Profesor Rafael Medoff, założyciel Instytutu Studiów nad Holokaustem im. Davida S. Wymana, pisze, iż Wise był „wieloletnim przywódcą ZOA (Syjonistyczna Organizacja Ameryki), prezesem wiodącej amerykańskiej agencji obrony żydowskiej, prezesem Kongresu Żydów Amerykańskich i najwybitniejszym reformacyjnym rabinem swoich czasów" [457].

Ale jeśli chodzi o pomaganie członkom swojego plemienia, Wise często wybierał ciszę i bezczynność, aby nie narazić na szwank tego, co według niego było zażyłą relacją z prezydentem Rooseveltem. Sprawa pasażerów liniowca oceanicznego St. Louis nie była wyjątkiem. „Rabin Wise i inni amerykańscy przywódcy żydowscy nie wypowiedzieli się publicznie w kwestii statku" [458], pisze Medoff w pracy „Żydzi powinni zachować spokój". „Było to po części ze względu na zakulisowe wysiłki Amerykańsko-Żydowskiego Połączonego Komitetu Rozdzielczego [...], aby wynegocjować możliwość wjazdu uchodźców na Kubę lub do innych krajów". Ale bardziej niż narażenie na szwank negocjacji „odzwierciedlało to głęboką niechęć Wise'a do powiedzenia czegokolwiek, co mogłoby wprawić w zakłopotanie Prezydenta Roosevelta" [459].

W obronie stanu bezczynności po odmówieniu przez Roosevelta „St. Louis" prawa wejścia do portu pojawił się niepodpisany artykuł redakcyjny w cotygodniowej publikacji biuletynu kongresowego, wydawanego przez Amerykański Kongres Żydowski, któremu przewodził Wise. Artykuł ten z łatwością i zręcznie wskazał innych winowajców. „Argumentowano w nim, że część problemu stanowiła niedawno ogłoszona brytyjska Biała Księga ograniczająca żydowską imigrację do Palestyny, 'za którą żaden Żyd nie może być pociągnięty do odpowiedzialności'. Innym źródłem winy, jak twierdził artykuł, były te grupy żydowskie, które próbowały 'rozwiązać problem migracji poprzez rozszerzenie rozproszenia'. [...] Autor artykułu wydawał się nieświadomy sprzeczności pomiędzy wskazywaniem winnych zamknięcia drzwi Palestyny a jednoczesnym obwinianiem tych, którzy szukali schronienia dla europejskich Żydów gdzie indziej" [460].

Alaska - zbyt zimno, Wyspy Dziewicze - zbyt gorąco dla Żydów

Niechęć prezydenta USA do wpuszczenia żydowskich uchodź-ców z St. Louis na terytorium kraju oraz milczenie Wise'a w tej sprawie nie były wyjątkiem, lecz stanowiły normę. W tekście płodnego dziennikarza Matta Lebovica możemy przeczytać: „Wpływowa Generalna Rada Żydowska nalegała na zachowa-nie ciszy radiowej po 'Nocy Kryształowej'. Rada złożona z lide-rów tak zwanych organizacji 'obronnych' wydała następujące instrukcje po pogromie: 'Zgodnie z dyrektywami nie powinny mieć miejsca żadne parady, publiczne demonstracje ani inne pro-testy Żydów'. Rada przypomniała także amerykańskim Żydom, że w ich własnym interesie leży nieopowiadanie się za przyjmo-waniem większej liczby żydowskich uchodźców do kraju" [461].

„Kiedy Roosevelt zapytał swojego najbliższego żydow-skiego doradcę Samuela Rosenmana - wybitnego członka Amerykańskiego Komitetu Żydowskiego - czy powinno się zezwolić na wjazd do USA większej liczbie żydowskich uchodź-ców po Nocy Kryształowej, Rosenman sprzeciwił się takiemu posunięciu, ponieważ 'stworzyłoby to żydowski problem w USA'", kontynuuje Lebovic. Co gorsza, „kiedy wiadomości o Holokauście zaczęły pojawiać się na stronach amerykańskich gazet, Rosenman zapewnił, że prezydent nie spotka się z tym, co Rosenman nazwał 'średniowieczną hordą' 400 rabinów zgromadzonych przed Białym Domem. W końcowej fazie Holokaustu Rosenman pró-bował zapobiec utworzeniu Komisji ds. Uchodźców Wojennych, której celem było uratowanie żydowskich uchodźców przed ludo-bójstwem". W rzeczy samej „Reprezentatywne organy żydowskie uznały, że 'milczenie' było strategią z wyboru, wyrażoną przez

Amerykański Komitet Żydowski w dokumencie przedstawiającym stanowisko po Nocy Kryształowej: '[Przesiedlenie uchodźców] prowadzi tutaj do zintensyfikowania problemu żydowskiego' – stwierdzał oficjalny dokument. 'Dawanie pracy żydowskim uchodźcom, podczas gdy tak wielu Amerykanów jest bez pracy, naturalnie wywołuje złe emocje. Choć może się to wydawać bezlitosne, przyszłe wysiłki powinny być skoncentrowane na wysyłaniu żydowskich uchodźców do innych krajów, zamiast sprowadzać ich tutaj'" [462].

Około sześć miesięcy przed farsą ze statkiem St. Louis powstał rewolucyjny pomysł, który stał się znany jako projekt ustawy Kinga-Havennera [463] proponowany jako rozwiązanie trudnej sytuacji Żydów w Niemczech i Austrii. „W Święto Dziękczynienia [1938] jeden odważny urzędnik USA zaproponował śmiały plan ratunkowy", pisze prof. Medoff. „Cel tego planu: Alaska. [...] W roku 1938 r. propozycja tego typu niekoniecznie wydawała się fantazją, ponieważ sekretarz spraw wewnętrznych Harold L. Ickes był jej najgłośniejszym zwolennikiem. [...] Na konferencji prasowej w wigilię Święta Dziękczynienia, dwa tygodnie po Nocy Kryształowej, sekretarz Ickes zaproponował Alaskę jako 'bezpieczną przystań dla żydowskich uchodźców z Niemiec i innych obszarów Europy, gdzie Żydzi podlegają represyjnym ograniczeniom'. Alaska była 'jedyną własnością Stanów Zjednoczonych, która nie jest w pełni rozwinięta' - zauważył Ickes. Tymczasem orędownicy sprawy uchodźców utworzyli Krajowy Komitet ds. Rozwoju Alaski, który utworzył ogólną koalicję VIP-ów w celu poparcia stosownych przepisów. Wśród zwolenników tego rozwiązania znaleźli się nagradzani Oscarem aktorzy Luise Rainer i Paul Muni, teolog Paul Tillich, Amerykańskie Towarzystwo Przyjaciół (kwakrzy) i Federalna Rada Kościołów". Niemniej jednak „żydowscy przywódcy w Ameryce wahali się poprzeć ten plan. Szef Amerykańskiego Kongresu Żydowskiego rabin Stephen Wise ostrzegł, że plan związany z Alaską 'zrobi złe i szkodliwe wrażenie [...], iż Żydzi przejmują część kraju w celu osiedlania się'. Twierdził on, że 'tylko dlatego, że niewielka liczba Żydów może się tam osiedlić', nie ma wystarczającego powodu, aby go poprzeć. Amerykańscy Robotnicy Syjonistyczni byli jedyną żydowską organizacją, która publicznie poparła projekt ustawy King-Havenner" [464].

Dr William R. Perl, badacz holokaustu i emerytowany ppłk armii USA, który służył w zespole oskarżającym o zbrodnie wojenne w Niemczech, wskazał szczegółowo inny godny pożałowania przypadek niechęci rządu do pomocy Żydom, a następnie żydowskie próby tłumienia protestu wobec tych działań: „Wbrew powszechnemu przekonaniu problemem Żydów podczas Holokaustu nie było to, jak się wydostać, ale gdzie się udać. Kluczowe postacie w większości rządów na całym świecie zamiast zliberalizować swoje przepisy imigracyjne, zamknęły granice dla prześladowanych Żydów lub co najwyżej przyjmowały ich tylko w liczbie symbolicznej. Naziści podpalili dom, a wolny świat zabarykadował drzwi" – tak Perl rozpoczyna swój raport [465].

„Niektóre z działań podjętych przez wolny świat, które przyczyniły się do śmierci dziesiątek tysięcy ludzi, pozostają mało znane", kontynuuje Perl. „Najważniejszym z nich było udaremnienie przez Departament Stanu Stanów Zjednoczonych planów ratunkowych, które umożliwiłyby sprowadzenie, inaczej skazanych na pewną śmierć, uchodźców na Karaiby, zwłaszcza na słabo zaludnione Wyspy Dziewicze Stanów Zjednoczonych, a także do Republiki Haiti.

Już w dniu 18 listopada 1938 r. [jeszcze przed ustawą dotyczącą Alaski] władza ustawodawcza z Wysp Dziewiczych przyjęła następującą rezolucję: 'Zważywszy na to, iż warunki światowe przyczyniły się do stworzenia dużych grup uchodźców i biorąc pod uwagę, że takie grupy ostatecznie wyemigrują do bezpiecznych miejsc oraz to, że Wyspy Dziewicze Stanów Zjednoczonych będące bezpiecznym miejscem mogą zaoferować takie schronienie przed nieszczęściem. A zatem niech zostanie postanowione przez Zgromadzenie Ustawodawcze na Wyspach Dziewiczych Stanów Zjednoczonych w sesji, która zgromadzi się, aby poinformować ludność uchodźców na świecie, że [...] znajdą wytchnienie od swojego nieszczęścia na Wyspach Dziewiczych Stanów Zjednoczonych' [466].

Departament Stanu natychmiast rozpoczął działania mające na celu utrudnienie humanitarnych wysiłków ze strony wyspiarzy i zamknięcie możliwej drogi ucieczki. [...] Sekretarz stanu [Cordell Hull, który 'postrzegał nazistowską kampanię antyżydowską jako wewnętrzną sprawę niemieckiego rządu' [467], wysłał list do wszystkich zainteresowanych władz, w których nazwał tę rezolucję 'niezgodną z obowiązującym prawem'" [468].

Jednakże Hull nie miał powodu obawiać się protestu; miał on przy boku Wise'a, który go popierał. „Rabin Wise odmówił poparcia propozycji Wysp Dziewiczych", stwierdza artykuł udostępniony przez wspomniany wyżej Instytut Badań nad Holokaustem Davida S. Wymana. Wise wyjaśnił pewnemu swojemu koledze jesienią 1940 r., na krótko przed wyborami prezydenckimi, „że przyjęcie uchodźców na Wyspy Dziewicze 'mogłoby zostać skutecznie wykorzystane [przeciwko Rooseveltowi] w kampanii prezydenckiej w 1940 r.'. Dlatego też Wise powiedział: 'Chociaż może się to wydawać okrutne, jak już wam mówiłem, jego ponowny wybór jest o wiele ważniejszy dla wszystkiego, co się liczy i ma jakąś wartość, niż przyjęcie kilku osób bez względu na to, jak bezpośrednie jest ich zagrożenie'" [469].

Nawet w stosunku do członków własnego plemienia najwybitniejszy amerykański żydowski przywódca był niezachwiany w swoich wysiłkach usprawiedliwiania bezczynności, jeśli chodzi o pomoc innym Żydom w Europie. „Delegacja uczniów seminarium rabinicznego, która spotkała się z Wise'm w 1942 roku, otrzymała [następującą] odpowiedź. Kiedy uczniowie zasugerowali, aby wezwać rząd USA do przyjęcia żydowskich uchodźców na Wyspy Dziewicze, Wise odpowiedział, że 'jest za gorąco', aby Żydzi mogli się tam osiedlić; kiedy natomiast zaproponowali Alaskę, Wise odpowiedział, że 'jest tam za zimno'" [470].

Nieustraszona amerykańska historyk Deborah E. Lipstadt, która nigdy nie boi się mówić tego, co myśli, nawet jeśli oznacza to konieczność obrony swojego zdania w sądzie, pisze, że „Pojawiło się jeszcze bardziej ostre oskarżenie przeciwko Wise'owi i jego współpracownikom. Odzwierciedla ono to, co słyszałam podczas Żydowskiego Festiwalu Filmowego w Atlancie. Oskarża się przywódców Żydów amerykańskich o to, iż byli niechętni idei, aby 'tego rodzaju' Żydzi przybywali do ich kraju. Samuel Merlin, współpracownik Petera Bergsona, ujął to wprost: nie byli zainteresowani 'ludźmi, którzy [zachowywali się] w krępujący sposób'" [471].

Madagaskar - ostateczne miejsce docelowe przed ostatecznym rozwiązaniem

Kiedy wybuchła II wojna światowa, zakratowane drzwi wolnego świata pozostawiły europejskie żydostwo praktycznie bez innej możliwości, jak pozostać na miejscu i czekać na swój los. Chociaż naziści jasno stwierdzali od momentu dojścia do władzy, że nie będą tolerować obecności Żydów w swoim sąsiedztwie, Żydzi jednak nie chcieli uwierzyć, iż spadli z poziomu zenitu do nadiru, i unikali opcji umowy transferowej. Dodatkowo syjoniści mieli własne obawy co do tego, ilu żydowskich kapitalistów, gdyż tak właśnie określali niemieckich Żydów, chcieli mieć w Palestynie, aby przypadkiem nie podważyć dominacji socjalizmu w rodzącej się żydowskiej osadzie.

Także polskie żydostwo uchylało się od umowy rozliczeniowej i nawet nie zakwestionowało limitu imigracyjnego ustalonego przez brytyjski mandat. Co więcej, i w tym przypadku przywódcy syjonistyczni nie chcieli, aby antysyjonistyczni ortodoksyjni Żydzi – rodzaj żydostwa, od którego uciekła większość syjonistów – przybyli do Palestyny w przeważającej liczbie.

Kiedy pod koniec lat trzydziestych XX wieku drzwi do Palestyny zaczęły się zamykać, a nazistowska presja uległa nasileniu, Żydzi próbowali innych opcji, ale narody skutecznie odmawiały ich prośbom przy aktywnym wsparciu wybitnych, głównie amerykańskich organizacji żydowskich. Konferencja w Evian, sprawa liniowca 'St. Louis' oraz porozumienie Rublee-Wohlthat odzwierciedlały jedynie wrodzoną niechęć narodów do pomocy osamotnionym Żydom. Po tym wszystkim byli oni tylko na łasce nazistów.

Mimo to naziści nie rezygnowali z deportacji Żydów, w każdym razie jeszcze nie wtedy. Od końca XIX wieku od czasu do czasu pojawiały się plany przesiedlenia europejskiego żydostwa na Madagaskar. W roku 1937 „Polski rząd wysłał trzyosobową komisję na Madagaskar w celu zbadania możliwości osiedlenia tam Żydów" [472]. Komisja powróciła z wyspy wschodnioafrykańskiej z pesymistycznym wnioskiem, iż Madagaskar nie może utrzymać więcej niż kilka tysięcy rodzin.

Jednakże „5 marca 1938 r. oficer SS, odpowiedzialny za przymusową emigrację żydowską, Adolf Eichmann otrzymał zlecenie zebrania materiałów w celu zapewnienia szefowi Policji Bezpieczeństwa (SIPO) Reinhardowi Heydrichowi 'takiego rozwiązania w zakresie polityki zagranicznej, jakie było wynegocjowane między Polską a Francją', czyli planu Madagaskarskiego" [473]. Skrupulatny i rzetelny Eichmann zabrał się od razu do pracy. Na zakończenie swoich badań przedstawił wyniki wstępnych prac przeprowadzonych przez policję bezpieczeństwa (SD) nad projektem osiedlenia około 4 000 000 Żydów na Madagaskarze. Następnie „29 maja 1940 r. Himmler przedstawił Hitlerowi swój plan i zaproponował 'emigrację wszystkich Żydów do Afryki lub innej kolonii'" [474].

W tamtym czasie naziści zamierzali, aby plan madagaskarski stał się właśnie „ostatecznym rozwiązaniem". Nie chcieli jeszcze wtedy fizycznie unicestwić Żydów, ponieważ, jak ujął to Himmler, „Odpychająca jest ta bolszewicka metoda fizycznej eksterminacji narodu z przekonania [i uważa się ją] za 'nie w stylu niemieckim' i niewykonalną" [475]. „Hitler", kontynuuje Longerich, „zgodził się na opracowanie planu madagaskarskiego" [476].

Plan madagaskarski był jednak zbyt naciągany. Niemcy zamierzali przeznaczyć Madagaskar na przesiedlenie Żydów, kiedy już zakończą podbój Francji i zdobędą jej kolonie. Jak wiadomo, Niemcy podbili Francję i przejęli wyspę, ale wciąż pozostawała otwarta kwestia transportu czterech milionów europejskich

Żydów do Afryki, gdyż Niemcy nie dysponowały wystarczająco dużą flotą. Transport Żydów miał się zatem odbywać na angielskich statkach handlowych, które miały zostać zajęte, kiedy już naziści pokonaliby Królewskie Siły Powietrzne (RAF).

Przez całe lato aż do jesieni 1940 r. bitwa powietrzna między RAF a Luftwaffe (nazistowskie siły powietrzne) szalała z pełną siłą. Tysiące samolotów zostało zestrzelonych z każdej strony, ale nie przynosiło to rozstrzygnięcia. W końcu jednak RAF okazał się zwycięzcą bitwy o Anglię, a naziści nie mogli przejąć brytyjskich statków handlowych, tak więc plan madagaskarski został odłożony na czas nieokreślony.

Chociaż było to zupełnie nieistotne dla ostatecznego wyniku działań, także i w tym przypadku organizacja żydowska zdecydowała się wypowiedzieć, i to na niekorzyść samych Żydów. Źródło pochodzące z Żydowskiej Biblioteki Wirtualnej informuje: „Zaniepokojony planem [madagaskarskim] Amerykański Komitet Żydowski [kierowany przez Sama Rosenmana] zlecił sporządzenie specjalnego raportu opublikowanego w maju 1941 r., który miał wykazać, iż Żydzi nie mogą przeżyć w warunkach panujących na wyspie. W tamtym czasie jednak naziści byli bardzo zaawansowani w pracach nad innym 'ostatecznym rozwiązaniem'" [477].

Willa w Berlinie przy Wannsee 56/58

W dniu 20 stycznia 1942 r. wyżsi urzędnicy rządowi nazistowskich Niemiec zebrali się na tak zwanej Konferencji Wannsee, gdzie 'Endlösung der Judenfrage' (ostateczne rozwiązanie kwestii żydowskiej) stało się oficjalną polityką Niemiec polegającą na eksterminacji wszystkich 11 000 000 Żydów mieszkających w Europie i Związku Radzieckim [478]. Plany zostały opracowane, spisy ukończone, problemy omówione i rozwiązane, a wszystko, co pozostało do zrobienia, to wykonanie tego planu kraj po kraju, ponieważ Niemcy mieli nadzieję, że szybko powiększą swoje zdobycze w Europie i poza nią. Wszystko było wykonane w sposób metodyczny i skalkulowany.

Podobnie jak było to w przypadku Edyktu z Alhambry (edykt wydalenia Żydów z Hiszpanii), w dokumencie z Wannsee nie było dramatu, nie było wyrażeń nienawiści, ale jedynie fakty i szczegóły. Nawet takie słowa, jak eksterminacja czy zabijanie, były nieobecne w protokole konferencji. Dokument ten po prostu stwierdzał: „Około 11 milionów Żydów będzie zaangażowanych w ostateczne rozwiązanie europejskiego problemu żydowskiego" [479]. To właśnie eufemizm i prozaiczny ton sprawiają, iż końcowy dokument Konferencji Wannsee jest tak przerażający.

Strona szósta tego dokumentu na przykład przedstawia listę Eichmanna, która wyszczególnia, ilu Żydów mieszka w każdym kraju (zdjęcie 6). Kraje podzielone są na dwie grupy: a) pod bezpośrednią (lub częściową w przypadku Francji Vichy) kontrolą lub okupacją Rzeszy i b) kraje sojusznicze lub uzależnione, neutralne lub będące w stanie wojny z Niemcami. W sumie Eichmann na swojej liście naliczył ponad 11 000 000 Żydów. Jednakże na stronie 7 dokument wyjaśnia, że „bierze się pod uwagę tylko tych Żydów, którzy nadal wyznają wiarę żydowską, ponieważ niektóre kraje wciąż nie mają definicji określenia 'Żyd' zgodnie z zasadami rasowymi" [480].

L a n d	Zahl
A. Altreich	131.800
Ostmark	43.700
Ostgebiete	420.000
Generalgouvernement	2.284.000
Bialystok	400.000
Protektorat Böhmen und Mähren	74.200
Estland - judenfrei -	
Lettland	3.500
Litauen	34.000
Belgien	43.000
Dänemark	5.600
Frankreich / Besetztes Gebiet	165.000
Unbesetztes Gebiet	700.000
Griechenland	69.600
Niederlande	160.800
Norwegen	1.300
B. Bulgarien	48.000
England	330.000
Finnland	2.300
Irland	4.000
Italien einschl. Sardinien	58.000
Albanien	200
Kroatien	40.000
Portugal	3.000
Rumänien einschl. Bessarabien	342.000
Schweden	8.000
Schweiz	18.000
Serbien	10.000
Slowakei	88.000
Spanien	6.000
Türkei (europ. Teil)	55.500
Ungarn	742.800
UdSSR	5.000.000
Ukraine 2.994.684	
Weißrußland aus- schl. Bialystok 446.484	
Zusammen: über	11.000.000

Zdjęcie 6: Strona 6 dokumentu końcowego konferencji w Wannsee [481].

Po tych statystykach pojawia się niepokojąco dokładne opracowanie na temat różnych „poziomów żydostwa" i tego, jak należy traktować każdy poziom, ponieważ „warunkiem absolutnego rozwiązania [żydowskiego] problemu jest również rozwiązanie problemu małżeństw mieszanych i osób mieszanej krwi" [482]. Statystyka dotyczyła wyłącznie Żydów mischling (mieszanej krwi), ponieważ tabela na stronie szóstej odnosi się do tak zwanych pełnych Żydów, którzy mieli zostać eksterminowani.

- Mischlinge (l.m. od Mischling) pierwszego stopnia (posiadający dwóch żydowskich dziadków) mieli być traktowani jak Żydzi pełni, czyli eksterminowani. Ale jeśli z jakiegoś powodu mischling pierwszego stopnia mogli pozostać (przy życiu), on lub ona „mieli zostać wysterylizowani, aby zapobiec potomstwu i raz na zawsze wyeliminować problem osób z mieszaną krwią".

- Mischlinge drugiego stopnia (posiadający tylko jednego żydowskiego dziadka) mieli być traktowani jak Niemcy, chyba że ich „oboje rodzice są osobami mieszanej krwi" lub „osoba ta [...] ma rasowo szczególnie niepożądany wygląd, który znamionuje ją jako Żyda", lub też ma „szczególnie złą kartotekę policyjną i polityczną, która wskazuje, iż osoba ta czuje się i zachowuje jak Żyd".

- Mieszane rodziny pełnych Żydów i Niemców będą badane indywidualnie. Jeśli będą miały wpływ na niemieckich krewnych, zostaną „ewakuowani" do gett.

- Mieszane rodziny mischlinge pierwszego stopnia i Niemców:

- 1) Jeśli nie ma dzieci, „ewakuowany" zostanie tylko mischling. 2) W przypadku posiadania dzieci - jeśli dzieci zostaną uznane za Żydów, zostaną ewakuowane wraz z rodzicami. W przeciwnym razie tylko żydowski rodzic zostanie odesłany.

- Rodziny, w których oboje rodzice są mischlinge pierwszego stopnia - całą rodzinę należy odesłać. Dotyczy to również sytuacji, gdy oboje rodzice są mischlinge, jeden z rodziców pierwszego, a drugi drugiego stopnia.

Następnie uczestnicy dyskutowali o wyzwaniach, jakie będzie stwarzać sterylizacja, i postanowili zamiast tego zaproponować rządowi ogłoszenie ustawy o „rozwiązaniu tych małżeństw" [483].

Zmowa milczenia

Po konferencji naziści natychmiast przystąpili do pracy, budując obozy zagłady w całej okupowanej przez Niemcy Polsce i rozpoczynając operację Reinhard, czyli plan eksterminacji polskiego żydostwa. Latem tego samego roku operacja Reinhard weszła w życie, a w ciągu czterech miesięcy - od sierpnia do listopada 1942 r. - zostało zamordowanych już ponad milion Żydów [484].

Pomimo nazistowskich starań ukrycia swoich okrucieństw wyciekły jednak informacje o ludobójstwie i alianci dowiedzieli się o okrucieństwach dokonywanych na okupowanych przez nazistów terytoriach. Według uznanego historyka Waltera

Laqueura: „Można się było spodziewać, że Żydzi z wewnętrznego kręgu Roosevelta [...] odwołają się bezpośrednio do Roosevelta w sprawie Żydów. Ale z wyjątkiem sekretarza skarbu Morgenthau nikt inny nie przekonywał prezydenta do wsparcia akcji ratowniczych. Urzędnicy ci uważali się za Amerykanów, którzy przypadkowo byli Żydami - czasami traktowali to jako osobiste nieszczęście. Z różnych powodów dziesięciu członków żydowskiej delegacji kongresowej, z których trzech przewodniczyło komitetom, które były w stanie pomóc w ratowaniu - Spraw Zagranicznych (przew. Sol Bloom), Imigracji i Naturalizacji (przew. Samuel Dickstein) i Sądownictwa (przew. Emanuel Celler) - nie chciało naciskać w kwestii liberalizacji prawa imigracyjnego" [485].

Gdyby nie skoordynowane wysiłki rządu USA, wspomnianego Stephena Wise'a i innych organizacji żydowskich, świat dowiedziałby się o zagładzie Żydów znacznie wcześniej. W swojej książce pod tytułem „Shake Heaven & Earth" (Przetrząśnijcie niebo i ziemię) dziennikarz Louis Rapoport wspomina o liście Wise'a do prezydenta Roosevelta z prośbą o spotkanie z organizacjami żydowsko-amerykańskimi, aby prezydent mógł zaoferować swoją „pocieszającą i dodającą ducha odpowiedź" [486].

Nie bez powodu Wise nie prosi o nic więcej poza słowami pocieszenia. W liście (zdjęcie 7), który został wysłany 2 grudnia 1942 r., Wise przyznaje, że już od miesięcy wiedział o ludobójstwie, ale milczał i nakłaniał inne organizacje żydowskie, aby zrobiły to samo. Według słów Wise'a: „Decyzją Hitlera była eksterminacja naródu żydowskiego na wszystkich ziemiach rządzonych przez niego i bezspornym jest, że zamordowano aż dwa miliony żydowskich cywilów". Mimo tej wiedzy Wise kontynuuje: „Udało mi się wraz z szefami innych organizacji żydowskich utrzymywać te informacje z dala od prasy i pozostaję w stałym kontakcie z Departamentem Stanu" (patrz zdjęcie 7, koniec pierwszego akapitu, a następnie od drugiej linii drugiego akapitu).

Nawet po ujawnieniu wiadomości o Holokauście Wise starał się zdusić żydowskie żądania wobec rządu amerykańskiego, by działał na rzecz europejskiego żydostwa, a także powstrzymywał protesty przeciwko bezczynności rządu. „Gdy dalsze szczegóły ludobójstwa dotarły na Zachód", pisze Medoff w „Militant Zionism in America" (Wojowniczy syjonizm w Ameryce), organizacje syjonistyczne „[...] zorganizowały widowisko pod nazwą: 'Nigdy nie umrzemy', aby nagłośnić los europejskich Żydów. [...] W trzech aktach [...] 'Nigdy nie umrzemy' przedstawiało najważniejsze wydarzenia z żydowskiej historii, wkład Żydów w rozwój cywilizacji oraz nazistowskie masakry. Pierwsze dwa przedstawienia na Madison Square Garden w dniu 9 marca obejrzało ponad czterdzieści tysięcy ludzi. Kiedy w następnym miesiącu widowisko wystawiono w Waszyngtonie, w Constitution Hall, wśród publiczności na widowni zasiadała Pierwsza Dama Eleonora Roosevelt, setki członków Kongresu, członkowie gabinetu, sędziowie Sądu Najwyższego i członkowie międzynarodowego korpusu dyplomatycznego.

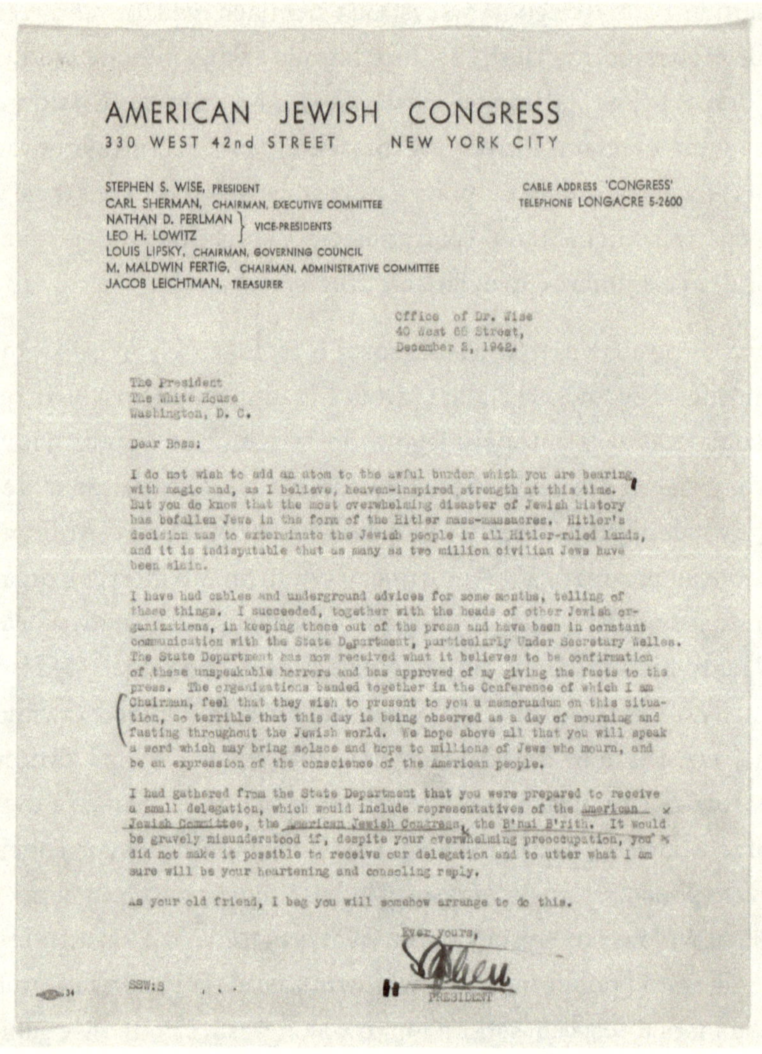

Zdjęcie 7: List Wise'a do prezydenta Roosevelta, w którym przyznaje się do wiedzy na temat ludobójstwa i ukrywania przed opinią publiczną informacji w zmowie z Departamentem Stanu i innymi organizacjami żydowskimi. Proszę zwróć uwagę na koniec akapitu 1, a następnie od drugiej linii w akapicie 2 [489].

Przedstawienie 'Nigdy nie umrzemy' zadało pierwszy poważny cios zmowie milczenia otaczającej nazistowskie ludobójstwo" [487]. „W tym samym czasie", kontynuuje Medoff, „Sponsorzy programu w północnej części stanu Nowy Jork, Baltimore, i Gary w stanie Indiana, zgłosili próby nacisków wywieranych przez lokalne organizacje żydowskie głównego nurtu, aby anulować pokazy. Niektóre doniesienia medialne utrzymywały, że Stephen Wise namawiał nawet gubernatora Nowego Jorku Thomasa Deweya, aby ten odwołał plany ogłoszenia dnia 9 marca, czyli daty debiutu przedstawienia na Madison Square Garden, jako oficjalnego dnia żałoby upamiętniającej europejskich Żydów" [488].

Wydawca The New York Times
„nie odnosi się do 'tych ludzi'"

Żydowskie organizacje nie były jedynymi, które milczały na temat ludobójstwa w Europie. „The New York Times", wiodąca gazeta w Ameryce, w sposób niezwykle staranny i kreatywny starała się umniejszyć, jeśli nie ukrywać, żydowską tragedię.

Profesor dziennikarstwa na Northeastern University Laurel Leff w swojej obciążającej książce zatytułowanej „Buried by the Times" (Pogrzebani przez the Times) opisała oszustwa i manipulacje, jakich dopuszczała się gazeta „The New York Times", której to żydowski właściciel i wydawca Arthur Hays Sulzberger użył w celu stłumienia, wyciszenia albo całkowitego usunięcia doniesień z Europy. Leff opisuje 2 marca 1944 r. jako typowy dzień w „The Times" podczas wojny: „Na stronie czwartej pośród 13 innych historii ukazał się złożony z pięciu akapitów artykuł z londyńskich źródeł. Dwa pierwsze akapity opisywały decyzję

Izby Gmin o przeznaczeniu 50 000 funtów na sfinansowanie Międzyrządowego Komitetu ds. Uchodźców. Następnie pojawiły się następujące akapity: '[Członek Partii Pracy Silverman] przeczytał raport Żydowskiego Komitetu Narodowego działającego gdzieś w Polsce: 'W ubiegłym miesiącu szacowaliśmy liczbę Żydów na całym terytorium Polski na poziomie od 250 000 do 300 000 [z trzech milionów przedstawicieli tego narodu mieszkających tam przed zagładą]. Za kilka tygodni nie pozostanie nas więcej niż 50 000. W naszej ostatniej chwili przed śmiercią resztki polskiego żydostwa apelują o pomoc do całego świata. Niech ten, być może nasz ostatni głos z otchłani, dotrze do uszu świata'. Nie przerywając rytmu informacji, artykuł informował dalej: 'Izba Gmin zatwierdziła również ratę w wysokości 3 863 funtów, aby pomóc Międzynarodowemu Czerwonemu Krzyżowi otworzyć biuro w Szanghaju...'" [490].

Według Leff „'The Times' nigdy nie przyznał, iż masowe mordowanie Żydów, ponieważ byli Żydami, było czymś, o czym powinni wiedzieć jego czytelnicy" [491].

Dziennikarka portalu „Daily Beast" Marlow Stern przedstawia statystyki, które pokazują, jak „The Times" ignorował Holocaust: „W latach 1939–1945 'The New York Times' opublikował ponad 23 000 artykułów na pierwszej stronie. Spośród nich 11 500 dotyczyło II wojny światowej. Dwadzieścia sześć z nich dotyczyło Holokaustu" [492].

Sulzberger, wydawca „The Times", przyznał, że polityka bagatelizowania Holokaustu była zamierzona. Wyjaśnił, że „Chociaż jest Żydem i identyfikuje się z Żydami, nie uważa judaizmu za coś więcej niż kategorię religijną i dlatego [on] nie odnosi się do 'tych ludzi', ponieważ nie uważa ich za część tego samego 'ludu' czy 'rasy'" [493].

Sulzberger nie współczuł nikomu ani nie sprzyjał żadnemu celowi, który nie był częścią jego antysyjonistycznego programu reform. Był jednym z założycieli antysyjonistycznej Amerykańskiej Rady Judaizmu, która do dziś utrzymuje swój pogląd na judaizm „jako uniwersalną wiarę religijną, a nie tożsamość etniczną czy nacjonalistyczną" [494].

W opublikowanym w 2014 r. artykule w gazecie „Algemeiner" [495] Rafael Medoff pisze: „Nawet wizyta w byłych nazistowskich obozach koncentracyjnych w 1945 r. nie zmieniła antysyjonistycznych przekonań Sulzbergera. W przemówieniu wygłoszonym w następnym roku Sulzberger powiedział, że chociaż współczuje ocalałym Żydom przebywającym w obozach dla przesiedleńców w Europie, stanowią oni „tylko niewielki odsetek ogółu wysiedleńców" i dlatego nie powinno się im poświęcać tak dużej uwagi".

Co więcej, kontynuuje Medoff: „Wydawca 'The Times' posunął się nawet do stwierdzenia, że to właśnie syjonizm był winien śmierci niektórych Żydów w czasie Holokaustu. W swoim przemówieniu z roku 1946 stwierdził, że kryzys uchodźczy podczas wojny był 'problemem społecznym i gospodarczym, który można było rozwiązać', dopóki 'żądza państwowości nie wprowadziła nierozwiązywalnego [sic!] elementu politycznego' do tej kwestii. 'Moim zdaniem tysiące zmarłych mogłoby teraz żyć', gdyby 'syjoniści' kładli 'mniejszy nacisk na państwowość', twierdził Sulzberger" [496].

Bermudy – ostateczna fikcja

W obliczu rosnącej krytyki bezczynności rząd USA zdał sobie sprawę, że musi przynajmniej udawać, że coś robi. Odpowiednio Stany Zjednoczone i Wielka Brytania wysłały swoich przedstawicieli na dwustronną konferencję na temat problemów uchodźców, która miała się odbyć na wyspie Bermudy w kwietniu 1943 r. Podczas zamkniętej sesji obie strony w zasadzie zgodziły się nie poruszać wrażliwych obszarów. Brytyjczycy nie chcieli podjąć działań, które mogłyby wywołać arabskie zamieszki na Bliskim Wschodzie, czy też wymagać negocjacji z Niemcami w sprawie uwolnienia Żydów lub wymagać transportu żywności przez aliancką blokadę okupowanej przez nazistów Europy. Ze swojej strony Stany Zjednoczone nie chciały angażować się w żaden plan, który zagrażałby restrykcyjnej polityce imigracyjnej. Utrudnienia te pozostawiły bardzo ograniczone możliwości, takie jak zakładanie małych obozów dla uchodźców w Afryce Północnej, a przede wszystkim informowanie neutralnych krajów o amerykańskiej i brytyjskiej trosce o uchodźców. W takich okolicznościach nie jest zaskoczeniem, że wyniki obrad były tak skromne, że trzymano je w tajemnicy [497].

Ponadto rząd brytyjski nalegał, że „problem uchodźców nie może być traktowany tak, jakby był to problem całkowicie żydowski", ponieważ „istnieje możliwość, że Niemcy lub ich satelity mogą zmienić politykę eksterminacji na politykę wydalania, mając na celu, tak jak robili to przed wojną, sprawienie kłopotu innym krajom, zalewając ich obcymi imigrantami" [498]. Innymi słowy, zdaniem brytyjskiego rządu eksterminacja europejskich Żydów była preferowanym rozwiązaniem kwestii żydowskiej, a ucieczka żydowskich uchodźców do Anglii ujawniłaby to i wprawiłaby w zakłopotanie rząd brytyjski.

Zgodnie z postawą brytyjskiego rządu list z 22 maja 1943 r. od sekretarza stanu Cordella Hulla do prezydenta Roosevelta ujawnił, iż rząd USA nie miał zamiaru podejmować żadnych znaczących kroków, aby pomóc osamotnionym Żydom. Hull napisał o konferencji, że „Spotkanie tego rodzaju przyciągnęłoby uwagę całego świata". Dlatego „Jeśli rządy amerykański i brytyjski nie określą z góry celów, które zamierzałyby realizować, i zakresu, w jakim podjęłyby zobowiązania finansowe, konferencja nie będzie mogła prowadzić do satysfakcjonujących wniosków" [499], którymi było, jak wspomniano powyżej, przede wszystkim „informowanie krajów neutralnych o amerykańskiej i brytyjskiej trosce o uchodźców".

Aby zapewnić osiągnięcie ukrytej bezczynności, rząd USA musiał wyznaczyć delegata, który byłby zarówno posłuszny, jak i publicznie akceptowany. Najodpowiedniejszym kandydatem był żydowski kongresman Sol Bloom, przewodniczący Izby Reprezentantów ds. Zagranicznych. „Administracja Roosevelta wybrała go jako delegata USA na swoją […] groteskową konferencję dotyczącą uchodźców, która miała się odbyć na Bermudach […] Następnie Bloom oświadczył: „Jako Żyd jestem całkowicie zadowolony z jej wyników", co skłoniło jedno z żydowskich czasopism do sformułowania zarzutu, że Bloom był "wykorzystany jako marionetka, która miała powstrzymać żydowskie protesty przeciwko bezczynności podczas konferencji na Bermudach" [500].

Bloom był zatem naturalnym wyborem. W końcu „ściśle współpracował z administracją, aby zablokować kongresowe rezolucje wspierające akcje ratunkowe i żydowską państwowość. Poparł on nawet propozycję Departamentu Stanu, aby zakazać wszelkiej publicznej dyskusji na temat kwestii palestyńskiej na czas II wojny światowej" [501].

Z tego powodu „Kiedy Bloom został wybrany jako członek amerykańskiej delegacji na konferencję na Bermudach, wielu członków społeczności żydowskiej widziało w tym wyborze próbę odparcia krytyki amerykańskiej polityki dotyczącej uchodźców. Asystent Sekretarza Stanu Breckinridge Long napisał w swoim osobistym dzienniku, iż wybrał Blooma, ponieważ wiadomo było, że ten kongresman jest 'łatwy w obejściu' i 'strasznie spragniony sławy'" [502].

Ponownie, co nie było żadnym zaskoczeniem, ani amerykańska, ani brytyjska delegacja nie znalazły żadnych poważnych rozwiązań, aby ocalić to, co pozostało z europejskiego żydostwa. Administracja USA odmówiła wykorzystania jakichkolwiek transatlantyckich statków do transportu uchodźców lub zwiększenia kontyngentu uchodźców przyjmowanych do Stanów Zjednoczonych. Z kolei Brytyjczycy odmówili dyskusji na temat Palestyny jako możliwego schronienia.

Pomimo żałosnych wyników własnych działań „kongresmen Bloom ogłosił, że 'jako Żyd' jest 'całkowicie zadowolony' z osiągniętych wyników. W swojej autobiografii opublikowanej po wojnie Bloom nadal bronił ustaleń konferencji na Bermudach, argumentując, że każde ogłoszenie pomocy Żydom doprowadziłoby 'do nasilenia prześladowań'. Kongresman Emanuel Celler [członek Partii Demokratycznej] scharakteryzował Blooma jako 'służalca Departamentu Stanu'" [503].

Krótkie podsumowanie śmiertelnego wyobcowania

Zachowanie Sol Blooma na konferencji bermudzkiej nie było charakterystyczne tylko dla tej konferencji. Wskazywało ono na sposób, w jaki on i większość amerykańskich Żydów na wpływowych stanowiskach zachowywało się przed, w trakcie, a nawet po II wojnie światowej. Profesor Kurt Stone na konferencji w San Francisco w 1945 r., gdzie powołano ONZ, powiedział następujące słowa: „Bloom był jedynym Żydem wybranym do ośmioosobowej amerykańskiej delegacji, która udała się do San Francisco [...], aby stworzyć Kartę Narodów Zjednoczonych. Podczas sesji rodzącego się światowego gremium Bloom postrzegany przez wielu wybitnych historyków jako 'wieczny dworski Żyd', zaciekle argumentował na rzecz uchodźców. Było to jednak za mało i za późno. W roku 1943 Bloom był jedynym Żydem w amerykańskiej delegacji na Konferencję Bermudzką, która została zwołana jedynie w celu omówienia problemu imigracji wojennej. Nie zdecydowano o żadnej pomocy dla Żydów w Europie. Obecność Blooma w szeregach delegacji miała jedynie charakter dekoracyjny. Ponadto podczas niezliczonych debat kongresowych w sprawie zwiększenia kwot imigracyjnych Sol Bloom, przewodniczący Komisji Spraw Zagranicznych w Izbie Reprezentantów, nie zrobił praktycznie nic, aby pomóc europejskim Żydom uciec spod pieców Hitlera. To właśnie Bloom, działając na polecenie Departamentu Stanu, 'pogrzebał' rezolucję Izby z 1943 r. o utworzeniu agencji rządowej USA do ratowania Żydów przed Hitlerem. [...] Można się zastanawiać, jak to było możliwe, że Kongres mógł wciąż i wciąż sprzeciwiać się podniesieniu liczby uchodźców europejskich wpuszczanych do Ameryki, zwłaszcza gdy trzem komitetom bezpośrednio odpowiedzialnym za tego rodzaju ustawodawstwo (stosunki zagraniczne, imigracja i sądownictwo) przewodniczyli Żydzi: Bloom, Samuel Dickstein i Emanuel Celler" [504].

Podsumowaniem tego wszystkiego mogą być słowa historyk Katherine Culbertson, która stwierdza: „Jest jasne, co stało się z Żydami. Sześć milionów z nich zginęło w najbardziej szokujący sposób. Nie tak oczywiste jest epitafium dla osób postronnych. Po [stłumionym] powstaniu w getcie warszawskim, samobójstwie Szmula Zygielbojma [polskiego przywódcy żydowskiego, który zabił się w proteście przeciw bezczynności aliantów] oraz [fiasku] Konferencji Bermudzkiej pewien autor piszący dla małego żydowskiego czasopisma pod nazwą 'Jewish Frontier' (Granica żydowska) zdawał się wiedzieć: «Getto warszawskie zostało 'zlikwidowane', przywódcy polskiego żydostwa zginęli z własnej ręki, a cały świat, który patrzy na to biernie, na swój sposób też nie żyje»" [505].

Rozdział 8
Osobliwy przypadek Włoch

Spośród wszystkich społeczności żydowskich Europy w szczególności wyróżnia się jedna społeczność, a mianowicie włoscy Żydzi. Pomimo sojuszu Włoch z nazistowskimi Niemcami we Włoszech przed wojną lub w jej trakcie antysemityzm był bardzo mały. Włochy konsekwentnie odmawiały wysyłania włoskich Żydów do obozów śmierci w Europie Wschodniej, a włoscy Żydzi, którzy zginęli podczas Holokaustu, wpadli w ręce nazistów po podbiciu przez nich północnych i środkowych Włoch w 1943 roku.

Dlaczego we Włoszech antysemityzm był taki mały? Na pierwszy rzut oka może się wydawać, iż włoskie żydostwo przeszło bardzo podobne procesy, jakich doświadczyła reszta europejskiego żydostwa. Podobnie jak w przypadku innych Żydów z pozostałej części Europy Żydzi włoscy także asymilowali się, zawierali związki małżeńskie z nie-Żydami, niektórzy zostali syjonistami, a inni pozostali ortodoksyjni. Ponadto, podobnie jak w innych krajach, w których emancypowano Żydów, wielu z nich zostało wpływowymi osobistościami w polityce i gospodarce włoskiej. Jednak w przeciwieństwie do innych krajów Europy zamieszkiwanych przez znaczną populację żydowską ich integracja ze społeczeństwem we Włoszech nie nasilała nienawiści do Żydów.

Jednak jeśli przyjrzymy się bliżej podobieństwom i różnicom między żydostwem włoskim a resztą społeczności żydowskich w Europie, trudno jest zignorować jedną różnicę zasadniczą. Pomimo wewnętrznych nieporozumień i różnych poziomów przestrzegania prawa żydowskiego przez Żydów różne frakcje włoskiego żydostwa nie dyskredytowały ani nie wyszydzały siebie nawzajem. Różniło się to znacząco od poczynań żydostwa niemieckiego, austriackiego, rosyjskiego czy też polskiego, gdzie normą były oszczerstwa, pomówienia i wzajemne potępienia jednego odłamu społeczności żydowskiej przez drugi.

„Łagodny" faszyzm i „delikatny" antysemityzm

Włoski faszyzm był w dużej mierze „łagodny". Zdaniem brytyjskiego historyka Jeremy'ego Blacka: „Niespójna różnorodność włoskiego faszyzmu zapewniła niezwykle zróżnicowaną reakcję wobec Żydów, zarówno włoskich, jak i zagranicznych. We Włoszech końca lat trzydziestych dopuszczalne było zakazywanie nauczycielom żydowskim nauczania, a także zawierania małżeństw między Żydami i nie-Żydami. [...] Jednak w porównaniu z Niemcami i Austrią wśród ludności włoskiej było mniej nastrojów antysemickich i mniejsze poparcie dla deportacji i masowych mordów" [506]. Ponadto „Włoski faszyzm dążył do silniejszego państwa bez takiego przywiązania do rasy, jak miało to miejsce w Niemczech. Faktem jest, iż Włochy i terytoria okupowane przez to państwo, takie jak Dalmacja, Nicea i części Grecji, były bezpieczniejsze dla Żydów aniżeli inne państwa pozostające w sojuszu z Niemcami, na przykład Francja Vichy czy Chorwacja, dlatego też wielu Żydów szukało tam schronienia" [507].

Rzeczywiście, ten rodzaj „łagodnego" antysemityzmu, który Włochy wprowadziły na okupowanych terytoriach, uczynił z nich „bezpieczne schronienie" dla Żydów uciekających z innych obszarów okupowanych przez Niemcy. „Siły włoskie na froncie wschodnim [...] nie dorównywały Niemcom w ich zwyczajowej, umyślnej brutalności w traktowaniu Żydów, ale nie zrobiły jednak nic, aby to powstrzymać", twierdzi Black. Jednocześnie „kwestie kontroli i statusu w stosunku do Niemiec odegrały pewną rolę w niechęci Włoch do deportacji Żydów z Bałkanów, a nawet - w odpowiedzi na okrucieństwa chorwackie - Włosi ostatecznie poświęcili szczególną uwagę ratowaniu Żydów". W efekcie takich działań „spora liczba francuskich Żydów znalazła schronienie w okupowanej przez Włochy strefie południowo-wschodniej Francji. Władze włoskie były świadome faktu przybywania i osiedlania się Żydów, ale za bardzo się tym nie interesowały. Włosi także odmówili deportacji ze swojego kraju zagranicznych Żydów. Przymusowa praca rzymskich Żydów nie była śmiertelnie wycieńczająca, a po roku 1938 wielu oficerów armii i marynarki wojennej okazało niezwykłą bezczynność, ukrywając się za swoimi biurkami" [508].

Według informacji Muzeum Holokaustu w Stanach Zjednoczonych (USHMM) „Mimo sojuszu z Niemcami faszystowski reżim włoski odpowiedział niejednoznacznie na niemieckie żądania, aby najpierw skoncentrować, a następnie deportować Żydów przebywających we włoskich strefach okupacyjnych w Jugosławii, Grecji i Francji do centrów zabijania w okupowanej przez Niemców Polsce. Włoskie władze wojskowe zasadniczo odmawiały udziału w masowych mordach Żydów lub zezwalania na deportacje z Włoch lub terytorium okupowanego przez Włochy; a faszystowski rząd był zarówno niezdolny, jak i niechętny do rozwiązań siłowych. Tereny okupowane przez Włoch były zatem stosunkowo bezpieczne dla Żydów. W latach 1941-1943 tysiące Żydów uciekło z terytorium okupowanego przez Niemcy do okupowanych przez Włochy stref we Francji, Grecji i Jugosławii. Władze włoskie ewakuowały nawet około 4000 żydowskich uchodźców do Włoch kontynentalnych" [509], gdzie byli przetrzymywani w obozach dla internowanych do końca wojny.

W rzeczywistości Włosi byli tak niechętni do współpracy i odpowiedzi na żądania Niemiec, aby zebrać Żydów i przenieść ich do obozów pracy przymusowej lub zagłady, iż „nazistowski minister propagandy Joseph Goebbels [wyraził] w swoim dzienniku pogardę dla włoskiego traktowania Żydów na terytoriach okupowanych przez Włochów" [510]. Zanotował on następującą uwagę: „Włosi są wyjątkowo pobłażliwi w traktowaniu Żydów. Chronią włoskich Żydów zarówno w Tunezji, jak i okupowanej Francji i nie chcą pozwolić na to, aby zostali powołani do pracy lub zmuszeni do noszenia Gwiazdy Dawida" [511].

Winogrona pocieszenia

Archiwum Historii Mówionej Jeffa i Toby'ego Herr zawiera liczne bolesne świadectwa Żydów z czasów przed, w trakcie i po Holokauście, niemniej historia Flory Jagody [512], urodzonej w Bośni amerykańskiej pochodzenia żydowskiego piosenkarki i kompozytorki pieśni sefardyjskich w języku ladino (język judeohiszpański), jest zupełnie inna. Kiedy „przybyliśmy do Włoch kontynentalnych", wspomina, „było to jak przybycie do Ziemi Obiecanej, naprawdę! Wszędzie były łodzie [innych uchodźców], ludzie przybywali ze wszystkich stron do Włoch. A obraz, którego nigdy nie zapomnę, to Włoszki, ubrane na czarno, z wielkimi, wielkimi, wielkimi! koszami winogron, czarnych winogron. A my byliśmy głodni; to było wspaniałe! W każdym razie wszyscy uchodźcy przybyli na główny plac [...], a kilka organizacji humanitarnych rozstawiło stoły pełne ubrań i zapewniali nam codzienne racje chleba. Jednak nie byli oni w stanie znaleźć dla nas miejsca do zamieszkania. [...] Więc chodziłam od domu do domu, od drzwi do drzwi i sprawdzałam, czy możemy znaleźć jakieś miejsce na nocleg. Po około sześciu godzinach takiego chodzenia [...] pukam do drzwi i duża, krępa dama, ładnie ubrana, [otwiera drzwi] i wyjaśniam jej moją sytuację [...], że potrzebuję pokoju tylko dla mojej matki i dla siebie, a ona mówi: 'Si signora, wejdź, mam dla was pokój, przyprowadź swoją matkę'. [...] To był początek nowego życia".

Pomimo wszystko – zachowanie żydowskiej świadomości grupowej

W książce zatytułowanej „Paths of Emancipation" (Ścieżki emancypacji) Pierre Birnbaum i Ira Katznelson badają różne społeczności żydowskie i proces ich emancypacji. W odniesieniu do włoskiego żydostwa piszą: „Pytanie, na które [ten rozdział] próbuje odpowiedzieć, dotyczy wyjątkowości tego bardzo starożytnego plemienia żydowskiego i tego, czy jego emancypacja przebiegała w inny sposób niż w przypadku innych społeczności żydowskich w Europie. [Rozdział stawia pytanie] W jakim stopniu i w jakim okresie można mówić o przemianie Żydów włoskich we Włochów wyznania mojżeszowego? Dlaczego ich rola polityczna i gospodarcza w tworzeniu zjednoczonych Włoch była tak znacząca? Dlaczego reagowali w tak szczególny sposób na wielkie wewnętrzne konflikty judaizmu współczesnego - ortodoksję i reformę, tradycję i asymilację, włoski nacjonalizm i syjonizm?" [513].

Chaim Weizmann również przejawiał wobec włoskich Żydów „'fascynację tajemnicą', ponieważ 'żadna z motywacji uzasadniających rozwój syjonizmu w innych krajach nie dotyczy przypadku włoskiego', tak odmiennego od motywacji 'tego ludu mojżeszowego wyznania', którego Weizmann przyzwyczajony był spotykać we Francji i Niemczech. Tym, co go zaskoczyło, był fakt, iż włoscy Żydzi byli jednocześnie całkowicie zasymilowani oraz bardzo dumni ze swojego judaizmu" [514].

Rzeczywiście, „prawdą jest, że emancypacja włoskich Żydów była pod wieloma względami podobna do emancypacji Żydów w innych częściach Europy: rozwój gospodarczy, szybka asymilacja ze społeczeństwem gojów, rezygnacja z tradycji żydowskiej poprzez nawrócenie i mieszane małżeństwa, przynależność do ruchów liberalnych i marksistowskich", piszą dalej Birnbaum i Katznelson. „Jednak również prawdą jest [...], że w latach 1830–1870 [...] proces emancypacyjny nabrał cech politycznych, psychologicznych, ekonomicznych i kulturowych zupełnie unikalnych we współczesnej historii europejskiego żydostwa.

W rezultacie tego włoska społeczność żydowska, pomimo niewielkich rozmiarów, rozwinęła świadomość grupową" [515].

Analogicznie: „W przeciwieństwie do tego, co działo się we Francji (gdzie Żydzi w wielu przypadkach zamieniali się w teoretyków świeckiego państwa republikańskiego) czy w Anglii (gdzie Żydzi jako kolektyw pozostawali bierni politycznie), we Włoszech, a zwłaszcza w Piemoncie, Żydzi działali jako społeczność świadoma politycznie" [516].

Włoscy Żydzi byli także mniej zainteresowani sporami dotyczącymi asymilacji. Wielu z nich wyrażało judaizm poprzez więzi rodzinne, a nie religijny partykularyzm. „Włoscy Żydzi", kontynuują autorzy, „podobnie jak inni Żydzi w XIX wieku musieli zmierzyć się z wielkimi wewnętrznymi problemami swoich czasów, w tym z asymilacją, antysemityzmem, reformą, syjonizmem, marksizmem i świeckością" [517]. Jednakże, ogólnie rzecz biorąc, nie doprowadzili do skrajności żadnego z tych trendów. Raczej „tradycyjni włoscy Żydzi swój judaizm wyrażali [...] poprzez przywiązanie do rodziny, które często było przejawem bardziej elitaryzmu [dumy z bycia Żydem] niż religijnego partykularyzmu" [518].

Nawet już po tym, jak włoskie żydostwo znalazło się pod wpływem różnych trendów wspomnianych wcześniej i otworzyło odrębne instytucje dla swoich społeczności, w 1917 r. „Instytucje żydowskie zostały [...] ponownie połączone pod auspicjami 'Unione delle Communita Israelitiche' (Związek Społeczności Izraelskiej), a decyzja ta zakończyła całe zamieszanie".

Również prasa żydowska starała się unikać wewnętrznych konfrontacji. Jedyne żydowskie czasopismo „II Vessillo Israelitico"

„było 'sztandarem [vessillo] dla wszystkich wiatrów' bez żadnego wyraźnego kierunku ideologicznego" [519]. Co prawda, w gazecie pisano o takich problemach żydowskich, jak mieszane małżeństwa, upadek żydowskiej kultury i oderwanie od tradycji żydowskiej oraz o problemach, jakie stwarzał syjonizm. Jednakże jako całość czasopismo było „głównie zajęte unikaniem polemik, zwłaszcza politycznych" [520].

Pewnym jest jednak, że tysiące włoskich Żydów zginęło w Holokauście. W dniu 8 września 1943 r. Włochy wręczyły aliantom akt bezwarunkowej kapitulacji. W rezultacie tego Niemcy zajęli północne i środkowe Włochy, a także włoskie strefy wpływów w Jugosławii, Grecji i Francji. W źródłach USHMM (Muzeum Holokaustu w Stanach Zjednoczonych) możemy przeczytać: „Niemiecka okupacja Włoch radykalnie zmieniła sytuację pozostałych 43 000 włoskich Żydów mieszkających w północnej części kraju. Niemcy szybko ustanowili tam swój aparat SS i policji po części w celu deportacji włoskich Żydów do Auschwitz-Birkenau" [521].

Niemcy podjęli ogromne wysiłki, aby zebrać wszystkich Żydów w Rzymie, Mediolanie, Genui, Florencji, Trieście i innych dużych miastach w północnych Włoszech. Ale i w tym czasie Włosi nie chcieli współpracować z nazistami. W rezultacie „operacje te zakończyły się ograniczonym powodzeniem, częściowo z powodu wcześniejszego ostrzeżenia udzielonego Żydom przez władze włoskie i Watykan, a częściowo z powodu niechęci wielu nie-żydowskich Włochów, w tym władz policji Salò, do udziału czy ułatwianiu łapanek na Żydów" [522].

„W sumie", podsumowuje raport USHMM, „Niemcy deportowali 8564 Żydów z Włoch, z okupowanej przez Włochy Francji oraz z wysp Rodos i Kos, z których większość została wysłana do Auschwitz-Birkenau. Powróciło 1009 z nich", a około 300 zostało rozstrzelanych lub zginęło w obozach przejściowych [523]. Chociaż i w tym przypadku nie obyło się bez ofiar, w porównaniu do innych społeczności żydowskich pod okupacją hitlerowską, które zostały prawie zdziesiątkowane, piętnaście procent włoskiego żydostwa, które zginęło w Holokauście, trudno jest uznać za historyczny sukces nazistowskiej maszyny do zabijania.

Zastanawiając się, dlaczego Niemcy ponieśli klęskę we Włoszech, można dostrzec, iż to niechęć społeczeństwa włoskiego do udziału w nazistowskich wysiłkach była kluczowa dla ocalenia społeczności żydowskiej. „Znaczna różnica między tym, jak Włosi ogólnie postrzegali Żydów (tych, którzy nie zachowywali jedności), a wizerunkiem Żydów włoskich (którzy pozostali zjednoczeni)", jak to ujęli Birnbaum i Katznelson [524], jest oczywistym powodem, dla którego traktowali Żydów o wiele lepiej niż w innych okupowanych przez nazistów krajach. Jak na początku tego rozdziału powiedziano, jeśli porównamy włoskie żydostwo ze społecznościami żydowskimi w krajach, takich jak Polska, Niemcy lub Austria, najbardziej uderzającą różnicą między nimi a włoskim żydostwem jest zaangażowanie tych ostatnich w stanowienie jednej „świadomej politycznie społeczności" z wyraźną „świadomością grupową" i naciskiem na „przywiązanie rodzinne" ponad wszelkimi różnicami.

Rozdział 9

W kierunku świadomego naródu żydowskiego(?)

Pokonani przez własny brak jedności

W Umowie Transferowej Edwin Black wskazuje na sedno problemu w obliczu zagrożenia ze strony nazistowskich Niemiec, a mianowicie brak jedności wśród Żydów. Jednak bierze także pod uwagę fakt, iż Żydzi, jak mówi, byli „w dobrym towarzystwie", w takim sensie, iż cały świat również był oszolomiony w obliczu nazizmu. Według słów Blacka „Żydzi jako pierwsi rozpoznali zagrożenie ze strony Hitlera i jako pierwsi zareagowali na to zagrożenie. Fakt, iż zostali pokonani przez brak własnej jedności, po prostu stawia ich w towarzystwie całej reszty ludzkości. Któż nie stawił czoła zagrożeniu ze strony

Hitlera z niezdecydowaniem? Któż nie zawarł korzystnych paktów z Trzecią Rzeszą? Kościół katolicki, Kościół luterański i Najwyższa Rada Muzułmańska aprobowały reżim Hitlera. Stany Zjednoczone, Anglia, Francja, Włochy, Rosja, Argentyna, Japonia, Irlandia, Polska i dziesiątki innych narodów podpisały traktaty o przyjaźni i handlu, a więc świadomie przyczyniły się do ożywienia gospodarczego i militarnego Niemiec. Międzynarodowa społeczność bankowa i handlowa… [także] postrzegała Niemcy jako narzędzie niezbędne do swojego zbawienia" [525]. Jednakże podczas gdy inni czerpali korzyści z nazistowskich Niemiec, Żydzi byli w zupełnie innej sytuacji, gdyż byli „jedynymi z bronią przystawioną do głowy" [526].

Niemniej od zakończenia II wojny światowej aż do chwili obecnej wiele dobrych rzeczy przydarzyło się narodowi żydowskiemu. Powstało państwo Izrael, amerykańskie żydostwo osiągnęło bezprecedensowy status w amerykańskiej kulturze, polityce, finansach, gospodarce, a pozostałości europejskiego żydostwa znów znalazły pokój i dobrobyt w Niemczech, we Francji i innych krajach Europy Zachodniej. Ponadto żydostwo rosyjskie zostało wyzwolone, tak iż obecnie Żydzi mogą swobodnie mieszkać w dowolnym miejscu w niemuzułmańskiej części świata.

Nasza pamięć jest krótka. Staramy się odnosić do Holokaustu jako rozdziału naszej przeszłości, który chociaż tragiczny, jednak nie powróci. Ale historia niestety nie jest po naszej stronie. Wielokrotnie pokazywała, że nasz brak jedności powoduje katastrofę, a im większy jest ten brak, tym większe staje się nasze nieszczęście.

W dzisiejszym zglobalizowanym świecie nie możemy mówić o amerykańskim żydostwie, państwie Izrael, żydostwie niemieckim lub francuskim jako o odrębnych bytach. Tak jak świat stał się globalną wioską, tak żydostwo stało się żydostwem światowym, a los całego naszego narodu jest nieodwracalnie związany z zachowaniem każdej z naszych społeczności, tak jak los każdej społeczności żydowskiej jest nieodwracalnie związany z naszym postępowaniem jako całego naródu.

Niezależnie od tego, choćby ze względu na swoją wielkość i przewagę, dzisiejsze dwie duże społeczności żydowskie - ta w Ameryce oraz w Izraelu - mają znacznie większy wpływ na los światowego żydostwa, a zatem ponoszą o wiele większą odpowiedzialność za przyszłość naszego narodu.

Teraz, gdy znamy już konsekwencje naszego rozdzielenia, możemy jednak dokonać świadomego wyboru. W tym ostatnim rozdziale przeanalizujemy nasze opcje na nadchodzące lata w świetle wszystkiego, co się nam przydarzyło od początku istnienia naszego narodu aż do chwili obecnej.

Ciepłe powitanie

„W dniu 29 listopada 1947 r. Zgromadzenie Ogólne ONZ przegłosowało rezolucję, która przyjęła plan podziału Palestyny, rekomendowany przez większość Komitetu Specjalnego ONZ ds. Palestyny. Trzydzieści trzy państwa głosowały za przyjęciem rezolucji, a trzynaście było przeciw, przy10 państwach, które powstrzymały się od głosu. [...] Komitet ONZ doszedł do wniosku, że mandat dla Palestyny powinien zostać zniesiony, a większość jego członków zaleciła ustanowienie na terytorium mandatowej Palestyny państwa arabskiego oraz państwa żydowskiego" [527]. Rezolucja ta, która stała się znana jako „Rezolucja

181", stanowiła początek wojny Izraela o niepodległość. W trakcie walk „w dniu, w którym wygasł mandat brytyjski nad Palestyną - 14 maja 1948 r. - Żydowska Rada Ludowa zebrała się w Muzeum w Tel Awiwie, aby ogłosić ustanowienie państwa Izrael" [527].

W momencie deklaracji młode państwo izraelskie było atakowane ze wszystkich stron, otoczone przez armie siedmiu narodów arabskich oraz wrogów na swoim terytorium. Żydzi jednak mieli dwa argumenty po swojej stronie: 1) odłożyli na bok swoje różnice i zjednoczyli swoje organizacje paramilitarne w formacje Izraelskich Sił Obronnych (IDF), 2) nie mieli innego wyboru. Holokaust był dowodem na to, że jeśli nie wygrają tej wojny, nie tylko stracą ziemię, ale i swoje życie.

Ponadto w czasie krótkiego impulsu współczucia dla Żydów po tym, jak okropności Holokaustu ujrzały światło dziennie, świat był po ich stronie: „Nowe państwo zostało uznane tej nocy (14 maja 1948 r.) przez Stany Zjednoczone, a trzy dni później przez ZSRR" [529].

Wsparcie dla maleńkiego państwa żydowskiego przychodziło z wielu krajów i trwało około dziewiętnastu lat, aż do czasu wojny sześciodniowej w czerwcu 1967 r. Prawdopodobnie jednym z najbardziej solidarnych krajów wobec państwa Izrael były Niemcy. Oficjalnie Niemcy Zachodnie prowadziły politykę neutralności, aby nie ryzykować stosunków politycznych i handlowych z bogatymi w ropę krajami arabskimi. Jednak kiedy Izrael przeprowadził niespodziewany atak, który uwolnił go z kleszczy armii egipskiej, i rozpoczął wojnę sześciodniową, Niemcy byli tak podekscytowani, że nie byli w stanie tego ukryć.

„Kiedy wybuchła wojna", pisze historyk Carole Fink, „[...] lider frakcji SPD [Partia Socjaldemokratyczna] Helmut Schmidt, który rok wcześniej złożył długą wizytę w Izraelu, mówił: 'Chociaż cenimy sobie tradycyjną przyjaźń naszego narodu z narodami arabskimi, musimy zaprotestować przeciw zamiarowi zniszczenia Izraela przez ich przywódców' [530]. [...] Kiedy przyszedł czas na przemówienie, Brandt [lider Partii Socjaldemokratycznej], chociaż powtórzył oficjalną politykę neutralności swojego rządu, stwierdził jednak, iż wcale nie oznacza to 'obojętności moralnej' ani 'neutralności serca'" [531, 532].

„Miały miejsce silne przejawy powszechnego poparcia dla Izraela", kontynuuje Fink. „Trzysta młodych mieszkańców Berlina Zachodniego zgłosiło się na ochotnika do służby cywilnej w Izraelu. We Frankfurcie Bank Gemeinwirtschaft zakupił izraelskie obligacje o wartości 3 mln DM [marek niemieckich], a miasto przekazało dodatkowe 30 000 DM ze swojego budżetu. W Hamburgu i Stuttgarcie lekarze zaofiarowali około 65 000 DM w zaopatrzeniu medycznym i farmaceutycznym. W Bonn [ówczesnej stolicy Niemiec Zachodnich] około tysiąca lekarzy, pielęgniarek, robotników, żołnierzy i młodych ludzi zaoferowało swoje usługi ambasadzie Izraela, która otrzymała również kilka tysięcy listów, w tym darowizny finansowe" [533].

Profesor Fink pisze także, że niespodziewane i przytłaczające zwycięstwo Izraela wywołało falę ulgi w Niemczech. Uznany pisarz i dramaturg Gunter Grass z radością oznajmił: „Pojawiła się nowa sytuacja [...], aby wyrazić naszą solidarność z Izraelem i losem Żydów bez ograniczenia naszych uczuć przeszłością" [534]. Podobnie w swoim pełnym pasji artykule redakcyjnym z 10 czerwca Rudolf Augstein, redaktor „Der Spiegel", cieszył się, że Arabowie, którzy próbowali wymazać Izrael z mapy świata, doznali porażki: „Toczyli się jak Rommel, zwyciężyli jak Patton i śpiewali przy tym". 'To śpiewająca armia. Twoi wojownicy śpiewają jak bohater Hemingwaya' – zachwycał się korespondent wojenny James Reston. W ciągu 60 godzin opancerzeni synowie Syjonu rozbili arabskie okrążenie Izraela. Rozwiali panarabskim prorokom ich sny o dominacji i wrzucili Nassera (prezydenta Egiptu) w otchłań Nilu. Faraon wziął odpowiedzialność za przegraną wojnę i złożył rezygnację" [535].

Duma i kara

Jednoznaczne zwycięstwo Izraela w wojnie sześciodniowej zabezpieczyło istnienie państwu i dało mu strategiczną „przestrzeń do oddychania", której wcześniej nie miało. Przed wojną odległość w niektórych miejscach między wschodnią granicą z Jordanią a Morzem Śródziemnym wynosiła sześć mil. W północnym Izraelu Syryjczycy kontrolowali strategiczne Wzgórza Golan aż do Morza Galilejskiego. Pozwoliłoby im to, jeśliby zechcieli, po prostu przejechać czołgami przez wąski pas, który jest w północnym Izraelu, i w ciągu godziny dotrzeć do granicy libańskiej, odłączając w ten sposób północny Izrael od reszty kraju. Na południu podbój Synaju odsunął armię egipską od metropolii Tel-Awiwu, centrum życia biznesowego i gospodarczego Izraela. Ekspansja kraju przyniosła ulgę taktyczną i pole manewru w przypadku wojny.

Jednak zwycięstwo wojskowe miało dwie poważne negatywne konsekwencje, których wpływ pogarszał się wraz z upływem czasu. Pierwszą konsekwencją była zmiana sposobu, w jaki świat postrzega Izrael – z bycia postrzeganym jako ofiara na bycie postrzeganym jako złoczyńca. Drugą i być może najgorszą konsekwencją była duma.

W rezultacie wojny Izrael nagle stał się zdobywcą terytoriów zamieszkanych przez ludność cywilną oraz władzą zarządzającą świętymi miejscami, takimi jak Wzgórze Świątynne w Jerozolimie czy Jaskinia Makpela w Hebronie. Izraelczycy byli zdumieni własną potęgą militarną, o której nie mieli pojęcia, i stali się zbyt pewni siebie oraz aroganccy. Co gorsza, fałszywe poczucie wszechmocy wkrótce przeniosło się z wojska na życie cywilne, a pogłębiające się podziały społeczne zaczęły pojawiać się w społeczeństwie izraelskim, które wciąż było w dużej mierze narodem imigrantów z wielu różnych krajów i kultur. Nie można powiedzieć, że rozłamy między imigrantami z różnych krajów nie istniały jeszcze przed wojną sześciodniową, ale poczucie samozadowolenia i zaufanie do armii Izraela stworzyło możliwość podkreślenia tych różnic i nie po to, aby jednoczyć się ponad nimi, ale raczej po to, by traktować z góry inne odłamy w narodzie.

Niespodziewany atak armii egipskiej i syryjskiej w październiku 1973 r., który został nazwany wojną Jom Kippur [lub wojną październikową], całkowicie zaskoczył Izrael. Wywiad błędnie odczytał zamiary wrogów Izraela, a pycha politycznego establishmentu przyniosła ciężkie i bolesne przebudzenie. Przypominało to Izraelczykom, że silna armia nie stanowiła gwarancji pokoju. Jednakże zawirowania wojenne nie naprawiły rosnących podziałów w społeczeństwie izraelskim. Jeśli już, to znacznie je pogłębiły.

Jak zawsze, kiedy Izrael jest podzielony, świat zwraca się przeciwko niemu. Kiedy pęknięcia, które zaczęły pojawiać się po wojnie sześciodniowej, pogłębiały się, ton wobec Izraela stawał się coraz bardziej krytyczny i gniewny. Dzisiaj, kiedy społeczeństwo Izraela jest bardziej podzielone niż kiedykolwiek wcześniej, sytuacja państwa Izrael na arenie międzynarodowej jest tak tragiczna, że jeśli głosowanie w sprawie ustanowienia państwa żydowskiego miałoby mieć miejsce obecnie, bardzo niewiele krajów, jeśli w ogóle jakieś, głosowałoby za tym.

Mimo to walki w izraelskich partiach politycznych i wyobcowanie między różnymi frakcjami społeczeństwa wciąż rosną. A im bardziej tak jest, tym bardziej narody świata gardzą Izraelem i nienawidzą go bez względu na wszystkie jego wysiłki, aby zadowolić i uspokoić świat.

Jak to zawsze do tej pory miało miejsce, kiedy Izrael walczy między sobą, narody walczą przeciwko niemu. Dlatego ciągłe pogłębianie się braku jedności narodu i konflikty w społeczeństwie izraelskim nieuchronnie doprowadzą do katastrofy, której doświadczy Izrael z rąk narodów świata. Każda tragedia w historii ludzkości ma swoje własne cechy i etapy rozwoju, ale jedynym miernikiem, który określa intensywność tragedii w sposób szczególny dla narodu żydowskiego, jest poziom wrogości w obrębie samego plemienia, a w przypadku współczesnego Izraela - w społeczeństwie izraelskim. Dodajmy do tego przepaść, która narosła między amerykańskim żydostwem a państwem Izrael, a otrzymamy nadciągającą prawdziwą burzę, której rezultatów można się domyślać, a która bez wątpienia będzie niewyobrażalnie przerażająca.

(Żydowski) amerykański sen

Podobnie jak w piętnastowiecznej Hiszpanii czy dwudziestowiecznych Niemczech, amerykańskie żydostwo porzuciło dążenie do powrotu do Syjonu. Co więcej, młodzi amerykańscy Żydzi całkowicie odwracają się od państwa żydowskiego, a w wielu przypadkach odżegnują się także od własnego żydostwa. Podobnie jak niemieccy Żydzi przed nimi, uczynili oni Nowy Jork swoim Nowym Jeruzalem. Także jak wzajemna nienawiść między konwertytami i Żydami w Hiszpanii, a także między ortodoksyjnymi Żydami i asymilantami w Niemczech lub między obiema grupami a syjonistycznymi Żydami, dzisiejsze amerykańskie żydostwo jest podzielone wewnętrznie na frakcje i grupy, które po prostu nie mogą się dłużej znieść.

Do niedawna wzajemna pogarda dotyczyła głównie Żydów ortodoksyjnych i większości innych wyznań żydowskich. Niemniej od czasu kampanii wyborczej w 2016 r. rozdźwięk między zwolennikami Partii Demokratycznej a zwolennikami Partii Konserwatywnej także pogłębił się do tego stopnia, że politycznie świadomi Żydzi - a większość Żydów jest

politycznie świadoma - często nienawidzą członków swojego plemienia, którzy popierają inną partię, tylko ze względu na ich poglądy polityczne [536], [537].

Co więcej, jeśli wcześniej istniały napięcia między amerykańskim żydostwem a państwem żydowskim (Izraelem), obecnie schizma ta urosła już do takiego stopnia, iż wydaje się, że nie można jej już pokonać. Ponieważ wiodące organizacje żydowskie przyjmują coraz bardziej propalestyńskie i antysyjonistyczne programy, przepaść ta wciąż się powiększa i już zagraża samej strukturze naszego narodu.

Nikt nie ma racji, wszyscy się mylą

W walce o udowodnienie własnych racji i poglądów frakcje naszego narodu zapominają, iż to nie dlatego, że jesteśmy konserwatystami czy demokratami, ludźmi religijnymi, świeckimi lub kimkolwiek innym, narody świata dręczą nas co jakiś czas. Dzieje się to dlatego, że jesteśmy Żydami, a dokładniej dlatego, że jesteśmy podzielonymi Żydami.

Wewnętrzne podziały w naszym narodzie przynoszą nam nieszczęście za nieszczęściem, a obecny poziom wzajemnej niechęci jest na tak wysokim poziomie, że następny kataklizm do zapisania w smutnych, bolesnych i krwawych kronikach naszego ludu jest już w zasięgu wzroku. Jeśli chodzi o brak jedności, wszyscy jesteśmy w tej kwestii grzesznikami, nikt nie jest wykluczony. Dopóki istnieje pośród nas nienawiść, wszyscy jesteśmy w błędzie, nikt nie ma racji i wszyscy zapłacimy za to wysoką cenę.

Przez całe wieki duchowi przywódcy naszego ludu ostrzegali nas raz za razem, że jeśli się nie zjednoczymy, będziemy cierpieć. Przez te same wieki nie dawaliśmy posłuchu tym słowom. W dzisiejszych czasach cena za brak posłuchu będzie najprawdopodobniej zbyt wysoka, aby ją udźwignąć.

„Podstawową obroną przed nieszczęściem jest miłość i jedność. Kiedy w Izraelu panuje miłość, jedność i przyjaźń między ludźmi, nie może dosięgnąć ich nieszczęście. [...] [Jeśli] jest między nimi więź i nie ma rozdzielenia serc, cieszą się pokojem i ciszą, [...] a wszystkie przekleństwa i cierpienia są usuwane przez tę [jedność]" [538]. Te słowa mądrości, które napisał autor dzieła „Maor WaSzemesz" (Światło i słońce) wieki temu, są tak samo prawdziwe dzisiaj, jeśli nie bardziej. Podobnie książka „Maor Ejnaim" (Światło oczu) podkreśla: „Kiedy człowiek łączy się z całym Izraelem i tworzy się jedność, [...] w tym czasie nie spotka ich żadna krzywda" [539], natomiast w książce „Szem MiSzmuel" (Imię z Samuela) czytamy ponadto: „Kiedy [Izrael] jest jak jeden człowiek z jednym sercem, jest jak mur obronny przeciwko siłom zła" [540].

Jedność - narzędzie realizacji misji

Pod koniec rozdziału pierwszego niniejszej książki wspomnieliśmy historyka Paula Johnsona, który napisał, iż pierwsi Żydzi „odkryli boski plan dla rodzaju ludzkiego, którego przewodnikiem miało być ich własne społeczeństwo". Plan ten ani jego charakter nigdy nie był tajemnicą. Nasi przodkowie wiedzieli, że ich sukces zależy od ich jedności, chociaż często nie udawało się jej utrzymać. Niemniej jednak kiedy dochodziło do konfliktu między nimi, wiedzieli, iż przyczyną tego jest nasilenie ego, i wiedzieli też, co muszą zrobić, aby temu zaradzić. Mojżesz domagał się, aby lud zjednoczył się „jak jeden człowiek z jednym sercem" [541], aby zasłużył na otrzymanie Tory - prawa jedności, dzięki któremu stał się narodem godnym bycia wzorem do naśladowania - „światłem dla narodów" (Izajasza 42:5, Izajasza 49:6). Podobnie król Salomon bardzo jasno określił, w jaki sposób ludzie powinni odnosić się do nienawiści, która pojawia się między nimi pomimo ich starań o zachowanie jedności: „Nienawiść wywołuje konflikty, a miłość pokryje wszystkie grzechy" (Przysłów 10:12).

Ta strategia jednoczenia się ponad ujawnioną nienawiścią była tak nowatorska i tak odmienna od naturalnej tendencji do tłumienia nienawiści i udawania, że jej nie ma, aż do następnego wybuchu, zwykle z większą mocą, iż od początku istnienia narodu jego przywódcy i teksty wielokrotnie powtarzały, jak ważnym jest takie działanie. Być może ta potrzeba wielokrotnego podkreślania znaczenia wznoszenia się ponad konflikty zamiast ich tłumienia może wyjaśnić istnienie takich enigmatycznych zapisów w Księdze Zohar - przełomowej księdze Kabały - jak ten: „Wszystkie wojny w Torze to pokój i miłość" [542] lub ten poetycki fragment (patrz także rozdział 2): „'Oto jak dobrze i przyjemnie jest, gdy bracia także siedzą razem'. Są oni przyjaciółmi, kiedy siedzą razem, i nie są oddzieleni od siebie. Z początku wyglądają jak ludzie w stanie wojny, którzy chcą się nawzajem pozabijać, [...] wtedy powracają do miłości braterskiej. [...] A wy, przyjaciele, którzy tu jesteście, tak jak pozostawaliście wcześniej w czułości i miłości, odtąd nie będziecie się również rozstawać, [...] a dzięki waszym zasługom zapanuje pokój na świecie" [543].

Od samego początku jedność nie była celem samym w sobie, lecz środkiem do osiągnięcia znacznie większego celu. Kiedy Abraham po raz pierwszy wyjaśnił swoim babilońskim rodakom metodę jednoczenia się ponad nienawiścią i rozdzieleniem, ci odrzucili go i wygnali z kraju. Niemniej ludzie, którzy poszli za nim właśnie dzięki tej społecznej doktrynie, wzrastali i umacniali się, jak wyjaśniono w rozdziale pierwszym, a ich spójność czyniła ich coraz silniejszymi, aż stali się narodem - narodem izraelskim [544].

Oficjalna „inauguracja" narodu żydowskiego miała miejsce u podnóża góry Synaj, kiedy lud zjednoczył się „jak jeden człowiek z jednym sercem", a następnie otrzymał prawo - Torę, której podstawową zasadą jest „Kochaj bliźniego swego jak siebie samego". Dopiero wtedy można było powiedzieć ludziom: „Dziś staliście się narodem" (Powtórzonego Prawa 27:9).

Od tego czasu, jak mogliśmy przeczytać w całej tej książce, kroniki narodu żydowskiego były pasmem okresów wewnętrznych sporów, braku jedności i późniejszych cierpień, po których następowało tymczasowe, w większości przypadków częściowe przywrócenie jedności, co z kolei owocowało względnym pokojem i dobrobytem.

Tak wyglądało to do XX wieku. W wieku dwudziestym nastąpił gwałtowny rozwój technologii, przemysłu i gospodarki. Latanie stało się dostępne dla wszystkich; przestrzeń stała się ostateczną granicą, a nawet księżyc nie był już poza ludzkim zasięgiem. Samochody, telefony, wszystko to stało się dostępne, a nawet osobiste.

Jednak w XX wieku zabójstwa stały się równie łatwe, ponieważ broń masowego rażenia i ideologie masowej zagłady nie tylko zostały wymyślone, ale także wdrożone do realizacji. Wzrost ego, który wystąpił w Babilonie i skłonił Abrahama do rozwinięcia swojej techniki jednoczenia się ponad nim, ponownie przejawił się w XX wieku, ale był tysiące razy potężniejszy.

Co gorsza, światowe nasilenie się ego sprawiło, iż każdy poważny kryzys stawał się kryzysem globalnym. Dotyczyło to szczególnie wojen i aktów ludobójstwa. W drugiej i trzeciej dekadzie minionego stulecia Imperium Osmańskie zamordowało i deportowało około 1,5 miliona Ormian. Od 1921 r. do swojej śmierci w 1953 r. Józef Stalin, przywódca ZSRR, doprowadził do zabicia kilku milionów członków własnego narodu, a dziesiątki milionów wysłał do gułagów (obozów pracy przymusowej), rzekomo za sprzeciw wobec reżimu komunistycznego.

Nic jednak nie mogło równać się z Holokaustem. Jak opisano w poprzednich rozdziałach oraz w tysiącach książek, przedstawiających ewolucję nazistowskiej ideologii wyższości rasy aryjskiej i niepoprawnie nikczemną naturę Żydów, druga wojna światowa i Holokaust jako jej część bezsprzecznie ustanowiły precedens. Po raz pierwszy w historii przywódca i jego naród postanowili eksterminować cały naród żydowski, przynajmniej w Europie, ale ostatecznie na całym świecie.

Co gorsza, jak mogliśmy przeczytać wcześniej, wysiłki Niemiec w większości nie spotykały się z oporem ze strony narodów pozostających pod ich kontrolą. Faktem jest, iż w wielu przypadkach naziści polegali nawet na aktywnej pomocy miejscowej ludności w ich wysiłkach na rzecz wyeliminowania narodu żydowskiego. Najwyraźniej wiek dwudziesty wyznaczył nowy poziom okrucieństwa ludzkości, zwłaszcza w stosunku do Żydów.

Doświadczywszy Holokaustu, nie możemy być pewni, iż to się nie powtórzy. Jeśli zdarzyło się to raz, może się wydarzyć jeszcze dwa lub trzy razy, a narastająca na całym świecie nienawiść do Żydów i do państwa Izrael dowodzi, że strach przed drugim Holokaustem jest jak najbardziej uzasadniony.

Po raz kolejny przypomina to nam o konieczności powrotu do metody jednoczenia się ponad naszymi różnicami, która została zaproponowana przez Abrahama, oraz o naszym obowiązku dawania przykładu całemu światu. Co ciekawe, w obliczu narastającego antysemityzmu w Niemczech, nawet zanim jeszcze naziści doszli do władzy, niektórzy czołowi Żydzi już byli w stanie powiązać nienawiść wobec ich narodu z brakiem jedności między nimi samymi. Doktor Kurt Fleischer, przywódca Liberałów w Zgromadzeniu Społeczności Żydowskiej w Berlinie, argumentował w 1929 r.: „Antysemityzm to plaga, którą Bóg nam zesłał, aby nas prowadzić i spajać" [545]. Niestety, świadomość związku między antysemityzmem a brakiem wewnętrznej jedności nie zakorzeniła się wystarczająco głęboko, a w roku 1933, kiedy naziści doszli do władzy, Żydzi nie mieli świadomości tego, co nadchodzi i co mają z tym zrobić.

Dzisiaj już wiemy, dokąd to wszystko zmierzało. Jesteśmy w pełni świadomi tego precedensu i wiemy też, co musimy zrobić, aby zapobiec podobnym wydarzeniom.

Dr Fleischer nie był pierwszym, a na pewno nie był najdonośniejszym głosem ostrzegającym o antysemityzmie. Przed II wojną światową, a nawet przed I wojną światową istnieli przywódcy żydowscy, zarówno świeccy, jak i religijni, którzy przepowiadali nieszczęście bardziej przerażające niż jakiekolwiek inne mające miejsce wcześniej. Na początku XX wieku Rabin Kuk, który później został pierwszym naczelnym rabinem w Palestynie, napisał: „W Izraelu tkwi tajemnica jedności świata" [546]. Ponadto podkreślił on rolę Izraela w osiąganiu tej jedności: „Ludzkość zasługuje na to, aby być zjednoczona w jedną rodzinę. Wtedy to wszelkie kłótnie i zła wola, które wynikają z podziałów miedzy narodami i granic miedzy nimi, ustaną. Jednakże świat wymaga pewnego ukojenia, dzięki któremu ludzkość zostanie udoskonalona dzięki unikalnym cechom każdego narodu. Brak ten zostanie wypełniony przez Zgromadzenie Izraela" [547].

Podczas I wojny światowej Rabin Kuk czuł się zmuszony nakreślić związek, jaki dostrzegł między problemami świata a jednością Izraela. W swojej książce „Orot" (Światła) napisał: „Konstrukcja świata, która jest obecnie miażdżona przez straszne napaści krwawego miecza, wymaga budowy narodu izraelskiego. Konstrukcja narodu i odkrycie jego ducha to jedno i to samo, co pozostaje w jedności z konstrukcją świata, który rozpada się w oczekiwaniu na siłę pełną jedności i wzniosłości, a wszystko to znajduje się w duszy Izraela" [548].

Ponadto Rabin Kuk dostrzegał także niebezpieczeństwa, jakie rosnący antysemityzm na świecie stwarzał dla Żydów. W późniejszych latach napisał: „Amalek, Petlura [antysemicki przywódca ukraiński], Hitler i tak dalej budzą się w celu odkupienia. Ten, kto nie usłyszał dźwięku pierwszego Szofaru [wezwania do zjednoczenia] lub dźwięku drugiego [...], ponieważ jego uszy były zatkane, usłyszy brzmienie nieczystego Szofaru, plugawego. Usłyszy je wbrew swojej woli" [549].

Bez wyraźnego związku, ale mniej więcej w tym samym czasie Zeev Żabotyński, lider ruchu rewizjonistycznego, „zaczął ostrzegać, że najbliższa przyszłość dla polskich Żydów jest ponura i że czeka ich wielka katastrofa: 'Wulkan zacznie wkrótce emitować swoje niszczące płomienie. [...] Widzę okropny obraz. Czas na ocalenie dobiega końca. Wiem, że tego nie widzicie, ponieważ zajmujecie się codziennymi sprawami. Posłuchajcie mnie w tej ostatniej godzinie, o północy, na litość boską. Niech każdy siebie ratuje, dopóki jeszcze jest czas, gdyż on się już kończy" [550].

Jak wspomnieliśmy w rozdziale siódmym, Ben-Gurion, szef Organizacji Syjonistycznej w Palestynie, był również bardzo zaniepokojony przyszłością Żydów w Europie, szczególnie w Polsce. W 1933 roku, kiedy wrócił z Polski, napisał następujące słowa: „Judaizm jest niszczony i dławiony. [...] Niemcy to tylko preludium" [551].

Jednak najgłośniejszym spośród przywódców żydowskich, którzy ostrzegali o zbliżającym się nieszczęściu, był rabin Jehuda Aszlag. Kiedy jeszcze mieszkał w Polsce, był 'dajanem' [ortodoksyjnym sędzią] w Warszawie, gdzie w owym czasie żyła największa i najbardziej wyróżniająca się społeczność żydowska w Europie. Po emigracji do Palestyny Aszlag stał się płodnym autorem komentarzy do tekstów kabalistycznych, a także książek i esejów z zakresu nauk politycznych, stosunków międzynarodowych, problemów globalnych i trendów oraz roli narodu żydowskiego na świecie. Aszlag nie zadowalał się jedynie publicznym ogłoszeniem, iż wszyscy Żydzi muszą uciekać z Europy. Będąc jeszcze w Polsce, zorganizował zakup 300 drewnianych domków w Szwecji i zdobył miejsce na ich postawienie w Palestynie. Niestety, jego plan został zniweczony za sprawą sprzeciwu przywódców ortodoksyjnej społeczności żydowskiej w Polsce, a on sam i jego rodzina zostali ekskomunikowani. Tragicznym skutkiem tego wydarzenia stał się fakt, iż ze wszystkich Żydów, którzy rozważali emigrację do Palestyny z Aszlagiem, tylko on i jego rodzina zdecydowali się na ten krok, natomiast cała reszta zdecydowała się jednak pozostać w Polsce i zginęła w Holokauście [552].

Pamięć o zmarłych i lekcja na przyszłość

Po zakończeniu wojny Jehuda Aszlag nie zapomniał o swojej zaginionej rodzinie i członkach plemienia, którzy zginęli w Holokauście. Nie opłakiwał ich także w sposób bierny. Przeciwnie, kontynuował swoje zapobiegawcze działania mające na celu zilustrowanie roli narodu żydowskiego w świecie i tego, co dzieje się, kiedy nie spełniamy swojego zadania.

Aszlag pisał o potrzebie zjednoczenia zarówno w świeckich, jak i kabalistycznych tekstach. W swoich „Pismach ostatniego pokolenia" stwierdza: „Krzyczałem już o tym jak żuraw w mojej broszurze z 1933 roku zatytułowanej 'Pokój', ostrzegając, że dzisiejsze wojny osiągnęły takie rozmiary, iż zagrażają życiu całego świata. [...] Nie trzeba dodawać, że dzisiaj po opracowaniu i użyciu bomb atomowych oraz skonstruowaniu bomb wodorowych nie ma już wątpliwości, że po jeszcze jednej, dwóch lub trzech kolejnych wojnach cała ludzka cywilizacja zostanie całkowicie zniszczona, nie pozostawiając po sobie żadnego śladu" [553].

W podobnym tonie, ale z kabalistycznego punktu widzenia Aszlag poświęcił kilka stron na końcu swojego wstępu do komentarza do Księgi Zohar na temat roli narodu żydowskiego i konsekwencji wynikających z zaniechania spełnienia tej roli [554]. Jehuda Aszlag zaczyna od stwierdzenia, iż zgodnie z mądrością Kabały cała ludzkość dzieli się na koncentryczne kręgi, które rozchodzą się od środka na zewnątrz. Z perspektywy naprawy świata od stanu braku jedności do zgody, pisze Aszlag, lud Izraela jest uważany za najbardziej wewnętrzny krąg. Oznacza to, że naprawa ta zaczyna się od nich samych i rozprzestrzenia się na resztę ludzkości. Innymi słowy, tak długo, jak naród Izraela nie zacznie przechodzić od stanu rozdzielenia do wspólnoty, reszta świata również nie będzie mogła tego uczynić. Fakt ten sam w sobie wyjaśnia, dlaczego tak wielu ludzi na świecie obwinia Żydów za wszystko, co jest złe na świecie i w ich życiu.

Aszlag w kilku swoich pismach wspomina o obowiązku Izraela wobec świata. Na przykład w eseju „Służąca, która jest dziedziczką swojej pani" pisze: „Wiedz, iż gałąź, która rozciąga się od wewnątrz, to naród Izraela wybrany jako operator naprawy" [555].

Powróćmy jednak do jego „Wstępu do Księgi Zohar". Po tym, jak Aszlag opisuje koncentryczne kręgi ludzkości według nauki Kabały, wyjaśnia, że skoro naprawa ludzkości rozprzestrzenia się od wewnątrz, każdy, kto przyłącza się do procesu tej naprawy i pomaga zmienić świat ze stanu podziału na jedność, jest uważany za znajdującego się w bardziej wewnętrznym kręgu i ma większy wpływ na naprawę świata. Aby podkreślić to zjawisko, autor pisze dalej: „Nie dziwcie się, że działania jednej osoby powodują wyniesienie lub upadek całego świata" [556]. Oznacza to, zdaniem Ashlaga, że ten, kto pracuje nad wzmocnieniem jedności na ziemi, wpływa w ten sposób na cały świat, a nie tylko na swoje bliskie otoczenie. Na początku lat pięćdziesiątych XX wieku, kiedy Aszlag po raz pierwszy opublikował to wprowadzenie (do Księgi Zohar), większość ludzi nie mogła go wcale zrozumieć. Dzisiaj jednak, kiedy globalizacja i współzależność są już uznanym faktem życia, adekwatność jego słów jest oczywista.

Niemniej jednak należy zauważyć, że kiedy Aszlag mówi o jedności, nie ma na myśli dobrego wychowania. Wręcz przeciwnie, mówi o obnażonej nienawiści, tak jak widzimy ją obecnie na całym świecie, ale jednak pokrytej miłością zgodnie z zasadami, według których starożytni Hebrajczycy pragnęli wieść swoje życie. W tym właśnie kontekście powinniśmy powtórzyć zdumiewające zalecenie Henry'ego Forda, zawarte w jego antysemickim dziele zatytułowanym „Międzynarodowy Żyd": „Współcześni reformatorzy, którzy tworzą wzorcowe systemy społeczne, [...] powinni przyjrzeć się systemowi społecznemu, według którego zorganizowani byli pierwsi Żydzi" [557]. Powrót do tej zasady, wyjaśnia Aszlag, jest jedynym sposobem na utrzymanie trwałej jedności i ustanowienie dobrze prosperującego społeczeństwa.

Po wyjaśnieniu struktury ludzkości zgodnie z mądrością Kabały Aszlag opisuje szczegółowo, co by się stało, gdyby Izrael nie uczynił tego, co musi zrobić, a mianowicie zainicjować naprawę świata poprzez jedność ponad nienawiścią. Aby odpowiedzieć na pytanie, jak można tego dokonać, Aszlag odwołuje się do specjalnej części Księgi Zohar, znanej jako „Tikkunei Zohar" [dosłownie: naprawy Zoharu]. Odnosi się on w szczególności do „Tikkun" [naprawa] numer trzydzieści, który stwierdza, że jeśli Izrael nie wykona swojego zadania, „wtedy [Izrael] dokona całego zniszczenia i ohydnej rzezi, której doświadczyło nasze pokolenie [odniesienie do Holokaustu]" [558].

Później Aszlag nadal powołuje się na „Tikkun" numer trzydzieści, który mówi o Izraelu, że kiedy pogrążony jest w samolubstwie, nie może nawet czynić dobrych uczynków z właściwą intencją. Według słów Zoharu „Wszystkie ich akty miłosierdzia są jak kwiat w polu; każde miłosierdzie, które czynią, czynią dla samych siebie" [559]. „Wtedy to", podsumowuje Zohar, „duch opuszcza świat i do niego nie powróci" [560].

Następnie Aszlag kończy cytat z Zoharu: „Biada tym, którzy powodują, że [duch] opuszcza świat i do niego nie powraca. [...] Biada im, bo sprowadzają biedę i zgubę, grabież i zabijanie oraz zniszczenie na świecie. Biada im, bo tymi działaniami prowadzą do istnienia biedy, ruiny i rozboju, grabieży, zabijania i zniszczenia na świecie" [561].

Kontynuując swoje wyjaśnienie, iż dobrobyt całego świata zależy od gotowości Izraela do zjednoczenia i umożliwienia duchowi jedności przepłynięcia do reszty świata, Aszlag jeszcze bardziej podkreśla konsekwencje braku tej jedności. Ponownie czyni to, wykorzystując nasze własne źródła żydowskie, w tym przypadku Talmud: „W takim pokoleniu", kiedy Izrael nie naprawia się przez jedność, „wszyscy niszczyciele z narodów świata podnoszą swoje głowy i pragną przede wszystkim zniszczyć i zabić dzieci Izraela, jak napisano: 'Żadne nieszczęście nie przychodzi na świat inaczej, jak tylko z powodu Izraela' [562]. Oznacza to, jak napisano w powyższych 'Tikkunim' [naprawach], że powodują oni [Izrael] ubóstwo, ruinę, grabieże, zabijanie i zniszczenia na całym świecie" [563].

Jednakże Aszlag nie kończy swojego wprowadzenia tonem smutku czy przygnębienia. Przeciwnie, kończy z nadzieją i zapobiegawczym podejściem do sprawy. „Po tym, jak przez nasze liczne winy byliśmy świadkami wszystkiego, co zostało powiedziane w wyżej wspomnianych 'Tikkunim', a ponadto wyrok boski dotknął najlepszych z nas", pisze dalej, „i z całej chwały, jaką Izrael miał w Polsce i na Litwie, itd., pozostały jedynie relikty. [...] Teraz na nas, 'reliktach', spoczywa obowiązek naprawienia tego strasznego zła. Każdy z nas, pozostałych, powinien wziąć na siebie całym sercem i duszą obowiązek, aby wzmocnić [naszą jedność] i dać jej należne jej miejsce" [564].

Kończąc, Aszlag zacytował proroka Izajasza, aby opisać to, co się stanie, jeśli Izrael wykona swoje zadanie, zjednoczy się i uniesie tę jedność przez resztę kręgów ludzkości: „Wtedy wszystkie narody świata rozpoznają i uznają zasługi Izraela [...] i będą postępować zgodnie ze słowami (Izajasz 14): 'I wezmą ich narody, i przyprowadzą na ich miejsce...' A także (Izajasz 49): 'I odniosą twych synów na rękach, a córki twoje na barkach przyniosą'" [565].

Będzie to koniec antysemityzmu, koniec wojny, wszystkich wojen i początek nowej, błogiej ery. Wtedy to, jak od wieków podkreślali przywódcy naszego narodu, będziemy tacy, jakimi powinniśmy być, a narody raz jeszcze powiedzą to, co mówiły w czasach Drugiej Świątyni (patrz Rozdział 2), gdy „szły do Jeruzalem i widziały Izrael [...], i mówiły: 'Godnym jest przylgnięcie tylko do tego narodu'" [566].

Załączniki

Kim jesteś, narodzie Izraela?

Opublikowano w *The New York Times* dnia 20 września 2014 r.

Raz za razem Żydzi są prześladowani i terroryzowani. Sam będąc Żydem, często zastanawiam się nad sensem tych bezlitosnych katuszy. Niektórzy uważają, iż okrucieństwa drugiej wojny światowej są dzisiaj czymś niewyobrażalnym. A jednak widzimy, jak łatwo i gwałtownie powraca ten nastrój poprzedzający Holokaust, a okrzyki „Hitler miał rację" rozbrzmiewają zbyt często i zbyt otwarcie.

Jednak jest jeszcze nadzieja. Możemy odwrócić ten trend, a wszystko, czego nam potrzeba, to uświadomienie sobie szerszego obrazu.

Gdzie jesteśmy i skąd pochodzimy

Ludzkość znajduje się na rozdrożu. Globalizacja sprawiła, iż jesteśmy niezwykle współzależni, natomiast ludzie stają się coraz bardziej nienawistni i wyobcowani. Ta niezrównoważona i wysoce „łatwopalna" sytuacja wymaga podjęcia decyzji dotyczącej przyszłego kierunku ludzkości. Aby zrozumieć, w jaki sposób my, naród żydowski, jesteśmy zaangażowani w ten cały scenariusz, musimy wrócić do miejsca, w którym wszystko się zaczęło.

Lud Izraela pojawił się około 4000 lat temu w starożytnym Babilonie. Kraina ta była kwitnącą cywilizacją, której mieszkańcy czuli się połączeni i zjednoczeni, jak głoszą słowa Tory: „Cała ziemia miała jeden język i jedną mowę" (Rdz 11:1).

Ale w miarę jak ich więzi stawały się coraz silniejsze, wzrastało też ich ego. Zaczęli się wzajemnie wykorzystywać, a w końcu nienawidzić. Tak więc chociaż Babilończycy mieli poczucie wzajemnego połączenia, ich nasilające się ego sprawiało, że stawali się coraz bardziej wyobcowani. Uwięzieni między tymi dwoma skrajnościami, ludzie Babilonu zaczęli szukać rozwiązania swojej trudnej sytuacji.

Dwa rozwiązania kryzysu

Poszukiwanie rozwiązania doprowadziło do powstania dwóch sprzecznych poglądów. Pierwszy reprezentowany przez Nimroda, króla Babilonu, był naturalny i instynktowny, prowadzący do rozproszenia narodu. Król twierdził, że kiedy ludzie przebywają daleko od siebie, wtedy się nie kłócą.

Drugie rozwiązanie zaproponował Abraham, wówczas znany już wszystkim babiloński mędrzec. Twierdził, że zgodnie z prawem

Natury ludzkie społeczeństwo musi się zjednoczyć i dlatego starał się zjednoczyć wszystkich Babilończyków, pomimo ich rosnącego ego, na zasadzie wznoszenia się ponad własny egoizm.

Krótko mówiąc, metoda Abrahama była sposobem na połączenie ludzi ponad ich osobistym egoizmem. Kiedy zaczął propagować swoją metodę pośród swoich rodaków, „tysiące i dziesiątki tysięcy gromadziły się wokół niego, a [...] on zaszczepił tę zasadę w ich sercach", pisze Majmonides (Miszne Tora, część 1). Natomiast reszta ludzi wybrała drogę Nimroda, czyli rozproszenie, podobnie jak robią to skłóceni sąsiedzi, kiedy starają się trzymać z daleka od siebie. Ta rozproszona gromada stopniowo stawała się tym, co obecnie nazywamy „społeczeństwem ludzkim".

Dopiero dzisiaj, około 4000 lat później, możemy rozpocząć ocenę tego, która z tych dwóch dróg była właściwa.

Podstawa narodu Izraela

Nimrod zmusił Abrahama i jego uczniów do opuszczenia Babilonu i oni przenieśli się do miejsca, które później nazwano „ziemią Izraela". Pracowali nad swoją jednością i spoistością zgodnie z zasadą „Kochaj bliźniego jak siebie samego", łącząc się ponad własnym ego i w ten sposób odkrywając „siłę jedności" - ukrytą moc Natury.

Każda materia składa się z dwóch przeciwstawnych sił - połączenia i rozdzielenia, które się równoważą. Jednakże społeczeństwo ludzkie ewoluuje przy wykorzystaniu jedynie siły negatywnej - ego. Zgodnie z planem Natury musimy w sposób świadomy równoważyć siłę negatywną tą pozytywną - jednością. Abraham odkrył mądrość, która umożliwia taką równowagę, a obecnie nazywamy tę wiedzę „mądrością Kabały".

Izrael oznacza „prosto do Stwórcy"

Uczniowie Abrahama nazywali siebie Israel (Izrael) stosownie do ich pragnienia podążania „Jaszar El" (prosto do Boga, Stwórcy). Znaczy to, iż chcieli odkryć siłę jedności Natury, aby zrównoważyć ego, które stało pomiędzy nimi. Poprzez swoją jedność niejako zanurzyli się w sile jedności, która to stanowi wyższe źródło rzeczywistości.

Oprócz tego odkrycia Izrael odkrył również, że w procesie rozwoju ludzkości cała reszta Babilończyków (którzy postępowali zgodnie z radami Nimroda i rozproszyli się po całym świecie, stając się dzisiejszą ludzkością) również będzie musiała osiągnąć jedność. Ta sprzeczność między narodem Izraela uformowanym przez jedność a resztą ludzkości, która powstała w wyniku separacji, jest odczuwalna nawet dzisiaj.

Wygnanie

Uczniowie Abrahama, lud Izraela, doświadczyli wielu wewnętrznych zmagań, lecz przez 2000 lat ich jedność przeważała i była dla nich kluczowym elementem jednoczącym. Tak naprawdę ich konflikty miały jedynie za zadanie wzmocnić miłość między nimi.

Jednak około dwóch tysięcy lat temu ego członków narodu osiągnęło taką intensywność, iż nie mogli już dłużej utrzymać swojej jedności. Wybuchła wśród nich bezpodstawna nienawiść i egoizm, które doprowadziły do wygnania. W rzeczy samej wygnanie

Izraela nie miało jedynie wymiaru fizycznego wypędzenia z ziemi Izraela, było przede wszystkim wygnaniem ze stanu jedności. Alienacja wewnątrz narodu izraelskiego spowodowała, że rozproszyli się między narodami świata.

Powrót do teraźniejszości

Aktualnie ludzkość jest w stanie podobnym do tego, którego doświadczali starożytni Babilończycy, a który można opisać następująco: rosnąca współzależność wraz z rosnącym wyobcowaniem. Ponieważ w naszej globalnej wiosce jesteśmy całkowicie współzależni, rozwiązanie polegające na rozdzieleniu, zaproponowane przez Nimroda, nie jest już praktyczne. Obecnie jesteśmy zmuszeni zastosować metodę Abrahama. Właśnie dlatego naród żydowski, który wcześniej już wdrożył metodę Abrahama i połączył się, musi ożywić swoją jedność i nauczyć całą ludzkość metody osiągania jedności. A jeśli nie zrobimy tego z własnej woli, narody świata zmuszą nas do działania przy użyciu siły.

W tym kontekście interesujące jest odniesienie się do słów Henry'ego Forda, założyciela Ford Motor Company i znanego antysemity, które pojawiły się w jego książce zatytułowanej „Międzynarodowy Żyd - Największy problem świata": „Społeczeństwo ma wobec niego [Żyda] duże żądania, aby [...] zaczął wypełniać [...] starożytne proroctwo, iż dzięki niemu wszystkie narody ziemi będą błogosławione".

Korzenie antysemityzmu

Po tysiącach lat wysiłków na rzecz budowy prosperującego społeczeństwa ludzkiego metodą Nimroda narody świata zaczynają już rozumieć, że rozwiązanie ich problemów nie może mieć charakteru technologicznego, ekonomicznego ani też militarnego. Podświadomie czują, że rozwiązanie leży w jedności i że metoda połączenia istnieje w narodzie Izraela. Dlatego też przyznają, że są pod tym względem zależni od Żydów. Konsekwencją tego stanu jest to, że narody świata obwiniają Żydów za każdy problem na świecie, wierząc, że to właśnie Żydzi posiadają klucz do szczęścia świata.

Rzeczywiście, kiedy naród izraelski spadł ze swojego szczytowego poziomu miłości do bliźniego, zaczęła się szerzyć nienawiść do Izraela ze strony innych narodów. I tak poprzez antysemityzm narody świata zmuszają nas do ujawnienia metody połączenia. Rabin Kuk, pierwszy naczelny rabin Izraela, wskazał na ten fakt, mówiąc: „Amalek, Hitler i tak dalej przebudzają nas do odkupienia" (Eseje Raiah, t. 1).

Jednakże naród Izraela nie jest świadomy tego, że jest w posiadaniu klucza do szczęścia całego świata, a źródłem antysemityzmu jest to, że Żydzi znają metodę połączenia, klucz do szczęścia - mądrość Kabały, ale nie ujawniają jej wszystkim.

Obowiązkowe ujawnienie mądrości

Kiedy świat jęczy pod naporem dwóch sprzecznych sił - globalnej siły połączenia i oddzielającej siły ego, popadamy w stan, który istniał w starożytnym Babilonie przed jego upadkiem. Różnica natomiast jest taka, że obecnie nie możemy tak po prostu oderwać się od siebie, aby uspokoić nasze ego. Naszą jedyną opcją jest praca nad wzajemnym połączeniem, nad naszą jednością. Musimy dodać do naszego świata siłę pozytywną, która zrównoważy negatywną moc naszego ego.

Naród Izraela, potomkowie starożytnych Babilończyków, którzy poszli za Abrahamem, muszą wprowadzić w życie zasady połączenia, a mianowicie mądrość Kabały. Muszą dawać przykład całej ludzkości, a tym samym stać się „światłem dla narodów".

Prawa Natury nakazują, abyśmy wszyscy osiągnęli stan jedności. Istnieją dwa sposoby osiągnięcia tego stanu: 1) droga światowego cierpienia, wojen, katastrof, plag i klęsk żywiołowych lub 2) droga stopniowego równoważenia ego - metoda, którą Abraham zaszczepił swoim uczniom. Sugerujemy wybór tego drugiego sposobu.

Rozwiązaniem jest jedność

Napisane jest w Księdze Zohar „Wszystko opiera się na miłości" (część WaEtchanan). „Kochaj bliźniego swego jak siebie samego" to wielka zasada Tory; jest to także istota zmiany, którą mądrość Kabały oferuje całej ludzkości. Naród żydowski ma obowiązek zjednoczyć się, aby dzielić się metodą Abrahama ze wszystkimi narodami.

Raw Jehuda Aszlag, autor komentarza „Sulam" (Drabina) do Księgi Zohar, powiedział: „Naród izraelski ma obowiązek nauczyć się samemu i przeszkolić wszystkich ludzi na świecie [...], aby mogli rozwijać się, dopóki nie podejmą się wzniosłej pracy miłości bliźniego, która jest drabiną prowadzącą do celu stworzenia". Jeśli uda nam się to osiągnąć, znajdziemy rozwiązania wszystkich problemów na świecie, jednocześnie wykorzeniając raz na zawsze antysemityzm.

Co my, Żydzi, jesteśmy winni światu

Opublikowano w *The New York Times* po święcie Jom Kippur, dnia 11 października 2014

Kupowane drogi do nieba

Najświętszym dniem w roku dla Żydów jest Jom Kippur (Dzień Pojednania/Pokuty), kiedy to członkowie tego narodu poszczą i modlą się. Zasadniczą częścią modlitwy w tym dniu jest czytanie księgi proroka Jonasza. Co ciekawe, wielu religijnych Żydów uważa, że wykupienie przywileju czytania tej księgi sprawi, iż będą odnosić sukcesy przez resztę roku.

Oczywiście, tylko najbogatsi członkowie społeczności mogą sobie na to pozwolić. Kwoty różnią się w zależności od zamożności społeczności, ale w niektórych przypadkach przywilej ten jest sprzedawany za ponad pół miliona dolarów.

Złamanie kodu

Ludzie nie są jednak świadomi prawdziwego powodu, dla którego księga Jonasza jest tak ważna. Kabaliści uznali, że czytanie tej księgi jest najważniejszą sprawą w całym roku, ponieważ szczegółowo opisuje ona kod niezbędny do ratowania ludzkości, a to zdaniem kabalistów jest ważniejsze niż cokolwiek innego.

Historia Jonasza jest wyjątkowa, ponieważ mówi o proroku, który najpierw próbował uniknąć swojej misji, ale w końcu okazał skruchę. Innym szczególnym aspektem historii Jonasza jest to, iż jego misją nie było napominanie ludu Izraela, lecz ocalenie miasta Niniwy, którego mieszkańcy nie byli Żydami. W świetle dzisiejszego niepewnego stanu świata powinniśmy przyjrzeć się bliżej tej historii i jej znaczeniu dla każdego z nas.

Zabrać się do pracy lub wyjechać

Bóg nakazuje Jonaszowi powiedzieć mieszkańcom Niniwy, którzy stali się dla siebie bardzo źli, aby naprawili relacje między sobą, jeśli chcą przetrwać. Jonasz jednak chciał uniknąć swojej misji i wypłynął w morze, starając się uciec przed rozkazem Boga.

Podobnie jak Jonasz, my, Żydzi, unikamy naszej misji już od dwóch tysięcy lat, chociaż tak naprawdę nie możemy sobie pozwolić na rezygnację z niej. Mamy do wykonania zadanie, które zostało nam powierzone, gdy Abraham zjednoczył nas w jeden naród oparty na miłości do innych i naszym obowiązkiem jest dawać przykład tej jedności reszcie świata. Abraham chciał zjednoczyć całą ludzkość, ale wówczas udało mu się zgromadzić tylko niewielką grupę ludzi.

Grupa ta, a mianowicie lud Izraela, musi nadal stanowić wzór do naśladowania dla reszty świata. Rabin Abraham Izaak HaKohen Kuk (Raiah), pierwszy naczelny rabin Izraela, wyraził to w sposób bardzo poetycki w swojej książce zatytułowanej Orot Kodesz (Święte Światła): „Skoro zostaliśmy zniszczeni przez bezpodstawną nienawiść, a świat został zrujnowany wraz z nami, zostaniemy odnowieni dzięki bezpodstawnej miłości, a świat zostanie odbudowany razem z nami".

Przesypianie burzy

We wspomnianej historii ucieczka Jonasza statkiem przed narzuconą misją spowodowała wzburzenie morza, a statek omal nie zatonął. W najgwałtowniejszym momencie burzy Jonasz poszedł spać, chcąc oderwać się od całego zgiełku, i pozostawił marynarzy samych sobie. Ci natomiast zaczęli podejrzewać, że ta burza nie była bez powodu. Rzucili los i odkryli, iż powodem sztormu był Jonasz, jedyny Żyd na pokładzie.

Pod wieloma względami dzisiejszy świat jest podobny do statku Jonasza: stał się wioską globalną, jakbyśmy wszyscy byli w jednej łodzi, a morze wokół nas szaleje. A marynarze - cała ludzkość - obwiniają Żyda na pokładzie za wszystkie swoje kłopoty.

Podobnie jak Jonasz, jesteśmy pogrążeni we śnie. Chociaż zaczynamy uświadamiać sobie istnienie nienawiści do nas, musimy jeszcze zdać sobie sprawę, że przyczyną nienawiści jest niewypełnianie naszej misji, podobnie jak w przypadku Jonasza. Jeśli szybko się nie obudzimy, 'marynarze' wyrzucą nas za burtę, podobnie jak zrobili to z Jonaszem. Raw Jehuda Aszlag, autor komentarza „Sulam" (Drabina) do Księgi Zohar, powiedział:

„Naród izraelski ma obowiązek nauczyć siebie i wszystkich ludzi na świecie […], aby mogli rozwijać się, dopóki nie podejmą się wzniosłej pracy dla miłości bliźniego" („Arvut" (Wzajemna gwarancja)).

Pobudka

Marynarze na łodzi Jonasza desperacko próbują uspokoić morze i na rozkaz Jonasza wyrzucają go za burtę. Kiedy Jonasz jest już w wodzie, burza uspokaja się, ale wtem pojawia się wieloryb i połyka Jonasza. Przez trzy dni i trzy noce dokonuje on autorefleksji w jego brzuchu. Błaga o swoje życie i obiecuje wypełnić swoją misję.

Podobnie jak w przypadku Jonasza, każdy z nas nosi w sobie coś, co porusza świat. My, naród Izraela, posiadamy metodę osiągnięcia pokoju poprzez połączenie. Jedność tkwi u samej podstawy naszego bytu. To swoiste DNA jest tym, co czyni nas narodem, i dzisiaj na nowo musimy je rozpalić, ponieważ gdziekolwiek pójdziemy, ta niewykorzystana siła destabilizuje otaczający nas świat, aby zmusić nas do zjednoczenia.

Jedność między nami zainspiruje, a nawet zmusi pozostałe narody do pójścia w nasze ślady, podobnie jak obecny brak jedności ma wpływ na całą ludzkość. Jest to powodem wszystkich naszych problemów, w tym antysemityzmu. Kiedy się zjednoczymy, obdarzy to ludzkość energią potrzebną do osiągnięcia ogólnoświatowej jedności, w której wszyscy ludzie będą żyć „jak jeden człowiek z jednym sercem". Zatem jedyne pytanie brzmi, czy weźmiemy na siebie tę odpowiedzialność, czy też wolimy zostać wyrzuceni za burtę tylko po to, aby później tak czy inaczej zgodzić się na wykonanie naszego zadania.

Nie ma wątpliwości, że jeśli chcemy położyć kres naszym problemom i pozbyć się antysemityzmu, jeśli chcemy przekształcić osąd w miłosierdzie i prowadzić bezpieczne i szczęśliwe życie, musimy się zjednoczyć i tym samym dać przykład jedności wszystkim narodom. W ten sposób przyniesiemy światu stabilizację i pokój. W przeciwnym razie nienawiść narodów do nas będzie stale rosła. Teraz widzimy już, dlaczego ludzie są skłonni zapłacić krocie za przywilej czytania księgi Jonasza w święto Jom Kippur.

Chciałbym zakończyć ten esej innym cytatem autorstwa rabina Kuka: „Wszelki niepokój na świecie ma miejsce tylko dla Izraela. Teraz jesteśmy wezwani do dobrowolnego i świadomego wykonywania tego wielkiego zadania - odbudowania siebie i całego zrujnowanego świata wraz z nami" (*Igrot* [Listy]).

Bibliografia

Księgi

Amikam, Israel. *The Attack on the Jewish Settlement in the Land of Israel, 1929.* Excerpt translated by Chaim Ratz http://www.daat.ac.il/daat/vl/tohen. asp?id=36.

Ashlag, Rav Yehuda (Baal HaSulam). *Ohr HaBahir: Entries in Kabbalah, Judaism, and Jewish Philosophy.* Jerusalem, 1991.

Ashlag, Rav Yehuda (Baal HaSulam). "The Peace." *The Writings of Baal HaSulam.* Vol. 1. Translated by Chaim Ratz. USA: Laitman Kabbalah Publishers, 2019.

Avot de Rabbi Natan

Azulai, Rav Chaim Yosef David. HaCHIDA. *Pnei David.*

Babylonian Talmud, *Masechet Yoma*

Babylonian Talmud, *Megillah*

Baer, Yitzhak. *A History of the Jews in Christian Spain.* Vol. 1. Translated by Louis Schoffman. Illinois, USA: Varda Books, 1961.

Bartal, Israel. *The Jews of Eastern Europe, 1772-1881.* Translated by Chaya Naor. US: University of Pennsylvania Press, 7 June, 2011.

Bauer, Yehuda. *Jews for Sale? Nazi-Jewish Negotiations, 1933-1945.* US: Yale University Press, 1994.

Ben Maimon, Rav Moshe (Maimonides). *Mishneh Torah.* Part 1, "The Book of Science."

Ben Yetzhak, Rabbi Shlomo (RASHI). *The RASHI Interpretation on the Torah.*

Birnbaum, Pierre and Ira Katznelson, eds. *Paths of Emancipation: Jews, States, and Citizenship.* Princeton, NJ: Princeton University Press, 1995.

Black, Edwin. *The Transfer Agreement: The Dramatic Story of the Pact Between the Third Reich and Jewish Palestine.* US: Dialog Press, August 16, 2009.

Black, Jeremy. *The Holocaust: History and Memory.* US: Indiana University Press, 2016.

Bornstein, Rabbi Shmuel. *Shem MiShmuel* [A Name Out of Samuel]. *VaYakhel* [And Moses Assembled]. *TAR'AV,* 1916.

Breitman, Richard and Allan J. Lichtman. *FDR and the Jews.* Cambridge, Massachusetts, U.S.: Harvard University Press, 2013.

Bunim, Rav Simcha of Peshischa. *Kol Mevaser.*

Cahill, Thomas. *The Gifts of the Jews: How a Tribe of Desert Nomads Changed the Way Everyone Thinks and Feels.* New York: Nan A. Talese/Anchor Books, 1998.

Connolly, Martin. *The Founding of Israel: The Journey to a Jewish Homeland from Abraham to the Holocaust.* US: Pen & Sword History, 2018. Kindle.

Dąbrowa, Edward, ed. *The Hasmoneans and Their State: A Study in the History, Ideology, and the Institutions.* Poland: Jagiellonian University Press, 2009.

Daniel-Nataf, ed. *Philo of Alexandria, Writings.* Vol. 2. Hebrew ed. Jerusalem 1951.

Derwhowitz, Alan M. *The Vanishing American Jew: In Search of Jewish Identity for the Next Century.* US: Touchstone, 1998.

Eliyahu, Midrash Tanah De Bei. *Rabbah.*

Elon, Amos. *The Pity of it All: A Portrait of German Jews, 1743-1933.* US: Picador, 2002.

Feldman, Louis H., ed. *Jewish Life and Thought Among Greeks and Romans: Primary Readings.* With contributions by Meyer Reinhold. UK: Augsburg Fortress, February 23, 2009.

Fink, Carole. *West Germany And Israel: Foreign Relations, Domestic Politics, And The Cold War, 1965-1974.* New York: Cambridge University Press, 2019.

Ford, Henry. *The International Jew -- The World's Foremost Problem.* US: The Noontide Press, Early 1920s.

Frankel, Jonathan and Steven J. Zipperstein, eds. *Assimilation and Community: The Jews in Nineteenth-Century Europe.* UK: Cambridge University Press, 2004.

Friedlander, Saul. *Nazi Germany and the Jews: Volume 1: The Years of Persecution 1933-1939.* UK: Orion Books, 1997.

Gabai Ben, Rabbi Meir. *Avodat HaKodesh* [The Holy Work].

Galton, Francis. *Essays in Eugenics: The Eugenics Education Society.* UK: The Eugenics Education Society, 1909.

Gerber, Jane S. Introduction to *Jews of Spain: A History of the Sephardic Experience.* USA: Free Press, 1994.

Goldberg, Jonah. *Liberal Fascism: The Secret History of the American Left, From Mussolini to the Politics of Meaning.* U.S.: Doubleday, 2008.

Gordon, Sarah Ann. *Hitler, Germans, and the Jewish Question.* US: Princeton University Press, 1984.

Grant, Michael. *From Alexander to Cleopatra: the Hellenistic World.* New York: Charles Scribner & Sons, 1982.

Grill, Tobias, ed. *Jews and Germans in Eastern Europe: shared and comparative histories.* Berlin: De Gruyter Oldenbourg, 2018.

Guttstadt, Corry, Thomas Lutz, Bernd Rother, and Yessica San Román, eds. the International Holocaust Remembrance Alliance. *Bystanders,*

Rescuers or Perpetrators?: The Neutral Countries and the Shoah. Berlin: Metropol Verlag & IHRA, 2016.

Haberer, Erich E. *Jews and Revolution in Nineteenth-Century Russia.* UK: Cambridge University Press, 2004.

HaCohen Kook, Rav Avraham Yitzchak (Raaiah). *Essays of the Raaiah.*

HaCohen Kook, Rav Avraham Yitzhak (the Raiah). *Orot* [Lights].

HaCohen Kook, Rav Avraham Yitzhak (the Raiah). *Orot HaKodesh.*

Halevi Epstein, Rabbi Kalonymus Kalman. *Maor VaShemesh* [Light and Sun].

Halevi Epstein, Rabbi Kalonymus Kalman. *Maor VaShemesh.* Portion *Nitzavim.*

Hitler, Adolf. *Mein Kampf.* US: The Noontide Press: Books On-Line, 2003.

Ingram, Kevin, ed. *Conversos and Moriscos in Late Medieval Spain and Beyond.* Vol. 1, *Departures and Change.* The Netherlands: Brill, 2009.

Jerusalem Talmud. *Masechet Nedarim.*

Jerusalem Talmud. *Rosh Hashanah,* 5b and *Shekalim,* 8a. Online version. Antwerp: Beit Daneil Bombergi, 1523. Shortened url. https://bit.ly/33gYtKF.

Johnson, Paul. *A History of the Jews.* New York: Harper Perennial, 1988.

Josephus, Titus Flavius. *The Antiquities of the Jews.*

Josephus, Titus Flavius. *The Wars of the Jews.*

Kern, Erich Kern, ed. *Verheimlichte Dokumente: Was den Deutschen verschwiegen wird.* Germany: FAZ-Verlag GmbH, 1988.

Kühl, Stefan. *The Nazi Connection: Eugenics, American Racism, and German National Socialism.* U.S.: Oxford University Press, 1994.

Landau, Ithak Eliyahu and Rabbi Shmuel Landau. *Masechet Derech Eretz Zutah.*

Laqueur, Walter, ed. Judith Tydor Baumel, assoc. ed. *The Holocaust Encyclopedia.* US: Yale University Press, 2001.

Lazare, Bernard. *Antisemitism: Its History and Causes.* U.S.: The International Library Publishing Co., September 12, 2013.

Leff, Laurel. *Buried by the Times: The Holocaust and America's Most Important Newspaper.* US: Cambridge University Press, April 10, 2006.

Luntchitz, Shlomo Ephraim ben Aaron. *Kli Yakar.*

Lurye, Solomon Yakovlevich. *Anti-Semitism in the Ancient World.* Translated by Michael Brushtein and Chaim Ratz. Berlin: Z.I. Grzhebina, 1923.

Luther, Martin. *The Jews and Their Lies.* Translated by Martin H. Bertram. Liberty Bell Publications, December 5, 2004. Kindle.

Marcus, Jacob Rader. *The Jew in the Medieval World: A Sourcebook: 315-1791.* US: Atheneum, 1974.

Matas, David. *Aftershock: Anti-Zionism & Anti-Semitism.* Toronto, Canada: Dundurn Press, September 3, 2005.

Medoff, Rafael. *Militant Zionism in America: The Rise and Impact of the Jabotinsky Movement in the United States, 1926–1948.* US: The University of Alabama Press, 2002.

Medoff, Rafael. *The Jews Should Keep Quiet: Franklin D. Roosevelt, Rabbi Stephen S. Wise, and the Holocaust.* US: University of Nebraska Press, 2019.

Midrash Rabbah. Beresheet.

Midrash Rabbah. Kohelet [Eccles.].

Midrash. *Tanhuma. Nitzavim.*

Mishnah. *Mesechet Bikurim.*

Mommsen, Theodor. *The History of Rome.* Vol. IV. Translated by William Purdie Dickson. New York: Macmillan and Co., Limited, 1901.

Nahum, Rabbi Menahem of Chernobyl. *Maor Eynaim.* Portion *VaYetzeh.*

Nicosia, Francis R. and David Scrase, eds. *Jewish Life in Nazi Germany: Dilemmas and Responses.* NY: US: Berghahn Books, 2010.

Nicosia, Francis R. *The Third Reich and the Palestine Question.* 3rd paperback printing. US: New Brunswick, 2013.

Nicosia, Francis R. *Zionism and Anti-Semitism in Nazi Germany.* NY: Cambridge University Press, 2008.

Niewyk, Donald L. *The Jews in Weimar Germany.* Brunswick, New Jersey: Transactions Publishers, 2001.

Ogilvie, Sarah A. and Scott Miller. *Refuge Denied: The St. Louis Passengers and the Holocaust.* US: University of Wisconsin Press, 2006.

Pirkey de Rabbi Eliezer [Chapters of Rabbi Eliezer].

Porter, Anna. *Kasztner's Train: The True Story of an Unknown Hero of the Holocaust.* U.S.: Bloomsbury, 2009.

Raphael, David. *Expulsion 1492 Chronicles: An Anthology of Medieval Chronicles Relating to the Expulsion of the Jews from Spain and Portugal.* Translation of edict, David Raphael. USA: Carmi House Publishing. February 1, 1992.

Rapoport, Louis. *Shake Heaven & Earth: Peter Bergson and the Struggle to Rescue the Jews of Europe.* US: Gefen Publishing, May 1999.

Rawidowicz, Simon. *Israel, the Ever-Dying People, and Other Essays.* NJ, USA: Fairleigh Dickinson University, Pr, October 1, 1986.

Reinharz, Jehuda and Yaacov Shavit. *The Road to September 1939: Polish Jews, Zionists, and the Yishuv on the Eve of World War II.* Translated by Michal Sapir. US: Brandeis University Press, 2018.

Rockwell, George Lincoln. *White Power.* PDF file. Reproduced by the American Nazi Party. Chap. 15, "National Socialism."

Rose, Norman. *'A Senseless, Squalid War': Voices from Palestine; 1890s to 1948.* UK: Pimlico, 2010.

Roth, Cecil. *A History of the Marranos.* 5th ed. NY: Sepher-Hermon Press, 1992.

Roth, Norman. *Conversos, Inquisition, and the Expulsion of the Jews from Spain.* London, England: The University of Wisconsin Press, 2002.

Roth, Norman. *Jews, Visigoths, and Muslims in Medieval Spain: cooperation and conflict.* The Netherlands: E.J. Brill, 1994.

Schiffman, Lawrence H. *From Text to Tradition, a History of Judaism in Second Temple and Rabbinic Times: A History of Second Temple and Rabbinic Judaism.* Hoboken, NJ: Ktav Publishing House, 1991.

Sefer HaYashar [The Book of the Upright One]. Portion Noah.

Shulgin Vasily Vitalyevich. *What We Don't Like About Them...* Translated by Michael Brushtein and Chaim Ratz. St. Petersburg, Russia: Horse, 1992.

Sifrey Devarim (a *Midrash* attributed to Rabbi Akiva).

Solzhenitsyn, Aleksandr Isayevich. *Two Hundred Years Together: On Russian- Jewish Relations, 1795-1995.* Translated by Shelly Gaver. eBook.

Sternhartz, Rabbi Nathan. *Likutey Halachot* [Assorted Rules].

Tacitus. *The Histories.* Translated by Clifford H. Moore. Book V. VIII-IX. London: The Loeb Classical Library, William Heinemann LTD, 1914.

The Book of Zohar with the *Sulam* [Ladder] commentary. 10 Vol. ed., Vol. 4.

The Book of Zohar with the *Sulam* [Ladder] commentary. 21 Vol. ed. Vol. 19.

The First Book of the Maccabees (1 Macc).

The Second Book of the Maccabees (2 Macc).

Thomas, Gordon and Max Morgon-Witts. *Voyage Of The Damned: A Shocking True Story of Hope, Betrayal, and Nazi Terror.* US: Skyhorse Publishing, 2010.

Torat Emet. "The Days of Purim in the *Halacha* and *Agada.*"

Weizmann, Chaim. *The Letters and Papers of Chaim Weizmann: August 1898- July 1931.* Vol. 1., edited by Barnet Litvinoff. New Brunswick, N.J.: Transaction Books, Rutgers University, 1983.

Wistrich, Robert S. *From Ambivalence to Betrayal: The Left, the Jews, and Israel.* USA: University of Nebraska Press, June 2012.

Yosef, Rav Ovadia. *Yalkut Yosef.*

Oficjalne dokumenty, zasoby internetowe, gazety i dokumenty naukowe

Abramsky, Chimen. "Weizmann: A New Type of Leadership in the Zionist Movement." *Transactions & Miscellanies. Jewish Historical Society of England* 25. (1973): 137-49. http://www.jstor.org/stable/29778841.

Augstein, Rudolf. "Israel soll Leben." *Der Spiegel* 25. June 12, 1967.

Aide-Mémoire. "The British Embassy to the Department of State." *Foreign Relations of the United States: Diplomatic Papers, 1943, General.* Vol. 1. 840.48. Refugees/3633. https://history.state.gov/ historicaldocuments/frus1943v01/ d103.

"Anti-Semitism in Germany: Historical Background." http://web. mnstate.edu/ shoptaug/AntiFrames.htm.

"Anti-Semitism: The Hep Hep Riots." *Jewish Virtual Library.* https:// www. jewishvirtuallibrary.org/hep-hep-riots.

Bailin, Barbara L. "The Influence of Anti-Semitism on United States Immigration Policy With respect to German Jews During 1933-1939." (2011). *CUNY Academic Works.* 50. https://academicworks. cuny.edu/cc_etds_theses/262.

Battenberg, Friedrich. "Jewish Emancipation in the 18th and 19th Centuries." *European History Online.* August 25, 2017. http://ieg-ego.eu/en/ threads/european-networks/jewish-networks/friedrich-battenberg-jewish- emancipation-in-the-18th-and-19th-centuries.

Boas, Jacob. "A Nazi Travels to Palestine." *History Today* 30. No. 1. (January 1980). https://www.historytoday.com/archive/nazi-travels-palestine.

Bond, Helen K. *Pontius Pilate in history and interpretation.* UK: Cambridge University Press, 1998.

Bundestag, Deutscher. 5 Wahlperiode. 111 Sitzung. Bonn. StenBer. June 7, 1967: 5270, 5272 73, 5276 77, 5292, 5297, 5301 2, 5308 9, 5317 18, 5321, 5321, 5330.

"Complete List of Jewish Expulsions (908) (with explanations and sources)."

Internet Archive. https://archive.org/details/900jewishexpulsions.

"Congress Gets Bill Opening Alaska to Settlement by Refugees of 16 to 45." *Jewish Telegraphic Agency Archive.* March 17, 1940. https://www. jta.org/1940/03/17/archive/congress-gets-bill-opening-alaska-to-settlement-by- refugees-of-16-to-45.

Culbertson, Katherine E. "American Wartime Indifference to the Plight of the European Jews." Hanover College – History Department. https://history. hanover.edu/hhr/94/hhr94_5.html.

"Das Protokoll der Wannsee-Konferenz." *House of the Wannsee Conference, Memorial and Educational Site.* https://www.ghwk. de/fileadmin/user_upload/ pdf-wannsee/dokumente/protokoll-januar1942_barrierefrei.pdf.

Das Schwarze Korps. Jewish Virtual Library. https://www. jewishvirtuallibrary. org/das-schwarze-korps.

Dershowitz, Alan. "Dershowitz: Anti-Semitic cartoons, anti-Semitic synagogue shootings." *The Hill.* April 29, 2019. https://thehill.com/ opinion/ civil-rights/441112-dershowitz-anti-semitic-cartoons-anti-semitic-synagogue- shootings.

"December 13, 1942, Goebbels complains of Italians' treatment of Jews," *This Day in History,* in *History.* https://www.history.com/this-day-in-history/ goebbels-complains-of-italians-treatment-of-jews.

Deutsch, Gotthard and Samuel Krauss. "Procurators." *Jewish Encyclopedia.* 1906 ed. http://www.jewishencyclopedia.com/ articles/12376-procurators.

Deutsch, Krauss. "Procurators." *Jewish Encyclopedia.* 1906 ed. http:// www. jewishencyclopedia.com/articles/12376-procurators.

Eshkoli Hava, "Zionism in the Land of israel and Its Relation to Nazism and the Third Reich: Historiographic Aspects (1932-1939)" [Hebrew]. *Yad Vashem— The World Holocaust Remembrance Center.*

"Establishment of Israel: The Declaration of the Establishment of the State of Israel." *Jewish Virtual Library.* https://www.jewishvirtuallibrary. org/the- declaration-of-the-establishment-of-the-state-of-israel.

"Evian Barred Mass Exodus, Rabbi Wise Declares." *Jewish Telegraphic Agency.* July 22, 1938. https://www.jta.org/1938/07/22/archive/ evian-barred-mass- exodus-rabbi-wise-declares.

Fox News Videos. March 9, 2019, https://www.yahoo.com/news/alan-dershowitz-democrats-made-terrible-055238117.html.

Geggel, Laura. "1.32 Million Jews Were Killed in Just Three Months During the Holocaust." January 4, 2019. https://www.livescience. com/64420-holocaust- jewish-deaths.html.

Gelber, Yoav. "Zionist Policy and the Transfer Agreement 1933-1935." *Yalkut Moreshet* 17. February 1974.

Gottheil, Richard and Louis Ginzberg. "Archelaus." *Jewish Encyclopedia.* 1906 ed. http://www.jewishencyclopedia.com/articles/1729-archelaus.

Gottheil, Richard and Samuel Krauss. "Porcius Festus." *Jewish Encyclopedia.* 1906 ed. http://www.jewishencyclopedia.com/ articles/6100-festus-porcius.

Gray, Eric William. "Pompey the Great, Roman Statesman." *Encyclopedia Britannica.* https://www.britannica.com/biography/Pompey-the-Great.

Grill, Tobias, ed. "'Pioneers of Germanness in the East'? Jewish-German, German, and Slavic Perceptions of East European Jewry during the First World War." In *Jews and Germans in Eastern Europe: shared and comparative histories.* Germany: CPI books GmbH, Leck, 2018.

"Günter Grass Says Jews Gain German Respect." *New York Times.* July 3, 1967: 5.

Haus Der Wannsee-Konferenz. "Dokumente zur Wannsee-Konferenz." https:// www.ghwk.de/wannsee-konferenz/dokumente-zur-wannsee-konferenz.

Herodotos. Vol. 3, Book VII. Translated by A.D. Godley. US: Harvard University Press, The Loeb Classical Library, 1938.

Horsley, Richard A. "The Sicarii: Ancient Jewish 'Terrorists.'" *The Journal of Religion.* Vol. 59. No. 4. (October 1979): 435-458. University of Chicago Press. https://www.jstor.org/stable/1202887.

"Italy." United States Holocaust Memorial Museum. *Holocaust Encyclopedia* https://encyclopedia.ushmm.org/content/en/article/italy.

"Jewish Bodies See No Solution in Mass Emigration." *Jewish Telegraphic Agency Archive.* July 11, 1938. https://www.jta.org/1938/07/11/ archive/jewish-bodies- see-no-solution-in-mass-emigration.

Jones, Nigel Jones. "The Assassination of Walther Rathenau." *History Today*. Vol. 63, No. 7. (July 2013). https://www.historytoday.com/archive/history- matters/assassination-walther-rathenau.

Kovac, Adam. "A New Plague at the Seder: Politics." *MEL*. (June 2019). https://melmagazine.com/en-us/story/a-new-plague-at-the-seder-politics.

Laffer, Dennis Ross. "The Jewish Trail of Tears The Evian Conference of July 1938." *Graduate Theses and Dissertations,* (2001). http://scholarcommons.usf. edu/etd/3195.

Lebovic, Matt. "How to explain the 'timid' reaction of American Jewish leaders to Kristallnacht?" *The Times of Israel*. November 10, 2018 https://www. timesofisrael.com/how-to-explain-the-timid-reaction-of-american-jewish- leaders-to-kristallnacht.

Letter from Stephen Wise, President, American Jewish Congress, to President Franklin D. Roosevelt; 12/2/1942; OF 76-c: Jewish 1942 - July 1943 (Church Matters). Collection FDR-FDRPOF: President's Official Files (Roosevelt Administration). Record Group Franklin D. Roosevelt President's Official Files, 1933 - 1945. Franklin D. Roosevelt Library. Hyde Park, NY. October 23, 2019. Online version. https://www.docsteach.org/documents/document/american-jewish-congress-fdr.

Link, Stefan. "Rethinking the Ford-Nazi Connection." *German Historical Institute. Washington, D.C.* https://www.ghi-dc.org/fileadmin/user_upload/GHI_Washington/Publications/Bulletin49/bu49_135.pdf.

Lipstadt, Deborah E. "Playing the Blame Game: American Jews Look Back at the Holocaust." Vol. 18. 2011 http://hdl.handle.net/2027/spo.13469761.0018.001.

Lowenstein, Steven M. "Jewish Intermarriage and Conversion in Germany and Austria." 24, https://www.researchgate.net/publication/265770066_Jewish_Intermarriage_in_Germany_and_Austria.

"Madagascar Plan." *Yad Vashem—The World Holocaust Remembrance Center.* https://www.yadvashem.org/odot_pdf/Microsoft%20Word%20-%206635.pdf.

Marr, Wilhelm. *The Victory of Judaism over Germandom*. March 1879 http:// ghdi.ghi-dc.org/sub_document.cfm?document_id=1797.

Maryks, Robert A. "Purity of Blood." *Oxford Bibliographies*. DOI: 10.1093/ OBO/9780195399301-0101. https://www.oxfordbibliographies. com/view/ document/obo-9780195399301/obo-9780195399301- 0101.xml.

Medoff, Rafael. "FDR Had His Kissinger, Too." The David S. Wyman Institute for Holocaust Studies. *Encyclopedia of America's Response to the Holocaust*. http://new.wymaninstitute.org/2010/12/fdr-had- his-kissinger-too.

Medoff, Rafael. "New York Times Column on Anti-Zionism a Reminder of its Own Publisher's Past." February 18, 2014. http://www. algemeiner. com/2014/02/18/new-york-times-column-on-anti- zionism-a-reminder-of-its- own-publisher's-past/.

Medoff, Rafael. "Why the Rabbi said: 'Eat bread on Passover.'" *Arutz Sheva – Israel National News*. April 21, 2016. http://www. israelnationalnews.com/ Articles/Article.aspx/18754.

Medoff, Raphael. "A Thanksgiving plan to save Europe's Jews." *The Jewish Standard*. November 16, 2007 https://jewishstandard.timesofisrael. com/a- thanksgiving-plan-to-save-europes-jews.

Memorandum of Conversation. Under Secretary of State (Welles). *Office of the Historian, Foreign Relations of the United States Diplomatic Papers*, 1938, General. Vol. 1. November 17, 1938. https://history. state.gov/ historicaldocuments/frus1938v01/d803.

Mikics, David Mikics. "The Jews Who Stabbed Germany in the Back." *Tablet*. November 9, 2017. https://www.tabletmag.com/jewish- arts-and-culture/books/248615/jews-who-stabbed-germany-in- the-back.

Naimark, Norman M. *Shofar* 16. No. 2. (1998): 117-19. http://www. jstor.org/ stable/42942734.

"Nuremberg Race Laws." *United States Holocaust Memorial Museum* (USHMM). https://encyclopedia.ushmm.org/content/en/article/ nuremberg-laws.

Palestine Royal Commission Report. PDF file. July 1937. https:// palestinianmandate.files.wordpress.com/2014/04/cm-5479.pdf.

Perl, William R. "The Holocaust and the Lost Caribbean Paradise." *Foundation for Economic Education.* January 1, 1992. https://fee.org/ articles/the-holocaust- and-the-lost-caribbean-paradise.

Perl. "The Holocaust and the Lost Caribbean Paradise." https://fee.org/ articles/ the-holocaust-and-the-lost-caribbean-paradise.

"Population of Chicago." *US Population. 2019.* https://uspopulation2019. com/ population-of-chicago-2019.html.

Press Release: "The Big Lie Of Israeli 'Organ Harvesting' Resurfaces As YouTube Video On Haiti Earthquake Goes Global." *Anti-Defamation League.* January 21, 2010 http://www.adl.org/press-center/press- releases/ miscellaneous/the-big-lie-of-israeli-organ.html.

"Principles." *The American Council for Judaism.* http://www.acjna.org/ acjna/ about_principles.aspx.

"Reich Migrants to Palestine Get Back 42% of Funds in Cash." Jewish Telegraphic Agency. May 25, 1936. https://www.jta.org/1936/05/25/ archive/reich-migrants-to-palestine-get-back-42-of-funds-in-cash..

"Riots in Palestine." *The Sunday Times.* Perth, Western Australia ed. October 29, 1933: 3. https://trove.nla.gov.au/newspaper/article/58707344.

"Roosevelt Named to Receive American Hebrew's Good Will Medal." *Jewish Telegraphic Agency.* December 23, 1938. https://www.jta. org/1938/12/23/ archive/roosevelt-named-to-receive-american- hebrews-good-will-medal.

"Rublee Sees 'unprecedented Difficulties' in Refugee Bureau's Task." *Jewish Telegraphic Agency.* September 22, 1938. https://www.jta. org/1938/09/22/ archive/rublee-sees-unprecedented-difficulties- in-refugee-bureaus-task.

Shapira, Anita. "The Religious Motifs of the Labor Movement." In *Zionism and Religion.* US: Brandeis University Press, 1998.

Sharfman, Glenn R. "Jewish Emancipation." *Encyclopedia of 1848 Revolutions.* Ohio University. https://www.ohio.edu/chastain/ip/ jewemanc.htm.

Shimon, Dr. Zvi. "The Exile in Egypt - Process or Punishment." *The Israel Koschitzky Virtual Beit Midrash.* https://www.etzion.org.il/en/exile-egypt- process-or-punishment.

Sokol, Sam Sokol. "'Institutional Anti-Semitism' Exists In the US, Expert Says." *JPost.* February 19, 2015. https://www.jpost.com/Diaspora/Institutional-anti- Semitism-exists-in-the-US-expert-says-391584.

Soresky, Aaron. "The ADMOR, Rabbi Yehuda Leib Ashlag ZATZUKAL—Baal HaSulam: 30th Anniversary of His Departure." *Hamodia.* Tishrey. TASHMAV. September 24, 1985.

"Spain Virtual Jewish History Tour." "Massacre of 1391." *Jewish Virtual Library.* https://www.jewishvirtuallibrary.org/spain-virtual-jewish-history-tour.

Stern, Marlow. "'Reporting on the Times' Calls Out New York Times Holocaust Coverage." *Daily Beast.* April 18, 2013. https://www.thedailybeast.com/ reporting-on-the-times-calls-out-new-york-times-holocaust-coverage.

Stone, Kurt F. "The Amazing Sol Bloom." *The K.F. Stone Weekly.* https://kurtfstone.typepad.com/kurt_f_stone_speaks_/2006/07/the_amazing_sol.html.

"The 29th of November." *The Knesset, Occasions.* https://www.knesset.gov.il/ holidays/eng/29nov_e.htm.

"The Chargé in Germany (Gilbert) to the Secretary of State." 840.48 Refugees/1381: Telegram, received February 4, 1939. *Office of the Historian.* https://history.state.gov/historicaldocuments/frus1939v02/d57.

The Editorial Board. "The Oldest Hatred." *The Wall Street Journal.* October 28, 2018. https://www.wsj.com/articles/the-oldest-hatred-1540760984.

The Editors of Encyclopaedia Britannica. "Anschluss." *Encyclopedia Britannica.* https://www.britannica.com/event/Anschluss.

"The Nazis & the Jews: The Madagascar Plan." *Jewish Virtual Library.* https:// www.jewishvirtuallibrary.org/the-madagascar-plan-2.

"The Secretary of State to the Ambassador in the United Kingdom (Kennedy)."

1.48. Refugees/1662: Telegram. June 12, 1939. https://history.state. gov/ historicaldocuments/frus1939v02/d100.

"The Secretary of State to the President." *Foreign Relations of the United States, Conferences at Washington and Quebec, 1943*. 840.48. Refugees/4034½. May 22, 1943. https://history.state.gov/ historicaldocuments/frus1943/ d142#fn:1.5.4.4.22.38.10.14.4.

"The Spanish Inquisition." *Encyclopedia Britannica*. https://www. britannica. com/place/Spain/The-Spanish-Inquisition#ref587472.

The United States Holocaust Memorial Museum. "The Weimar Republic." https://encyclopedia.ushmm.org/content/en/article/ the-weimar-republic.

Tolstoy, Leo. "What is the Jew?" Quoted in "The Final Resolution." *Jewish World* (1908).

"Tomás De Torquemada." *Encyclopedia of World Biography*. The Gale Group Inc. 2004.), https://www.encyclopedia.com/people/history/ spanish-and- portuguese-history-biographies/tomas-de-torquemada.

"'Transfer Agreement' and the Boycott of German Goods." *The National Library of Israel*. https://web.nli.org.il/sites/nli/english/ collections/personalsites/israel- germany/world-war-2/pages/ haavara-agreement.aspx.

Twain, Mark. "Concerning The Jews." *The Complete Essays of Mark Twain*. U.S.: Doubleday, 1963.Published 1899 by *Harper's Magazine*.

Verbovszky, Joseph. "Leopold von Mildenstein and the Jewish Question." Case Western Reserve University, May 2013: 6. https://etd.ohiolink. edu/!etd.send_ file?accession=case1365174634&disposition=inline.

"Voyage of the St. Louis." *United States Holocaust Memorial Museum*. https://encyclopedia.ushmm.org/content/en/article/voyage-of- the-st-louis.

Vulliamy, Ed. "How Trump's presidency has divided Jewish America." November 14, 2018. https://www.theguardian.com/

us-news/2018/nov/14/ american-jewish-community-divisions-trump-pittsburgh.

Wallace, Donald Mackenzie. "Alexander II." *The Encyclopedia Britannica,* Vol. 1. UK: Cambridge, England, 1910.

"Wannsee Protocol." Based on the official U.S. government translation prepared for evidence in trials at Nuremberg, as reproduced in John Mendelsohn, ed. The Holocaust: Selected Documents in Eighteen Volumes. Vol. 11: The Wannsee Protocol and a 1944 Report on Auschwitz by the Office of Strategic Services. New York: Garland, 1982.

Wannsee Protocol. January 20, 1942. Translation based on the official U.S. government translation prepared for evidence in trials at Nuremberg. http:// prorev.com/wannsee.htm.

Weiss, Yfaat. "The Transfer Agreement and the Boycott Movement: A Jewish Dilemma on the Eve of the Holocaust." Translated by Naftali Greenwood. *Yad Vashem—The World Holocaust Remembrance Center.* https://www.yadvashem. org/odot_pdf/Microsoft%20Word%20 -%203231.pdf.

Wells, Summer. "The Hall of Holography Collection." *Abraham Lincoln Library and Museum.* Object ID:03.0003.140. https:// www.lmunet.edu/ uploads/OnlineResources/virtual_exhibit1/ vex2/2910C8A7-DF50-4795- BF9C-234221359603.htm.

Whalen, Robert Weldon. "War Losses (Germany)." *International Encyclopedia of the First World War.* https://encyclopedia.1914-1918-online.net/article/ war_losses_germany.

Yad Vashem—The World Holocaust Remembrance Center. https://www. yadvashem.org/odot_pdf/Microsoft%20Word%20-%201201.pdf.

Zalman, Amy. "The Sicarii: First Century Terrorists." *ThoughtCo.* July 3, 2019. https://www.thoughtco.com/sicarii-first-century-terrorists-3209152.

Ziri, Danielle. "D.C. Dyke March Bans Israeli and Jewish Symbols on Pride Flags, Sparking Criticism." *Haaretz.* June 6, 2019. https://www. haaretz.com/us- news/.premium-d-c-dyke-march-bans-israeli-and-jewish-symbols-on-pride- flags-sparking-criticism-1.7339707.

Notatnik

1. *Herodotos*, vol. 3, Book VII, 133 [trans. A. D. GODLEY] (US, Harvard University Press, The Loeb Classical Library, 1938), 435.
2. Recordings of my conversations and lectures from the October-November 2014 US tour are kept in the Bnei Baruch archive and will be given at no cost to anyone who asks for them.
3. Robert S.Wistrich, *From Ambivalence to Betrayal: The Left, the Jews, and Israel* (USA: University of Nebraska Press, June 2012), 4-5.
4. Sam Sokol, "'Institutional Anti-Semitism' Exists In the US, Expert Says," JPost (February 19, 2015), https://www.jpost.com/Diaspora/Institutional-anti-Semitism-exists-in-the-US-expert-says-391584.
5. Alan M. Dershowitz, *The Vanishing American Jew: In Search of Jewish Identity for the Next Century* (US: Touchstone, 1998), 6.
6. Ibid., 12.
7. Fox News Videos (March 9, 2019), https://www.yahoo.com/news/alan- dershowitz-democrats-made-terrible-055238117.html.

8. Alan Dershowitz, "Dershowitz: Anti-Semitic cartoons, anti-Semitic synagogue shootings," *The Hill* (April 29, 2019), https://thehill.com/opinion/civil- rights/441112-dershowitz-anti-semitic-cartoons-anti-semitic-synagogue- shootings.

9. Mark Twain, "Concerning The Jews," in *The Complete Essays of Mark Twain* (published in *Harper's Magazine*, 1899) (U.S.: Doubleday, 1963), 249.

10. By: The Editorial Board, "The Oldest Hatred," *The Wall Street Journal* (October 28, 2018)https://www.wsj.com/articles/the -oldest-hatred-1540760984.

11. Press Release: "The Big Lie Of Israeli 'Organ Harvesting' Resurfaces As YouTube Video On Haiti Earthquake Goes Global," *Anti-Defamation League* (January 21, 2010), http://www.adl.org/press-center/press-releases/ miscellaneous/the -big-lie-of-israeli-organ.html.

12. David Matas, *Aftershock: Anti-Zionism & Anti-Semitism* (Toronto, Dundurn Press, September 3, 2005), 118.

13. *Sefer HaYashar* [The Book of the Upright One], Portion Noah, *Parasha* 13, Item 3.

14. For much more on the dualism between egoism and altruism in nature and in human society, see my book from 2011, *Self-Interest vs. Altruism in the Global Era: How society can turn self-interests into mutual benefit.*

15. Rav Yehuda Ashlag (Baal HaSulam), *Ohr HaBahir: Entries in Kabbalah, Judaism, and Jewish philosophy* (Jerusalem: 1991), 212, 336.

16. Rav Yehuda Ashlag (Baal HaSulam), "The Peace" in *The Writings of Baal HaSulam*, vol. 1, trans. Chaim Ratz (USA, Laitman Kabbalah Publishers, 2019), 68.

17. Rav Moshe Ben Maimon (Maimonides), *Mishneh Torah*, Part 1, "The Book of Science," chap. 1, Item 1.

18. Maimonides, *Mishneh Torah*, Part 1, "The Book of Science," chap. 1, Item 10.3.

19. *Pirkey de Rabbi Eliezer* [*Chapters of Rabbi Eliezer*], chap. 24.

20. Ibid.

21. Rav Simcha Bunim of Peshischa, *Kol Mevaser*, Part 2, "Dictionary."

22. Thomas Cahill, *The Gifts of the Jews: How a Tribe of Desert Nomads Changed the Way Everyone Thinks and Feels* (New York: Nan A. Talese/Anchor Books, 1998), 63-64.

23. Maimonides, *Mishneh Torah*, Part 1, "The Book of Science," chap. 1, Item 12.3.

24. 24 *Midrash Rabbah, Beresheet*, Portion 38, Item 13.

25. Maimonides, *Mishneh Torah*, Part 1, "The Book of Science," chap. 1, Item 15.3.

26. Maimonides, *Mishneh Torah*, Part 1, "The Book of Science," chap. 1, Item 16.

27. Ibid.

28. Rabbi Meir Ben Gabai, *Avodat HaKodesh* [The Holy Work], Part 3, chap. 27.

29. *Midrash Rabbah, Kohelet* [Ecclesiastes], Portion 1, para. 34.

30. Rabbi Nathan Sternhartz, *Likutey Halachot* [*Assorted Rules*], "Blessings on Seeing and Personal Blessings," Rule no. 4.

31. Rabbi Shlomo Ben Yitzhak (RASHI), *The RASHI Interpretation on the Torah*, "On Exodus," 19:2.

32. Isaiah 42:6.

33. *Midrash Tanah De Bei Eliyahu Rabbah*, chap. 28. 34 Midrash *Tanhuma, Nitzavim*, chap. 1

35. Rabbi Kalonymus Kalman Halevi Epstein, *Maor VaShemesh* [Light and Sun], *Nitzavim*.

36. Ithak Eliyahu Landau, Rabbi Shmuel Landau, *Masechet Derech Eretz Zutah*, chap. 9, Items 28-29 (Vilna: Printer: Rabbi Hillel, 1872), 57-58.

37. Ashlag, *The Writings of Baal HaSulam*, vol. 1, "The Freedom," 95.

38. Henry Ford, *The International Jew -- The World's Foremost Problem* (US, The Noontide Press, Early 1920s), 8.

39. Ibid., 7.

40. Vasily Vitalyevich Shulgin, *What We Don't Like About Them...*, trans. Michael Brushtein & Chaim Ratz (St. Petersburg Russia, Horse, 1992), 209.

41. Shulgin, *What We Don't Like About Them...*, 219.

42. Martin Luther, *The Jews and Their Lies*, trans. Martin H. Bertram (Kindle ed. (Liberty Bell Publications, December 5, 2004), 46, Kindle.

43. George Lincoln Rockwell, *White Power* (PDF reproduced by the American Nazi Party), chap. 15, "National Socialism," 263.

44. Paul Johnson, *A History of the Jews* (New York: Harper Perennial, 1988), 84. 45 Rabbi Shlomo Ben Yitzhak (RASHI), *The RASHI Interpretation on the Torah*, "On Exodus," 19:2.

46. Jerusalem Talmud, *Nedarim* 30b.

47. Sternhartz, *Likutey Halachot*, "Rules of *Tefilat Arvit* [Evening Prayer]," Rule no. 4.

48. Isaiah 42:6.

49. Genesis 37:7.

50. Dr. Zvi Shimon, "The Exile in Egypt - Process or Punishment," *The Israel Koschitzky Virtual Beit Midrash*, https://www.etzion. org.il/en/exile-egypt- process-or-punishment.

51. *The Book of Zohar* with the *Sulam* [Ladder] commentary (10 vol. ed.), vol. 4, Portion *Shemot*, Item 250, 78.

52. *Midrash Rabbah, Shemot* 1:8.

53. *The Book of Zohar* with the Sulam [Ladder] commentary (21 vol. ed.), *Beshalach*, Item 252, 73.

54. Johnson, *A History of the Jews*, 84.

55. Ibid.

56. Babylonian Talmud, *Masechet Yoma* 9b.

57. Ibid.

58. Titus Flavius Josephus, *The Antiquities of the Jews*, trans. William Whiston, Book IX, chap. 5.

59. Ibid., chap. 6.

60. Josephus, *The Antiquities of the Jews*, Book X, chap. 3.

61. Shlomo Ephraim ben Aaron Luntschitz, *Kli Yakar*, "About Shemot 17," Item 8. 62 Rav Ovadia Yosef, *Yalkut Yosef*, Mark 699, Item 4, "Rules of Mishloach Manot"[sending gifts on Purim].

63. Rav Chaim Yosef David Azulai (HaCHIDA), Pnei David – Al HaTorah, Ki Tissa.

64. Torat Emet, "The Days of Purim in the Halacha and Agada," chap. 7, "The Three Days of Fasting."

65. Babylonian Talmud, *Yoma* 9b.

66. Ashlag, "Exile and Redemption," in *The Writings of Baal HaSulam*, 1, 157. 67 Josephus, *The Antiquities of the Jews*, Book IV, chap. 8.

68. Mishnah, *Mesechet Bikurim*, chap. 3.

69. *Avot de Rabbi Natan*, chap. 35, 1.

70. Philo of Alexandria, "About the Laws and Their Details," Part 1, Items 69-70, in *Philo of Alexandria, Writings*, Hebrew ed., ed. Susan Daniel-Nataf, Jerusalem 1951, vol. 2, 245.

71. *Sifrey Devarim*, Item 354.

72. Johnson, *A History of the Jews*, 87.

73. *The Zohar* with the *Sulam* [Ladder] commentary (21 vol. ed.), vol. 14 [excerpt translated by Chaim Ratz], *Aharei Mot*, Items 65-66, 20-21.

74. Josephus, *The Antiquities of the Jews*, Book XII, chap. 2, Item 1. 75 Ibid.

76. Ibid.

77. Ibid.

78. Ibid.

79. Ibid.

80. Ibid.

81. *Philo*, vol. 1 [trans. F.H. Colson], "Moses" (U.S.: The Loeb Classical Library, Harvard University Press, 5th printing, 1984), 465.

82. Josephus, *The Antiquities of the Jews*, Book XII, chap. 2. 83 Ibid.

84. Babylonian Talmud, *Megillah*, 9b.

85. Josephus, *The Antiquities of the Jews*, Book XII, chap. 2.

86. Johnson, *A History of the Jews*, 2.

87. Josephus, *The Antiquities of the Jews*, Book XII, chap. 3.

88. Johnson, *A History of the Jews*, 98.

89. Johnson, *A History of the Jews*, 100.

90. Ibid., 101.

91. Ibid., 102.

92. Ibid., 102.

93. Josephus, *The Antiquities of the Jews*, Book XII, chap. 5.

94. Ibid.

95. Ibid.

96. Ibid.

97. Johnson, *A History of the Jews*, 103.

98. The First Book of the Maccabees (1 Macc), 1:10, 1, https:// ebible.org/pdf/eng- kjv/eng-kjv_1MA.pdf.

99. 1 Macc, 1:36, 4.

100. 1 Macc, 1:41-43, 4.

101. The Second Book of the Maccabees (2 Macc), 4:50, 17, https:// ebible.org/ pdf/eng-kjv/eng-kjv_2MA.pdf.

102. Josephus, *The Antiquities of the Jews*, Book XII, chap. 6.

103. Ibid.

104. Ibid.

105. Ibid.

106. Ibid.

107. Edward Dąbrowa [Ed.], *The Hasmoneans and Their State: A Study in the History, Ideology, and the Institutions* (Poland: Jagiellonian University Press, 2009), 21.

108. Josephus, *The Antiquities of the Jews*, Book XII, chap. 7.

109. Ibid.

110. Lawrence H. Schiffman, *From Text to Tradition: A History of Second Temple and Rabbinic Judaism* Hoboken, (NJ: Ktav Publishing House, 1991), 78.

111. Ibid.

112. Josephus, *The Antiquities of the Jews*, Book XII, chap. 9.

113. Ibid.

114. Ibid.

115. Ibid.

116. Ibid.

117. Johnson, *A History of the Jews*, 84.

118. Johnson, *A History of the Jews*, 108.

119. Ibid.

120. Ibid.

121. Josephus, *The Antiquities of the Jews*, Book XIII, chap. 16, Item 1.

122. Ibid.

123. Ibid., Item 2.

124. Ibid., Item 1.

125. Theodor Mommsen, *The History of Rome*, vol. IV [trans. William Purdie Dickson] (New York: Macmillan and Co., Limited, 1901), 424.

126. Eric William Gray, "Pompey the Great, Roman Statesman," *Encyclopedia Britannica*, https://www.britannica.com/biography/Pompey-the-Great.

127. Mommsen, *The History of Rome*, vol. IV, 448.

128. Richard Gottheil, Louis Ginzberg, "Archelaus," *Jewish Encyclopedia* (1906 edition), http://www.jewishencyclopedia.com/articles/1729-archelaus.

128. Ibid.

130. Ibid.

131. Ibid.

132. Josephus, *The Antiquities of the Jews*, Book XIII, chap. 2, Item 2.

133. Gotthard Deutsch, Samuel Krauss, "Procurators," *Jewish Encyclopedia* (1906 edition), http://www.jewishencyclopedia.com/articles/12376- procurators.

134. Josephus, *The Wars of the Jews*, Book II, chap. 9, Item 2.

135. Philo, vol. X (trans. F.H. Colson), The Loeb Classical Library (London, England: Harvard University Press, 1962 [reprinted 1971, 1991]), 151.

136. Ibid.

137. Ibid., 151-152.

138. Ibid., 153.

139. Josephus, *The Antiquities of the Jews*, Book XX, chap. 5, Item 1.

140. Ibid.

141. Deutsch, Krauss, "Procurators," *Jewish Encyclopedia* (1906 edition), http:// www.jewishencyclopedia.com/articles/12376-procurators.

142. Josephus, *The Wars of the Jews*, Book II, chap. 11, Item 6.

143. Josephus, *The Wars of the Jews*, Book II, chap. 12, Item 1.

144. Tacitus, *The Histories* [trans. Clifford H. Moore], Book V. VIII-IX (London: The Loeb Classical Library, William Heinemann LTD, 1914), 191.

145. Josephus, *The Wars of the Jews*, Book II, chap. 13, Item 1.

146. Ibid., Item 2.

147. Deutsch, Krauss, "Procurators," *Jewish Encyclopedia* (1906 edition).

148. This, and all the quotes in this paragraph are from Josephus, *The Wars of the Jews*, Book II, chap. 13, Item 3.

149. Amy Zalman, "The Sicarii: First Century Terrorists," *ThoughtCo* (July 03, 2019), https://www.thoughtco.com/sicarii-first-century-terrorists-3209152.

150. Richard A. Horsley, "The Sicarii: Ancient Jewish 'Terrorists,'" *The Journal of Religion*, vol. 59, No. 4 (Oct., 1979), 435-458, Published by: The University of Chicago Press, https://www.jstor.org/stable/1202887.

151. Josephus, *The Wars of the Jews*, Book II, chap. 13, Item 4.

152. Ibid.

153. Ibid., Item 5.

154. Ibid.

155. Ibid., Item 6.

156. Ibid.

157. Josephus, *The Wars of the Jews*, Book II, chap. 13, Item 7.

158. Ibid.

159. Richard Gottheil, Samuel Krauss, "Porcius Festus," *Jewish Encyclopedia* (1906 edition), http://www.jewishencyclopedia.com/articles/6100-festus- porcius.

160. Josephus, *The Wars of the Jews*, Book II, chap. 14, Item 1.

161. Ibid.

162. Ibid.

163. Ibid.

164. Tacitus, *The Histories*, Book V. IX-XI, 193.

165. Helen K. Bond, *Pontius Pilate in history and interpretation* (UK: Cambridge University Press, 1998), 61.

166. Josephus, *The Wars of the Jews*, Book II, Chapters 14-17.

167. Josephus, *The Wars of the Jews*, Book II, chap. 18, Item 1.

168. Johnson, *A History of the Jews*, 119.

169. *Masechet Yoma* 9b.

170. Josephus, *The Wars of the Jews*, Book VI, chap. 9, Item 1.

171. Ibid.

139. Johnson, *A History of the Jews*, 140.

140. Josephus, *The Wars of the Jews*, Book IV, chap. 6, Item 2.

141. All the quotes above are from Item 2 in Josephus, *The Wars of the Jews*, Book IV, chap. 6.

142. Josephus, *The Wars of the Jews*, Book IV, chap. 3, Item 2.

143. Johnson, *A History of the Jews*, 119-120.

144. Ibid.

145. Josephus, *The Wars of the Jews*, Book V, chap. 1, Item 5.

146. Josephus, *The Wars of the Jews*, Book VI, chap. 9, Item 3.

147. "Population of Chicago," *US Population, 2019*, https://uspopulation2019. com/population-of-chicago-2019.html.

148. Josephus, *The Wars of the Jews*, Book IV, chap. 3, Item 2.

149. Johnson, *A History of the Jews*, 138-139.

150. Josephus, *The Wars of the Jews*, Book V, chap. 1, Item 4.

151. Ibid.

152. Ibid.

153. Josephus, *The Wars of the Jews*, Book IV, chap. 3.

154. Ibid.

155. Josephus, *The Wars of the Jews*, Book IV, chap. 6, Item 3.

156. Ibid.

157. Josephus, *The Wars of the Jews*, Book V, chap. 1, Item 5.

158. Josephus, *The Wars of the Jews*, Book V, chap. 6, Item 1.

159. Ibid.

160. Ibid.

161. Josephus, *The Wars of the Jews*, Book V, chap. 10, Item 3.

162. Josephus, *The Wars of the Jews*, Book V, chap. 10, Item 2.

163. Josephus, *The Wars of the Jews*, Book V, chap. 10, Item 3.

164. Tacitus, *The Histories*, Book V, "Fragments of the Histories," 221.

165. Josephus, *The Wars of the Jews*, Book V, chap. 10, Item 4.

166. Josephus, *The Wars of the Jews*, Book V, chap. 13, Item 7.

172. Josephus, *The Wars of the Jews*, Book VI, chap. 3, Items 3-4.

173. Ibid.

174. Josephus, *The Wars of the Jews*, Book VI, chap. 3, Items 3-4.

175. Josephus, *The Wars of the Jews*, Book VI, chap. 9, Item 3.

176. Johnson, *A History of the Jews*, 148.

177. Johnson, *A History of the Jews*, 140.

178. *Jewish Life and Thought Among Greeks and Romans: Primary Readings* [ed. Louis H. Feldman, and Meyer Reinhold (Contributor)] (UK: Augsburg Fortress, February 23, 2009), 192.

179. Ibid.

180. Tacitus, *The Histories*, Book V. "Fragments of the Histories," 221.

181. Adolf Hitler, *Mein Kampf* (US: The Noontide Press: Books On-Line, 2003), 64.

182. Johnson, *A History of the Jews*, 142.

183. Maimonides, *Mishneh Torah*, "Introduction to Mishneh Torah (Passing the Oral Torah)," Item 9.

184. Babylonian Talmud, *Yevamot* 62b.

185. Jerusalem Talmud, *Rosh Hashanah*, 5b and *Shekalim*, 8a (Antwerp: Beit Daneil Bombergi, 1523). Online version (shortened url): https://bit.ly/33gYtKF.

186. Babylonian Talmud, *Masechet Shabbat* 31a.

187. Jerusalem Talmud, *Taanit*, chap. 4, Rule 5, 24a.

188. Johnson, *A History of the Jews*, 140-141.

189. *Midrash Rabbah, Eicha*, Portion 2, 5.

190. Solomon Yakovlevich Lurye, *Anti-Semitism in the Ancient World* [trans. Michael Brushtein & Chaim Ratz] (Berlin: Z.I. Grzhebina, 1923), 128.

191. Simon Rawidowicz, *Israel, the Ever-Dying People, and Other Essays* (NJ, USA: Fairleigh Dickinson University, Pr, October 1, 1986), 54.

220. Ibid., 61.

221. "Complete List of Jewish Expulsions (908) (with explanations and sources), *Internet Archive*, https://archive.org/details/900jewishexpulsions.

222. Jane S. Gerber, *Jews of Spain: A History of the Sephardic Experience*, "Introduction" (USA: Free Press, 1994), xi.

223. Yitzhak Baer, *A History of the Jews in Christian Spain*, vol. 1 [trans. Louis Schoffman] (Illinois: Varda Books, 1961), 16.

224. Norman Roth, *Jews, Visigoths, and Muslims in Medieval Spain: cooperation and conflict* (The Netherlands: E.J. Brill, 1994), 2.

225. Norman Roth, *Conversos, Inquisition, and the Expulsion of the Jews from Spain* (London, England: The University of Wisconsin Press, 2002), 9.

226. Josephus, *The Antiquities of the Jews*, Book XII, chap. 2, Item 1.

227. *Sifrey Devarim*, Item 354.

228. Solomon Yakovlevich Lurye, *Anti-Semitism in the Ancient World* [trans. Michael Brushtein & Chaim Ratz] (Berlin: Z.I. Grzhebina, 1923), 128.

229. Michael Grant, *From Alexander to Cleopatra: the Hellenistic World* (New York: Charles Scribner & Sons, 1982), 75.

230. Leo Tolstoy, "What is the Jew?" quoted in "The Final Resolution," 189, printed in *Jewish World* periodical, 1908.

231. Shulgin, *What We Don't Like About Them...*, 218.

232. Roth, *Conversos, Inquisition, and the Expulsion of the Jews from Spain*, 11.

233. "Spain Virtual Jewish History Tour," "Massacre of 1391," *Jewish Virtual Library*, https://www.jewishvirtuallibrary.org/spain-virtual-jewish-history-tour.

234. Gerber, *The Jews of Spain: A History of the Sephardic Experience*, 114.

235. Ibid.

236. "The Spanish Inquisition," *Encyclopedia Britannica*, https://www.britannica.com/place/Spain/The-Spanish-Inquisition#ref587472.

237. Tomás De Torquemada, *Encyclopedia of World Biography* (Copyright 2004 The Gale Group Inc.), https://www.encyclopedia.com/people/history/ spanish-and-portuguese-history-biographies/tomas-de-torquemada.

238. Roth, *Conversos, Inquisition, and the Expulsion of the Jews from Spain*, 11-12.

239. Ibid.

240. Ibid., 12-13.

241. Ibid., 136.

242. Cecil Roth, *A History of the Marranos*, Fifth ed. (NY: Sepher-Hermon Press, 1992), IX.

243. Ibid.

244. Robert A. Maryks, "Purity of Blood," *Oxford Bibliographies*, DOI: 10.1093/ OBO/9780195399301-0101, https://www. oxfordbibliographies.com/view/ document/obo-9780195399301/ obo-9780195399301-0101.xml.

245. Gerber, *The Jews of Spain: A History of the Sephardic Experience*, 124.

246. Ibid.

247. Roth, *Conversos, Inquisition, and the Expulsion of the Jews from Spain*, 133-134.

248. Ibid., 123-124.

249. Ibid., 129.

250. Ibid., 131.

251. Ibid., 131-132.

252. Ibid., 132.

253. Gerber, *The Jews of Spain: A History of the Sephardic Experience*, 136.

254. Ibid., 152-153.

255. Ibid., 284.

256. "Spain Virtual Jewish History Tour," "Inquisition & Expulsion," *Jewish Virtual Library*, https://www.jewishvirtuallibrary.org/ spain-virtual-jewish- history-tour#5.

257. Jacob Rader Marcus, *The Jew in the Medieval World: A Sourcebook: 315- 1791*, (US: Atheneum, 1974), 52-53.

258. Ibid., 53.

259. Ibid.

260. Gerber, *The Jews of Spain: A History of the Sephardic Experience*, 112.

261. All experts from the Edict of Expulsion are taken from David Raphael, *Expulsion 1492 Chronicles: An Anthology of Medieval Chronicles Relating to the Expulsion of the Jews from Spain and Portugal* [trans. of edict, David Raphael (USA, Carmi House Publishing, 1st ed. February 1, 1992), beginning on p. 189.

262. Friedrich Battenberg, "Jewish Emancipation in the 18th and 19th Centuries," *European History Online*, August 25, 2017, http://ieg-ego.eu/en/ threads/european-networks/jewish-networks/friedrich-battenberg-jewish- emancipation-in-the -18th-and-19th-centuries.

263. Israel Bartal, *The Jews of Eastern Europe, 1772-1881* [trans. Chaya Naor] (US: University of Pennsylvania Press, 7 June, 2011), 63-64.

264. Ibid.

265. Ibid.

266. Ibid., 64.

267. Ibid., 66.

268. Ibid., 67.

269. Ibid.

270. Donald Mackenzie Wallace, "Alexander II," in *The Encyclopedia Britannica*, vol. 1 (UK: Cambridge, England, 1910), 559-560.

271. Ibid., 560.

272. Ibid.

273. Ibid.

274. Aleksandr Isayevich Solzhenitsyn, *Two Hundred Years Together: On Russian-Jewish Relations, 1795-1995*, [trans. Shelly Gaver], eBook edition.

275. Ibid., 97.

276. Ibid.

277. Ibid., 98.

278. Ibid., 108.

279. Ibid., 121-122.

280. Ibid., 53.

281. Erich E. Haberer, *Jews and Revolution in Nineteenth-Century Russia* (UK: Cambridge University Press, 2004), 67.

282. Ibid.

283. Ibid.

284. Ibid., 229.

285. Ibid., 56.

286. Solzhenitsyn, *Two Hundred Years Together: On Russian-Jewish Relations, 1795-1995*, eBook edition.

287. Ibid., 110.

288. Ibid., 149.

289. Ibid.

290. Norman M. Naimark, *Shofar* 16, no. 2 (1998): 117-19. http://www.jstor. org/stable/42942734.

291. Haberer, *Jews and Revolution in Nineteenth-Century Russia*, 13-14.

292. Haberer, *Jews and Revolution in Nineteenth-Century Russia*, 76.

293. Ibid., 66.

294. Ibid., 30.

295. Ibid., 143.

296. Solzhenitsyn, *Two Hundred Years Together: On Russian-Jewish Relations, 1795-1995*, eBook edition.

297. Ibid.

298. Haberer, *Jews and Revolution in Nineteenth-Century Russia*, 86.

299. Danielle Ziri, "D.C. Dyke March Bans Israeli and Jewish Symbols on Pride Flags, Sparking Criticism," *Haaretz* (June 06, 2019), https://www.haaretz.com/ us-news/.premium-d-c-dyke -march-bans-israeli-and-jewish-symbols-on- pride-flags-spar-king-criticism-1.7339707.

300. Ibid., 206.

301. Ibid., xi.

302. Ibid., 187.

303. Ibid., 203.

304. Bartal, *The Jews of Eastern Europe, 1772-1881*, 145.

305. Ibid., 142.

306. Shulgin, *What We Don't Like About Them...*, 218.

307. Ibid., 155.

308. Haberer, *Jews and Revolution in Nineteenth-Century Russia*, 206.

309. Ibid.

310. Ibid.

311. Ibid., 207.

312. Ibid.

313. Solzhenitsyn, *Two Hundred Years Together: On Russian-Jewish Relations, 1795-1995*, eBook edition.

314. Ibid.

315. Chimen Abramsky, "Weizmann: A New Type of Leadership in the Zionist Movement." *Transactions & Miscellanies (Jewish Historical Society of England)* 25 (1973): 137-49. http://www.jstor.org/stable/29778841.

316. Ibid.

317. Ibid.

318. Jehuda Reinharz, Yaacov Shavit, *The Road to September 1939: Polish Jews, Zionists, and the Yishuv on the Eve of World War II* [trans. Michal Sapir] (US: Brandeis University Press, 2018), 20.

319. Ibid.

320. Anita Shapira, "The Religious Motifs of the Labor Movement," in *Zionism and Religion* (US: Brandeis University Press, 1998), 252.

321. Ibid.

322. Ibid.

323. "Anti-Semitism: The Hep Hep Riots," *Jewish Virtual Library*, https://www. jewishvirtuallibrary.org/hep-hep-riots.

324. According to the *Jewish Virtual Library* (same link as in previous endnote), the words "Hep! Hep!" are either an acronym for *Hierosolyma est perdita*, a Crusader chant meaning 'Jerusalem is lost,' or simply an exhortatory cry for sheep-herders that Jew-baiters borrowed.

325. Ibid.

326. Amos Elon, *The Pity of it All: A Portrait of German Jews, 1743-1933* (US: Picador, 2002), 101.

327. Ibid., 102.

328. "Anti-Semitism: The Hep Hep Riots," *Jewish Virtual Library*.

329. Ibid.

330. "Anti-Semitism in Germany: Historical Background," Minnesota State University, http://web.mnstate.edu/shoptaug/AntiFrames. htm.

331. Jonathan Frankel, Steven J. Zipperstein [Eds.], *Assimilation and Community: The Jews in Nineteenth-Century Europe* (UK: Cambridge University Press, 2004), 62.

332. Ibid., 62-63.

333. Ibid., 63.

334. Dershowitz, *The Vanishing American Jew: In Search of Jewish Identity for the Next Century*, 6.

335. Sarah Ann Gordon, *Hitler, Germans, and the Jewish Question* (US: Princeton University Press, 1984), 7.

336. Ibid.

337. Glenn R. Sharfman, "Jewish Emancipation," *Encyclopedia of 1848 Revolutions*, Ohio University, https://www.ohio.edu/ chastain/ip/jewemanc.htm.

338. Gordon, *Hitler, Germans, and the Jewish Question* (US: Princeton University Press, 1984), 7.

339. "Anti-Semitism in Germany: Historical Background," http:// web.mnstate. edu/shoptaug/AntiFrames.htm.

340. Wilhelm Marr, *The Victory of Judaism over Germandom* (March 1879), http://ghdi.ghi-dc.org/sub_document.cfm?document_ id=1797.

341. "Anti-Semitism in Germany: Historical Background," http:// web.mnstate. edu/shoptaug/AntiFrames.htm.

342. Robert S. Wistrich, *From Ambivalence to Betrayal: The Left, the Jews, and Israel* (US: University of Nebraska Press, Lincoln and London, for the Vidal Sassoon International Center for the Study of Antisemitism, 2012), 41.

343. Francis R. Nicosia, David Scrase [Eds.], *Jewish Life in Nazi Germany: Dilemmas and Responses* (NY, US: Berghahn Books, 2010), 12.

344. Wistrich, *From Ambivalence to Betrayal*, 113.

345. Ibid., 124.

346. Elon, *The Pity of it All: A Portrait of German Jews*, 122.

347. Ibid., 122-123.

348. Adolf Hitler, *Mein Kampf* (The Noontide Press: Books On-Line), 217-219, url: www.angelfire.com/folk/bigbaldbob88/MeinKampf.pdf.

349. Steven M. Lowenstein, "Jewish Intermarriage and Conversion in Germany and Austria," 24, https://www.researchgate.net/publication/265770066_Jewish_ Intermarriage_in_Germany_and_Austria.

350. Ibid., 26.

351. Ibid., 26.

352. Ibid., 27.

353. Ibid., 31.

354. Ibid., 32.

355. Robert Weldon Whalen, "War Losses (Germany)," *International Encyclopedia of the First World War*, https://encyclopedia.1914-1918-online. net/article/war_losses_germany.

356. David Mikics, "The Jews Who Stabbed Germany in the Back," *Tablet* (November 9, 2017), https://www.tabletmag.com/jewish-arts-and-culture/ books/248615/jews-who-stabbed-germany-in-the-back.

357. Ibid.

358. Lowenstein, "Jewish Intermarriage and Conversion in Germany and Austria," 32.

359. Information on the Weimar Republic taken from *The United States Holocaust Memorial Museum*, "The Weimar Republic," https://encyclopedia. ushmm.org/content/en/article/the-weimar-republic.

360. Ibid.

361. Nigel Jones, "The Assassination of Walther Rathenau," *History Today*, Volume 63, Issue 7, July 2013, https://www.historytoday. com/archive/history- matters/assassination-walther-rathenau.

362. *The United States Holocaust Memorial Museum*, "The Weimar Republic," https://encyclopedia.ushmm.org/content/en/ article/the-weimar-republic.

363. Edwin Black, *The Transfer Agreement: The Dramatic Story of the Pact Between the Third Reich and Jewish Palestine* (US: Dialog Press, August 16, 2009), 3.

364. Ibid., 8.

365. Ibid., 172.

366. Ibid., 173.

367. Francis R. Nicosia, *The Third Reich and the Palestine Question* (US: New Brunswick, Third paperback printing 2013), 55.

368. Black, *The Transfer Agreement*, 174.

369. The picture was taken in the Bundesarchiv at Bibliothek - StB 1, Finckensteinallee 63, box no. Z-F 4476, 12205 Berlin.

370. Harriet Scharnberg, *Die »Judenfrage« im Bild, Der Antisemitismus in nationalsozialistischen Fotoreportagen* (Germany, Hamburger Institus für Sozialforschung, September 24, 2018), 26.

371. Jacob Boas, "A Nazi Travels to Palestine," *History Today*, 30, no. 1 (January 1980), https://www.historytoday.com/archive/nazi -travels-palestine.

372. Ibid.

373. Ibid.

374. According to the Jewish Virtual Library. Reference: *Das Schwarze Korps, Jewish Virtual Library*, https://www.jewishvirtuallibrary. org/das-schwarze- korps.

375. "No Place for Jews in the Army!" *Das Schwarze Korps* (May 15, 1935).

376. Ibid.

377. "The Visible Enemy," *Das Schwarze Korps* (May 15, 1935).

378. Ibid.

379. Erich Kern [ed.], *Verheimlichte Dokumente: Was den Deutschen verschwiegen wird* (Germany: FAZ-Verlag GmbH, 1988), 184.

380. "Nuremberg Race Laws," *United States Holocaust Memorial Museum* (USHMM), https://encyclopedia.ushmm.org/content/en/article/nuremberg- laws.

381. Black, *The Transfer Agreement*, 175.

382. Black, *The Transfer Agreement*, 22.

383. "'Transfer Agreement' and the Boycott of German Goods," *The National Library of Israel*, https://web.nli.org.il/sites/nli/english/collections/personalsites/ israel-germany/world-war-2/pages/haavara-agreement.aspx.

384. This is a summary of the agreement as presented in the essay (in Hebrew), *Heskem Haavara* ("The Transfer Agreement"), on *Yad Vashem—The World Holocaust Remembrance Center*, https://www.yadvashem.org/odot_pdf/ Microsoft%20Word%20-%20 1201.pdf.

385. "Reich Migrants to Palestine Get Back 42% of Funds in Cash" (May 25, 1936), *Jewish Telegraphic Agency*, https://www.jta.org/1936/05/25/archive/reich- migrants-to-palestine-get-back-42-of-funds-in-cash.

386. Black, *The Transfer Agreement*, xv.

387. Yfaat Weiss, "The Transfer Agreement and the Boycott Movement: A Jewish Dilemma on the Eve of the Holocaust" [trans. Naftali Greenwood], *Yad Vashem—The World Holocaust Remembrance Center*, https://www.yadvashem. org/odot_pdf/ Microsoft%20Word%20-%203231.pdf.

388. Weiss, "The Transfer Agreement and the Boycott Movement," 17.

389. Ibid.

390. Ibid., 2.

391. Yoav Gelber, "Zionist Policy and the Transfer Agreement 1933-1935" (Hebrew), *Yalkut Moreshet* 17 (February 1974).

392. Tobias Grill [ed.], "'Pioneers of Germanness in the East'? Jewish-German, German, and Slavic Perceptions of East European Jewry during the First World War," in *Jews and Germans in Eastern Europe: shared and comparative histories* (Germany: CPI books GmbH, Leck, 2018), 125.

393. Black, *The Transfer Agreement*, 4.

394. Ibid., 173.

395. Reinharz, Shavit, *The Road to September 1939*, 17.

396. Ibid., 52.

397. Ibid., 13.

398. Ibid., 13-14.

399. Ibid., 15.

400. Ibid.

401. Ibid., 272.

402. Weiss, "The Transfer Agreement and the Boycott Movement," 27.

403. Black, *The Transfer Agreement*, 311-312.

404. Ibid., 33.

405. Ibid.

406. Reinharz, Shavit, *The Road to September 1939*, 20-21.

407. Ibid., 21.

408. Israel Amikam, *The Attack on the Jewish Settlement in the Land of Israel, 1929* [excerpt trans. by Chaim Ratz], http://www.daat.ac.il/daat/vl/tohen. asp?id=36.

409. Norman Rose, *'A Senseless, Squalid War': Voices from Palestine; 1890s to 1948* (UK: Pimlico, 2010), 35.

410. Rose, *'A Senseless, Squalid War,'* 35.

411. Ibid., 36.

412. Ibid.

413. Ibid.

414. Ibid., 36-37.

415. Ibid., 37-38.

416. Black, *The Transfer Agreement*, 98.

417. "Riots in Palestine, *The Sunday Times, Perth*, Western Australia ed. (October 29, 1933), 3, https://trove.nla.gov.au/newspaper/article/58707344.

418. Chaim Weizmann, *The Letters and Papers of Chaim Weizmann: August 1898-July 1931*, vol. 1 (New Brunswick, N.J.: Transaction Books, Rutgers University, 1983), 124.

419. Ibid.

420. Anna Porter, *Kasztner's Train: The True Story of an Unknown Hero of the Holocaust* (U.S.: Bloomsbury, 2009), 94.

421. Ibid.

422. Black, *The Transfer Agreement*, 174.

423. Joseph Verbovszky, "Leopold von Mildenstein and the Jewish Question" (Case Western Reserve University, May 2013), 6, https://etd.ohiolink.edu/!etd.send_file?accession=case1365174634&disposition=inline.

424. Black, *The Transfer Agreement*, 174.

425. Francis R. Nicosia and David Scrase, eds., *Jewish Life in Nazi Germany: Dilemmas and Responses* (NY, US: Berghahn Books, 2010), 97-98.

426. Francis R. Nicosia, *Zionism and Anti-Semitism in Nazi Germany* (NY: Cambridge University Press, 2008), 134.

427. Martin Connolly, *The Founding of Israel: The Journey to a Jewish Homeland from Abraham to the Holocaust* (US: Pen & Sword History, 2018), Kindle.

428. Yehuda Bauer, *Jews for Sale? Nazi-Jewish Negotiations, 1933-1945* (US: Yale University Press, 1994), 174.

429. The Editors of Encyclopaedia Britannica, "Anschluss," *Encyclopedia Britannica*, https://www.britannica.com/event/Anschluss.

430. Corry Guttstadt et al., eds., the International Holocaust Remembrance Alliance, *Bystanders, Rescuers or Perpetrators? The Neutral Countries and the Shoah* (Berlin: Metropol Verlag & IHRA, 2016), 35-36.

431. Ibid., 36-37.

432. "Related Resources, Evian Conference," Yad Vashem—The World Holocaust Remembrance Center, http://www1.yadvashem.org/yv/en/ exhibitions/this_month/resources/evian_conference.asp.

433. Rafael Medoff, "FDR Had His Kissinger, Too," The David S. Wyman Institute for Holocaust Studies, *Encyclopedia of America's Response to the Holocaust*, http://new.wymaninstitute. org/2010/12/fdr-had-his-kissinger-too.

434. "Rublee Sees 'unprecedented Difficulties' in Refugee Bureau's Task," Jewish Telegraphic Agency (September 22, 1938), https:// www.jta.org/1938/09/22/ archive/rublee-sees-unprecedented-difficulties-in-refugee-bureaus-task.

435. Memorandum of Conversation, by the Under Secretary of State (Welles), Office of the Historian, Foreign Relations of the United States Diplomatic Papers, General, vol. I (November 17, 1938), https://history.state.gov/ historicaldocuments/frus1938v01/ d803.

436. "The Secretary of State to the Ambassador in the United Kingdom (Kennedy)," 840.48 Refugees/1662: Telegram, June 12, 1939, https://history. state.gov/historicaldocuments/ frus1939v02/d100.

437. "Evian Barred Mass Exodus, Rabbi Wise Declares," *Jewish Telegraphic Agency* (July 22, 1938), https://www.jta.org/1938/07/22/archive/ evian-barred- mass-exodus-rabbi-wise-declares.

438. Ibid.

439. Summer Wells, "The Hall of Holography Collection," Abraham Lincoln Library and Museum, Object ID:03.0003.140, https://www.lmunet.edu/uploads/OnlineResources/virtual_ exhibit1/vex2/2910C8A7-DF50-4795- BF9C-234221359603. htm.

440. "Jewish Bodies See No Solution in Mass Emigration," *Jewish Telegraphic Agency Archive* (July 11, 1938), https://www.jta.

org/1938/07/11/archive/jewish- bodies-see-no-solution-in
-mass-emigration.

441. Ibid.

442. "Roosevelt Named to Receive American Hebrew's Good Will
Medal," *Jewish Telegraphic Agency* (December 23, 1938), https://
www.jta.org/1938/12/23/archive/roosevelt-named-to-receive-
american-hebrews-good- will-medal.

443. Ibid.

444. Saul Friedlander, *Nazi Germany and the Jews: The Years of
Persecution 1933-1939* (UK: Orion Books, 1997), 248-249.

445. Ibid., 249.

446. Ibid.

447. Ibid., 312.

448. Ibid., 315.

449. "The Chargé in Germany (Gilbert) to the Secretary of State,"
840.48 Refugees/1381: Telegram, received February 4, 1939,
Office of the Historian, https://history.state.gov/historicaldo-
cuments/frus1939v02/d57.

450. Ibid.

451. "Voyage of the St. Louis," United States Holocaust Memorial
Museum, https://encyclopedia.ushmm.org/content/en/article/
voyage-of-the-st-louis.

452. Gordon Thomas, Max Morgon-Witts, *Voyage Of The Damned:
A Shocking True Story of Hope, Betrayal, and Nazi Terror*
(US: Skyhorse Publishing, 2010), 23.

453. Sarah A. Ogilvie and Scott Miller, *Refuge Denied: The St. Louis
Passengers and the Holocaust* (US: University of Wisconsin Press,
2006), 15.

454. Ibid., 18.

455. Ibid., 3-4.

456. Friedlander, *Nazi Germany and the Jews*, 299-300.

457. Rafael Medoff, *Militant Zionism in America: The Rise and Impact
of the Jabotinsky Movement in the United States, 1926–1948*
(US: The University of Alabama Press, 2002), 15.

458. Rafael Medoff, *The Jews Should Keep Quiet: Franklin D. Roosevelt, Rabbi Stephen S. Wise, and the Holocaust* (US: University of Nebraska Press, 2019), 88.

459. Ibid.

460. Ibid.

461. Matt Lebovic, "How to explain the 'timid' reaction of American Jewish leaders to Kristallnacht?," *The Times of Israel* (November 10, 2018), https:// www.timesofisrael.com/how-to-explain-the -timid-reaction-of-american- jewish-leaders-to-kristallnacht.

462. Ibid.

463. "Congress Gets Bill Opening Alaska to Settlement by Refugees of 16 to 45," *Jewish Telegraphic Agency Archive* (March 17, 1940), https://www.jta.org/1940/03/17/archive/congress-gets-bill -opening-alaska-to-settlement-by- refugees-of-16-to-45.

464. Raphael Medoff, "A Thanksgiving plan to save Europe's Jews," *The Jewish Standard* (November 16, 2007), https://jewishstan-dard.timesofisrael.com/a- thanksgiving-plan-to-save-europes-jews.

465. William R. Perl, "The Holocaust and the Lost Caribbean Paradise," Foundation for Economic Education (January 1, 1992), https:// fee.org/articles/ the-holocaust-and-the-lost-caribbean-paradise.

466. Ibid.

467. Barbara L. Bailin, "The Influence of Anti-Semitism on United States Immigration Policy With respect to German Jews During 1933-1939" (2011). *CUNY Academic Works*, 50, https://acade-micworks.cuny.edu/cc_etds_ theses/262.

468. Perl, "The Holocaust and the Lost Caribbean Paradise," https:// fee.org/ articles/the-holocaust-and-the-lost-caribbean-paradise.

469. Stephen S. Wise, The David S. Wyman Institute for Holocaust Studies, http://enc.wymaninstitute.org/?p=543.

470. Ibid.

471. Lipstadt, Deborah E., "Playing the Blame Game: American Jews Look Back at the Holocaust," vol. 18 (2011), http://hdl.handle. net/2027/ spo.13469761.0018.001.

472. "Madagascar Plan," Yad Vashem—The World Holocaust Remembrance Center, https://www.yadvashem.org/odot_pdf/ Microsoft%20Word%20-%20 6635.pdf.

473. "The Nazis & the Jews: The Madagascar Plan," *Jewish Virtual Library*, https://www.jewishvirtuallibrary.org/the-madagascar -plan-2.

474. Excerpt from Peter Longerich, *Politik der Vernichtung*, trans. Alex Stetter, (Germany: München, 1998), 273.

475. Ibid.

476. Ibid.

477. "The Nazis & the Jews: The Madagascar Plan," *Jewish Virtual Library*, https://www.jewishvirtuallibrary.org/the-madagascar -plan-2.

478. "Das Protokoll der Wannsee-Konferenz," House of the Wannsee Conference, Memorial and Educational Site, https://www. ghwk.de/ fileadmin/user_upload/pdf-wannsee/dokumente/ protokoll-januar1942_ barrierefrei.pdf.

479. Wannsee Protocol, January 20, 1942; Translation, based on the official U.S. government translation prepared for evidence in trials at Nuremberg, http:// prorev.com/wannsee.htm.

480. Ibid.

481. Haus Der Wannsee-Konferenz, "Dokumente zur Wannsee-Konferenz," https://www.ghwk.de/wannsee-konferenz/ dokumente-zur-wannsee-konferenz.

482. Ibid.

483. All the quotes in the bullet list were taken from the above-cited translation of the Wannsee Protocol.

484. Laura Geggel, "1.32 Million Jews Were Killed in Just Three Months During the Holocaust" (January 4, 2019), https://www. livescience.com/64420- holocaust-jewish-deaths.html.

485. Judith Tydor Baumel, *The Holocaust Encyclopedia*, ed., Walter Laqueur (US: Yale University Press, 2001), 3-4.

486. Louis Rapoport, *Shake Heaven & Earth: Peter Bergson and the Struggle to Rescue the Jews of Europe* (US: Gefen Publishing, May 1999), 69.

487. Medoff, *Militant Zionism in America*, 85.

488. Ibid.

489. Letter from Stephen Wise, President, American Jewish Congress, to President Franklin D. Roosevelt; 12/2/1942; OF 76-c: Jewish 1942 - July 1943 (Church Matters); Collection FDR-FDRPOF: President's Official Files (Roosevelt Administration), Record Group Franklin D. Roosevelt President's Official Files, 1933 - 1945; Franklin D. Roosevelt Library, Hyde Park, NY, Online Version (October 23, 2019), https://www.docsteach.org/documents/document/american-jewish-congress-fdr.

490. Laurel Leff, *Buried by the Times: The Holocaust and America's Most Important Newspaper* (US:Cambridge University Press, April 10, 2006), 1.

491. Ibid., 16.

492. Marlow Stern, "'Reporting on the Times' Calls Out New York Times Holocaust Coverage," *Daily Beast* (April 18, 2013), https://www.thedailybeast. com/reporting-on-the-times-calls -out-new-york-times-holocaust-coverage.

493. Ibid.

494. "Principles," *The American Council for Judaism*, http://www. acjna.org/ acjna/about_principles.aspx.

495. Rafael Medoff, "New York Times Column on Anti-Zionism a Reminder of its Own Publisher's Past" (February 18, 2014), http://www.algemeiner. com/2014/02/18/new-york-times-column-on -anti-zionism-a-reminder-of-its- own-publisher's-past/.

496. Ibid.

497. Baumel, *The Holocaust Encyclopedia*, 13.

498. Aide-Mémoire, "The British Embassy to the Department of State," Foreign Relations of the United States: Diplomatic

Papers (1943), General, vol. I, 840.48 Refugees/3633, https:// history.state.gov/historicaldocuments/frus1943v01/d103.

499. "The Secretary of State to the President," Foreign Relations of the United States, Conferences at Washington and Quebec (1943), 840.48 Refugees/4034½, May 22, 1943, https://history.state.gov/ historicaldocuments/frus1943/ d142#fn:1.5.4.4.22.38.10.14.4.

500. Rafael Medoff, "FDR Had His Kissinger, Too," The David S. Wyman Institute for Holocaust Studies, *Encyclopedia of America's Response to the Holocaust,* http://new.wymaninstitute. org/2010/12/fdr-had-his-kissinger-too/.

501. Ibid.

502. Rafael Medoff, "Why the Rabbi said: 'Eat bread on Passover,'" *Arutz Sheva – Israel National News* (April 21, 2016), http://www. israelnationalnews.com/ Articles/Article.aspx/18754.

503. Ibid.

504. Kurt F. Stone, "The Amazing Sol Bloom," *The K.F. Stone Weekly,* https:// kurtfstone.typepad.com/kurt_f_stone_ speaks_/2006/07/the_amazing_sol.html.

505. Katherine E. Culbertson, "American Wartime Indifference to the Plight of the European Jews," Hanover College – History Department, https://history.hanover.edu/hhr/94/hhr94_5.html.

506. Jeremy Black, *The Holocaust: History and Memory* (US: Indiana University Press, 2016), 137.

507. Ibid., 138.

508. Ibid.

509. "Italy," *Holocaust Encyclopedia,* United States Holocaust Memorial Museum, https://encyclopedia.ushmm.org/content/ en/article/italy.

510. "December 13, 1942, Goebbels complains of Italians' treatment of Jews" *This Day in History* (July 28, 2019), https://www. history.com/this-day-in-history/goebbels-complains-of-italians-treatment-of-jews.

511. Ibid.

512. "Oral history interview with Flory Jagoda," interview by Joan Ringelheim, *United States Holocaust Memorial Museum Collection*, RG Number: RG- 50.030.0342 (August 10, 1995), min. 39:53, https://collections.ushmm.org/search/catalog/irn504836.

513. Pierre Birnbaum and Ira Katznelson, eds., *Paths of Emancipation: Jews, States, and Citizenship* (Princeton, NJ: Princeton University Press, 1995), 206-207.

514. Ibid., 207.

515. Ibid., 208.

516. Ibid., 225.

517. Ibid., 233.

518. Ibid., 234.

519. Ibid.

520. Ibid., 235.

521. "Italy," *United States Holocaust Memorial Museum* (*Holocaust Encyclopedia*), https://encyclopedia.ushmm.org/content/en/article/italy.

522. Ibid.

523. Ibid.

524. Birnbaum, Katznelsonm, *Paths of Emancipation*, 230.

525. Black, *The Transfer Agreement*, xxiii

526. Ibid.

527. "The 29th of November," *The Knesset, Occasions*, https://www.knesset.gov. il/holidays/eng/29nov_e.htm.

528. "Establishment of Israel: The Declaration of the Establishment of the State of Israel," *Jewish Virtual Library*, https://www.jewishvir-tuallibrary.org/the- declaration-of-the-establishment-of-the-state -of-israel.

529. Ibid.

530. Deutscher Bundestag, 5 Wahlperiode, 111 Sitzung, Bonn (June 7, 1967), StenBer, 5270, 5272 73, 5276 77, 5292, 5297, 5301 2, 5308 9, 5317 18, 5321, 5321, 5330.

531. Ibid., 5304: "Unsere Nichteinmischung und damit Neutralität im völkerrechtlichen Sinne des Wortes keine moralische Indifferenz und keine Trägheit des Herzen bedeuten kann."

521. Both quotes taken from: Carole Fink, *West Germany And Israel: Foreign Relations, Domestic Politics, And The Cold War, 1965-1974* (New York: Cambridge University Press, 2019), 56.

522. Ibid.

523. "Günter Grass Says Jews Gain German Respect," *New York Times* (July 3, 1967), 5.

524. Rudolf Augstein, "Israel soll Leben," *Der Spiegel* 25 (June 12, 1967), 3.

525. Adam Kovac, "A New Plague at the Seder: Politics," *MEL* (June 2019), https://melmagazine.com/en-us/story/a-new-plague-at-the-seder-politics.

526. Ed Vulliamy, "How Trump's presidency has divided Jewish America" (November 14, 2018), https://www.theguardian.com/us-news/2018/nov/14/ american-jewish-community-divisions-trump-pittsburgh.

527. Rabbi Kalonymus Kalman Halevi Epstein, *Maor VaShemesh*, Portion *Nitzavim*.

528. Rabbi Menahem Nahum of Chernobyl, *Maor Eynaim*, Portion *VaYetzeh*.

529. Rabbi Shmuel Bornstein, *Shem MiShmuel* [A Name Out of Samuel], *VaYakhel* [And Moses Assembled], *TAR'AV* (1916).

530. Rabbi Shlomo Ben Yitzhak (RASHI), *The RASHI Interpretation on the Torah, Beresheet* 19:2.

531. *The Book of Zohar* with the Sulam commentary, vol. 8, excerpt translated by Chaim Ratz, *BeShalach*, item 252 (printed in Jerusalem, Israel), 8:334.

532. *The Book of Zohar* with the *Sulam* commentary, Vol 14, *Aharei Mot*, items 65-66, 14:20-21.

533. Rav Moshe Ben Maimon (Maimonides), "The Book of Science," *Mishneh Torah*, part 1, chap. 1, item 1.

534. Donald L. Niewyk, *The Jews in Weimar Germany* (New Brunswick, New Jersey: Transactions Publishers, 2001), 95.

535. Rav Avraham Yitzhak HaCohen Kook (the Raiah), *Orot HaKodesh*, 2:415.

536. Rav Avraham Yitzhak HaCohen Kook (the Raiah), *Orot HaRaiah* [Lights of the Raiah], Shavuot, 70.

537. Rav Avraham Yitzhak HaCohen Kook (the Raiah), *Orot* [Lights], 16.

538. Rav Avraham Yitzchak HaCohen Kook (Raaiah), *Essays of the Raaiah*, 1:268-269.

539. Reinharz, Shavit, *The Road to September 1939*, 19.

540. Rabbi Shmuel Bornstein, *Shem MiShmuel* [A Name Out of Samuel], *VaYakhel* [And Moses Assembled], *TAR'AV* (1916).

541. Rabbi Shlomo Ben Yitzhak (RASHI), *The RASHI Interpretation on the Torah, Beresheet* 19:2.

542. *The Book of Zohar* with the Sulam commentary, vol. 8, excerpt translated by Chaim Ratz, *BeShalach*, item 252 (printed in Jerusalem, Israel), 8:334.

543. *The Book of Zohar* with the *Sulam* commentary, Vol 14, *Aharei Mot*, items 65-66, 14:20-21.

544. Rav Moshe Ben Maimon (Maimonides), "The Book of Science," *Mishneh Torah*, part 1, chap. 1, item 1.

545. Donald L. Niewyk, *The Jews in Weimar Germany* (New Brunswick, New Jersey: Transactions Publishers, 2001), 95.

546. Rav Avraham Yitzhak HaCohen Kook (the Raiah), *Orot HaKodesh*, 2:415.

547. Rav Avraham Yitzhak HaCohen Kook (the Raiah), *Orot HaRaiah* [Lights of the Raiah], Shavuot, 70.

548. Rav Avraham Yitzhak HaCohen Kook (the Raiah), *Orot* [Lights], 16.

549. Rav Avraham Yitzchak HaCohen Kook (Raaiah), *Essays of the Raaiah*, 1:268-269.

550. Reinharz, Shavit, *The Road to September 1939*, 19.

551. Ibid., 15.

552. Aaron Soresky, "The ADMOR, Rabbi Yehuda Leib Ashlag ZATZUKAL— Baal HaSulam: 30th Anniversary of His Departure," *Hamodia*, 9, Tishrey, TASHMAV (September 24, 1985).

553. Yehuda Ashlag, "The Writings of the Last Generation," *The Writings of Baal HaSulam*, trans. Chaim Ratz, (U.S.: Laitman Kabbalah Publishers, 2019), 2:577.

554. Ashlag, "Introduction to The Book of Zohar," *The Writings of Baal HaSulam*, items 66-71, 1:129-133.

555. Ashlag, "A Handmaid Who Is Heir to Her Mistress," *The Writings of Baal HaSulam*, 1:135.

556. Ashlag, "Introduction to The Book of Zohar," *The Writings of Baal HaSulam*, 1:130.

557. Henry Ford, *The International Jew -- The World's Foremost Problem* (US, The Noontide Press, Early 1920s), 7.

558. Ashlag, "Introduction to The Book of Zohar," *The Writings of Baal HaSulam*, 1:131.

559. Ibid.

560. Ibid., 132.

561. Ibid.

562. Babylonian Talmud, *Masechet Yevamot* 63a.

563. Ashlag, "Introduction to The Book of Zohar," *The Writings of Baal HaSulam*, 1:131.

564. Ibid., 133.

565. Ibid.

566. *Sifrey Devarim*, item 354.